家族の法

親族・相続

奥山 恭子 著

不磨書房

はしがき
──著者からのメッセージ──

　司法制度改革の一環として，法律家の数を増やす計画は法科大学院制度として実施に移され，一般市民の司法へのアクセス確保は2009年から始まる裁判員制度に期待されているところである。しかし計画通りに法律家が増えても，即座に誰もが日常的に弁護士に相談する社会になろうとは想像しがたい。日本は一般人と法律との距離が遠い国といわれ，これを是正することが司法改革の目的の1つではあったが，法律との隔絶感は法律家の数や司法への参加の機会だけの問題ではない。法律を身近なものにする工夫も必要であろうと思われる。

　法律を学ぶ皆さんには，家族の法律をしっかりと身につけていただきたい。家族法は紛争が生じたときの解決手段として機能するのみならず，日々の生活にかかわる行為規範たる特性もあり，誰もが経験する場面が多い。夫となり，妻となり，親となる。あるいは高齢社会を迎え，老後の資産管理と死後の資産の行く末を考えることも多くなろう。遺言数の増加もこれを物語っている。

　また家族法の領域は社会的価値観の変化を最も受けやすい法分野でもある。諸外国では法律上の婚姻とは異なる契約的同居生活も婚姻と同視されることになってきた。あるいは科学技術の進歩により，現行法制度の想定していない出生技術が可能になり，これを法がどこまで承認するかが課題である。家族法の課題を通して，法はいかにあるべきかを是非考えていただきたい。

　本書は主として学部生を対象とする教科書として2000年に出版した『これからの家族の法』1親族法，2相続法の2分冊を合本し，全面的に改訂したものである。改訂の理由は，財産法ほどの変化はなかったとはいえ，民法口語化による修正，さらに人事訴訟法の新設と，この間相続法の分野で重要な判例が続出したことなどがあった。しかし最大の理由は2004年から始まった法科大学院での授業を経験し，法理論の背景事実を伝える必要を痛感したことにある。

法科大学院では問題解決能力を身につけることが要請されることから，授業では具体的事例に当たり，基礎知識は予習で処理することになる。その際の基本書を何にするかで，事例解釈に差が出てくることを，ロースクールの学生諸氏を見ていて気がついた。特に家族法は立法に至った歴史的背景や条文改正論の背後にある社会問題，諸外国の事情等を見る必要があり，あるいは人類学や民族学等関連他分野から学ぶ点が多いが，時間の制約の多いロースクールの授業ではこれをあつかうことは不可能である。

　現在は目先きの法律解釈にのみ制約されざるを得ない学生諸氏に，せめて一度は，家族の法の周辺や背景に目を向けてもらいたいと願って刊行したものである。ロースクールの修了生の多くは実務家となった後，家族関係の事件を扱うであろうから，あるべき解決策を導き出せる人材に育つよう，切なる願望をこめたつもりである。

　もちろん法科大学院生のみならず，学部生，家族法に興味をもつ多くの人々，また必要に迫られて家族関係の法律を調べたいと思う人も手にすることができるよう，極力理解し易さに心がけた。これまで法科大学院の受講生から寄せられた質問は，おそらく他の読者にも共通の疑問点であろうと思い，詳細に記述した。この点はこれまで苦情や質問を寄せてくれた学生諸氏に感謝しなければならない。

　本書が刊行に至ったのは，執筆の遅い筆者を叱咤激励し続けてくれた不磨書房の稲葉文子氏のお陰である。一般の方々にも使いやすくとの配慮からコメントをいただき，結果的には親族，相続を身近な問題と考えている人々にこそ読んでいただきたいものが完成した。心より感謝する次第である。

　　　2007年3月

　　　　　　　　　　　　　　　　　　　　　　　　　奥　山　恭　子

目　次

はしがき──著者からのメッセージ──

第1編　親族法

はじめに　家族法をよりよく理解するために

家族とは何か──民法に家族という言葉はない！ ……………3
現行家族法編ができた経緯は？　3
COLUMN　民法典論争　4
「家」制度をめぐる論争とは何？　5
COLUMN　民法旧規定（昭和22年の改正前の規定）（抄）　6
「家」の廃止によってできた条文はどんなもの？　7
戸籍の制度にはどんな機能があるか　7

新しい事実婚問題とは何か ……………………………………8
まずは内縁とは何？　8　新しい事実婚とはどんな現象？　10　新しい事実婚を認めるとは何をすることか　11　家族の法の範囲は広い　12
COLUMN　＊手にしよう，目にしよう，貴重な資料！　13

Ｉ　総　　説

民法と家族法 ……………………………………………………15
1　明治民法と「家」制度　15
2　新民法の形成と理念　16

家族法の特質 ……………………………………………………18

1　「身分行為」としての特性　18
　　　2　家事事件と家庭裁判所　20
親　　族 ……………………………………………27
　　　1　親族の種類　27
　　　2　親族関係の変動と効果　30
　　　COLUMN　遺族とはだれのこと？　──臓器移植に同意
　　　　　　　するのは遺族　32

II　婚　　姻

婚姻の成立 ……………………………………………35
　　　1　婚姻制度　35
　　　2　婚姻成立の実質的要件　36
　　　3　形式的要件　41
　　　4　無効取消し　41
　　　COLUMN　子どもを嫡出子にするだけが目的で届出た
　　　　　　　婚姻届は有効か。　42
　　　　　　　父母の同意はなぜ必要か！　43
婚姻の効力 ……………………………………………45
　　　1　一般的効力　45
　　　2　財産的効果　49
　　　COLUMN　夫の給料の半分は妻のもの？　54
婚姻の解消 ……………………………………………56
　　　1　離婚制度　56
　　　2　協議離婚　57
　　　3　裁判離婚　58
　　　COLUMN　有責主義離婚　62
　　　4　離婚の効果　63
　　　COLUMN　"Best Interest of Child"（子の最善の利益）　69

目　次　vii

Ⅲ　親　子

親　子　法 …………………………………………………71
　　親子法の理念と構造　71

実　　子 ……………………………………………………74
　1　嫡　出　子　74
　COLUMN　夫の死後懐胎した子は夫の子か　77
　2　嫡出でない子（非嫡出子）　78
　COLUMN　人　工　生　殖　82

養　　子 ……………………………………………………83
　1　普　通　養　子　83
　COLUMN　諸外国の養子法　88
　2　特　別　養　子　89
　COLUMN　住民票の記載変更　91
　COLUMN　赤ちゃん斡旋事件　92

親　　権 ……………………………………………………94
　1　親権原理と当事者　94
　COLUMN　「親権・監護権は妻」が増加　96
　2　親権の内容　96
　COLUMN　「親権者」と「親権を行う者」　103
　　　　　　悪魔ちゃん事件　104

Ⅳ　後　見

後　見　制　度 ……………………………………………105
　1　未成年後見　106
　COLUMN　未成年後見に後見人2名が従事した場合の効力　107
　2　成年後見制度　108
　COLUMN　心神喪失・心神耗弱（コウジャク）はなぜ使われな
　　　　　　かったか　113

3　任意後見　114

Ⅴ　扶　　　養

扶養の意味 ……………………………………………………121
　　　1　なぜ法律が問題にするか　121
　　　2　私的扶養と公的扶助　122
　　　COLUMN　江戸時代の扶養──公的扶養機能がない
　　　　　　　社会状況　122

民法上の扶養制度 ……………………………………………123
　　　1　扶養の権利と義務の発生　123
　　　2　扶養義務の種類　124
　　　3　扶養の当事者　125
　　　4　扶養の順位・程度・方法　125
　　　5　過去の扶養料・立替扶養料　126

第2編　相続法

Ⅰ　序　　　論

相続とは何か …………………………………………………131
　　　1　制度としての相続──慣習との違い　131
　　　2　社会構造と相続法制──体制・家族観による
　　　　違い　132
　　　COLUMN　日常の糧を産み出す農地は相続対象外
　　　　　　　──中米「コスタリカ」の男女平等政策　134

相続の意義 ……………………………………………………135
　　　1　相続の根拠　137
　　　COLUMN　なかなか進まない「リバースモーゲージ」の
　　　　　　　普及　138

　　　　2　現行相続法の基本構造　139
　　　COLUMN　生前贈与・死因贈与・遺贈
　　　　　　　──それぞれどう違う？　141
相続の開始……………………………………………………………142
　　　　1　開始原因としての死　142
　　　　2　開始の場所　144
　　　COLUMN　「脳死」と言われて，10カ月生き続けた子ども　144

Ⅱ　相　続　人

相続人の種類と範囲……………………………………………147
　　　　1　血族相続人と配偶者相続人　147
　　　COLUMN　配偶者の相続税はなぜ軽減されているのか？　150
　　　　2　同時存在の原則と胎児　151
代　襲　相　続…………………………………………………………152
　　　　1　代襲相続はなぜ必要か　152
　　　　2　妻の代襲問題とは何か　154
相続の権利を剝奪する制度………………………………157
　　　Overall view
　　　　1　相　続　欠　格　157
　　　　2　相続人の廃除　159

Ⅲ　相続の効力

相続財産となるもの……………………………………………163
　　　Overall view
　　　　1　「一身専属」とは何か　164
　　　　2　相続財産の範囲　165
　　　COLUMN　父が出金した子ども名義の預金や不動産は誰
　　　　　　　のもの？　170

3　祭祀財産　176
　　　COLUMN　ゴルフ場の会員権は相続財産か　177

遺産分割 …………………………………………………………………179
　　　Overall view
　　　1　相続財産の共有と管理　179
　　　COLUMN　父所有家屋に無償で同居していた子は，父死亡後は他の相続人（兄弟）に家賃を払うべきか　184
　　　2　分割の基準・方法・種類　185
　　　COLUMN　遺産分割協議書　187
　　　COLUMN　死亡から遺産分割まで　190
　　　3　分割の審判と効力　191
　　　COLUMN　家事審判の違憲性問題とは　191

相　続　分 ……………………………………………………………195
　　　Overall view
　　　1　相続分決定のプロセス　195
　　　2　法定相続分　196
　　　COLUMN　法定相続分（900条・901条）の計算　197
　　　3　指定相続分　198
　　　4　具体的相続分　198

相続回復請求権 ………………………………………………………205
　　　Overall view
　　　1　相続回復請求権の性質　205
　　　2　回復請求の相手方　207
　　　COLUMN　自分たち以外にも共同相続人がいることを知っている者は時効の援用ができるか（平成11年最判）　208

Ⅳ　法定相続の承継

相続の承認・放棄 ……………………………………………………211

　　　　　　Overall view

　　　1　承認・放棄とは　211
　　　2　単純承認　213
　　COLUMN　自己のために相続の開始があったことを知っ
　　　　　　たとき，とはいつ？　214
　　　3　限定承認　215
　　COLUMN　相続人たる死因贈与受遺者 vs.　相続債権者
　　　　　　――限定承認はどちらを保護するか　216
　　　4　放　　棄　218

財産分離 ……………………………………………220

　　　　　　Overall view

　　　1　財産分離とは　220
　　　2　第一種財産分離　221
　　　3　第二種財産分離　222
　　COLUMN　財産分離制度はなぜ使われないのか！　223

相続人不存在 ………………………………………224

　　　　　　Overall view

　　　1　相続財産法人　224
　　COLUMN　相続人不存在の場合の手続　226
　　　2　特別縁故者　227
　　COLUMN　特別縁故者の審判前の権利はどんなもの？　229

　　　　　　V　遺　　　言

遺言の意義と性質 …………………………………231

　　　　　　Overall view

　　　1　遺言と遺言相続　231
　　COLUMN　法的に有効なのが「イゴン」，無価値なのが
　　　　　　「ユイゴン」か　232
　　COLUMN　リビング・ウィルの法制化　234
　　　2　遺言事項と遺言能力　235

遺言の方式 ……………………………………………………238

Overall view

1　普 通 方 式　238

COLUMN　外国人がした公正証書遺言についての判決　244

2　特 別 方 式　249

COLUMN　話せなくなってからの遺言は有効か
　　　　──危急時遺言の「口授」とはどの程度を要するか　250

遺言の効力 ……………………………………………………252

Overall view

1　発効の時期　252

2　遺言の撤回　257

COLUMN　遺言が離縁で撤回された事例　258

3　遺　　贈　259

COLUMN　遺贈と相続　263

遺言の執行 ……………………………………………………268

Overall view

1　遺言執行の意義　268

2　遺 言 手 続　269

3　遺言執行者　269

4　遺贈と遺言執行者　273

VI　遺　留　分

遺留分制度とは ………………………………………………277

Overall view

1　遺留分の意義　277

COLUMN　世界の遺留分制度・その淵源　278

2　遺留分の算定　280

遺留分減殺請求権 ……………………………………………282

1 遺留分減殺請求権の性質 282
COLUMN 減殺請求の意思表示は到達したか
　　　　――留め置かれた内容証明郵便 283
2 減殺請求の効力 285

資　料　編 ……………………………………………………287
索　　　引 ……………………………………………………311

第 1 編 親族法

はじめに
家族法をよりよく理解するために

> **家族とは何か──民法に家族という言葉はない！**

● 現行家族法編ができた経緯は？

　家族と無縁の人はいない。家族ほど人生と密接に関わるものはない。しかしそれでは家族とは何かと問われると，人それぞれに自分にとっての家族をあげることはできるが，一般的に家族の範囲を限定することは，実はむずかしい。

　両親はもちろん，同居している祖父母，すでに独立して別所帯を構えている兄弟姉妹も，自分にとってはかけがえのない家族という者もいる。逆に親元から自立し，都会で一人暮らしをしている者にとって，唯一の家族はペットの猫だという言い方すらある。

　それでは家族の定義を条文から探し出そう。ところが民法の条文に家族という言葉は出てこない。親族相続法が家族法であるといわれながら，なぜ家族の定義がないのであろうか。

　現行民法典は総則，物権，債権の総称である財産法編（第1・2・3編）と親族相続法のいわゆる家族法編（第4・5編）に分かれており，明治31年に施行されたものである。二部構成とはいえ，第1編から第5編まで，条文も通し番号であるから，形式上は一つの民法典というべきである。

　ところが公布日は，前半が明治29年法律第89号，後半は明治31年法律第9号と異なっており，さらに第4編5編は昭和22年に抜本的改正を受け，ひらがな

使いの現代に通用する文章になっただけではなく，基本的理念の上でも大きな変革を経てきたことである。

　親族・相続編の改正は，正式には「昭和22年法律222号　民法の一部を改正する法律」という名で行われた（同23年1月1日施行）。しかし民法の一部であることには間違いないが，親族・相続編全体がその基本方針もろとも入れ替ったもので，戦後の親族・相続編の改正は実質的には新民法の制定ともみなしうるものである。したがって親族相続法の分野では，現行民法第4・5編を新民法あるいは現行民法と称し，明治31年民法は旧法もしくは明治民法（ちなみに旧民法といえば一般には明治23年民法をいう　⇨ COLUMN「民法典論争」）と通称されている。

　さて戦後の親族・相続編改正過程であるが，第二次世界大戦の終了は，いうまでもなくわが国の政治・社会システムに大変革を及ぼした。欽定憲法を民主憲法にすることに始まる法制度の一新に伴い，戦前の戸主による家督の相続を中心とする家制度が廃止され，日本国憲法（昭和22年5月3日施行）の「個人の尊厳と両性の本質的平等」（24条）の理念に沿った，基本的人権尊重と男女平等を旨とした新しい民法へと変貌したのである。

　しかし規定された文言は確かに男女平等に沿った刷新的なものであったが，現実には「家」制度下の風習が根強く残り，「家」的意識は抜きがたく存在していた。しかも明治23年民法制定に際しての民法典論争以来の，「家」制度温存派と廃止派の争いは戦後の新しい民法にまで尾を引くことになる。

COLUMN

民法典論争

　わが国初の近代的民法典はフランス人法学者ボアソナードを中心として編纂され，1890（明治23）年に公布され，1893（明治26）年から施行されるはずのものであった。全体としてフランスの個人主義・自由主義的色彩が強いものであったところから，強烈な批判を受け，無期延期の名の下に実施されずに終わった。「幻の法典」と言われるゆえんである。

　延期派として有名な『穂積八束』の「民法出テヽ忠孝亡フ」の中で，延

> 期の理由が述べられている。同民法第一次草案が「一男一女の自由契約」をもって家とし，「一男一女情愛ニヨツテソノ居ヲ同フスル」小家族制を基本としていることが，わが国古来の家父長的家族制度に沿わないとするのである。これが世に言う「民法典論争」である。

●「家」制度をめぐる論争とは何？

　明治民法下の「家」制度は本質的・潜在的に男尊女卑思想にもとづくものであった（⇨ COLUMN「民法旧規定」）。戦後の法改正の推進役である我妻栄，中川善之助両博士らは，保守派の先鋒牧野栄一博士らの，「家」制度の廃止が道徳的祖先崇拝の美風まで否定するという反対をうけ，この攻撃を抑えながら法制度としての「家」を廃止して新しい制度を作り上げなければならなかった。したがって完全な民主化は反論を強め逆効果になることから，新民法はある条項では妥協の産物であったともいえる。

　例えば親族間の扶養義務を規定した730条には「直系血族及び同居の親族は，互いに扶け合わなければならない。」とあるが（⇨31頁），この条文が民法に導入された経緯は，まさに個人主義的近代法理念と旧来の家的風習および「家」的価値観の葛藤の産物であった。

　そもそも個人の尊厳を規定した憲法制定の論議を引き継いで，「家」制度を廃止することは決定したものの，それとの引き替えとして反対派の牧野委員から出された「直系尊属および同居の親族は互に協力扶助すべきものとする」という強い希望を取り込んで，改正条文に盛られることとなったのである。

　そのほか祭祀承継（⇨63頁）について，起草者は民法からの削除を検討したが，反対派に押し切られ，さらに氏についても（⇨45頁），「家」の生まれ変わりとなるという家制度廃止派からの批判もあったが，他の法的効果とは連動させないことにして（ただし祭祀承継のみは例外）そのまま存置されることとなった。

　これらの条文はいわば妥協の産物であったから，「家」制度廃止派，反対派双方にとって，満足のいくものでなかったことは当然である。特に反対派の心底

には，民法が変わることで日本古来の孝養という観念がなくなってしまうという危惧がくすぶっており，これがまた後に家制度復活論へと再燃することになる。ただしこのときにはもはや法学者はこれに妥協されることなく，昭和29年以降の法制審議会総会，ならびに民法部会での審議でも，「家」の廃止は新憲法の要請であるとして揺るぎないものとなった。

COLUMN

民法旧規定（昭和22年の改正前の規定）（抄）（原文カタカナ）

第4編　親族
　第2章　戸主及び家族
732条　①戸主の親族にして其家に在るもの及び其配偶者は之を家族とす。
　　　　②戸主の変更ありたる場合に於ては旧戸主及び其家族は新戸主の家族とす。
733条　①子は父の家に入る。
　　　　②父の知れざる子は母の家に入る。
　　　　③父母共に知れざる子は一家を創立す。
735条　①家族の子にして嫡出に非ざる者は戸主の同意あるに非ざれば其家に入ることを得ず。
　　　　②嫡出に非ざる子が父の家に入ることを得ざるときは母の家に入る。母の家に入ることを得ざるときは一家を創立す。
736条　女戸主が入夫婚姻を為したるときは入夫は其家の戸主と為る。但当事者が婚姻の当時反対の意思を表示したるときは此限に非ず。
746条　戸主及び家族は其家の氏を称す。
　第3章　婚姻
765条　男は満17歳女は満15歳に至らざれば婚姻を為すことを得ず。
768条　姦通に因りて離婚又は刑の宣告を受けたる者は相姦者と婚姻を為すことを得ず。
788条　①妻は婚姻に因りて夫の家に入る。
　　　　②夫は妻をして同居を為さしむを要す。
798条　①夫は婚姻より生ずる一切の費用を負担す。但妻が戸主たるときは妻之を負担す。

●「家」の廃止によってできた条文はどんなもの？

　戦後の民法改正は，ともかく「家」制度の廃止が目的であったから，家族という集団を規定することも，「家」制度につながりかねないという心配から，新条文には徹底して「家」のみならず家族という言葉すら使われなかった。

　そこで旧法が親族編に「戸主及び家族」の章をおいていたのと異なり，改正現行法では親族編の最初は「総則」の名で親族関係の規定をおき，続いて「婚姻」（つまり夫婦関係），「親子」という章立てとなった。これは個人と個人の関係性としての規定であり，個人主義的構成といえよう。

　しかしそれでは，日本の法律では家族をまったく団体性，集団性のないものとみなしているのであろうか。多くの日本人は，「家」制度，戸主制度がなくなったことを知っていても，家族を何らかのまとまりのあるものと考えている。一般に家族という単位を，夫婦と結婚前の子どもとの集団，つまりいわゆる核家族のことと考え，しかしときには祖父母等を含めて考えるのが通例である。

　民法に家族の規定がなく，旧来の「家」制度が否定されているにもかかわらず，国民が広く，同じように家族の範囲を想定する根拠はどこにあるのだろうか。その答えのひとつは戸籍制度に見出すことができる。

●戸籍の制度にはどんな機能があるか

　明治民法は，戸主のもとにある者が家族であり，これが戸籍に対応していた。したがって同一戸籍の中に何組かの夫婦が入っていることもあった。しかし現在は，同一戸籍の中に二組の夫婦が入ることはない。未婚の間は両親の戸籍にあり，結婚すると新戸籍を編成することになる。夫婦と未婚の子を家族とする日本人の家族観は，まさに戸籍編成原理と合致するのである。

　戸籍はたしかに大家族から核家族へと変貌した日本人の家族観と合致し，あるいは戸籍がこうした法意識を創り上げる作用も果たしてきたといえるであろう。しかし，戸籍を編成するのは法律上の要件を満たした婚姻届が受理されて，婚姻が成立したときである（⇒婚姻の成立）。

　婚姻届には夫と妻のどちらの氏を称するかを記載しなければならない（⇒資

料編「婚姻届」)。どちらでもよいことになっており，どちらに決めようと，当事者の自由である。表面的には自己決定の尊重にかなう理想的規定であるかのごとくに思われる。ところが自分の姓を夫婦の氏とした者が戸籍筆頭者になることから，圧倒的に夫の氏を夫婦の氏として届出をする現実がある。

　もっとも，結婚すると男性側の姓になるものという固定観念が社会に根強く，女性たち自身もそれを望んでいるから，夫の氏を称する婚姻が多いという見解もあるが，そうした価値観を形成する理由の一つに，戸籍筆頭者制度があるとも考えられる。筆頭者制度はファイリング手段であり，便宜的意味のみと説明されているが，筆頭の言葉がまさにかつての戸主のような，家の代表というイメージを形成している点は否定しがたい。

　そこでこのような不都合を避けながら結婚するには，届出をしない，いわゆる事実婚を選ぶしかないと考える人々も出てくることになる。

新しい事実婚問題とは何か

●まずは内縁とは何？

　事実婚というと，一般的には内縁のことと理解される。これは婚姻届を出してはいないが，婚姻の実態があるものをいい，わが国は内縁発生の余地ある制度のため，大正時代から法律学の伝統的テーマである。ところが近時これとは異なって，「なぜ届けを出さなければいけないのだろうか」と疑問に思い，あえて婚姻届を出さないカップルが出てきている。これが事実婚である。

　外形的には婚姻の実態がありながら届けの出ていないものであり，事実婚と内縁はこの限りでは違いはない。しかし婚姻届を出さない経緯と，当事者の婚姻届に対する意識が，両者は異なる。ただわが国の法律学界でもまだ両者を明

確に区別することはなされておらず，言葉も論者により異なり統一されてはいない。そこでまずは内縁概念を整理しておこう。

　そもそもわが国の婚姻法制度は明治民法以来，婚姻届を出すことで婚姻が成立する届出主義をとってきた。しかし慣習的には，日本全土どの地域にも，その地方ならではの慣習的嫁入り，婿取りの儀式があり，これが代々伝えられ，現在でもなお引き続いて，あるいは名残りをみせていることは，人類学や法社会学の学問的調査結果のみならず，多くの者が自分の，あるいは親の出身地を思い起こせば納得することである。

　そして国民の意識はどうかというと，明治民法施行の当初は挙式だけで立派な夫婦になる，届けが必要とは知らなかったという理由で届けを出さないことが圧倒的であったが，法律の普及活動と教育の徹底により，徐々に知らなかったという人の数は減少してはいった。

　しかし届出の必要性は知っていても，家風になじむまでは出さない，跡取りの子どもができるまでは出さない，などの理由で，出すに出せないものから，そのうち出すと思いつつ長く出さずにいたというもの，さらには挙式をあげてから出征した夫が戦死したので，もはや出せなくなったというものまで，地域に婚姻と認められ，婚姻生活の実態がありながら，婚姻届を出していない，したがって法律上は婚姻ではないというものは，決して少なくはなかった。現在でも同居生活の開始と婚姻届提出の日が合致することはむしろ珍しく，結婚記念日（つまり当事者にとって結婚が成立した日）にいたっては，結婚式の日と考える人が圧倒的である（家族法受講学部生に，結婚式と届出の日が違う場合，どちらを結婚記念日と考えるかという質問を，婚姻成立に関する法律を説明する前に行ったところ，約8割が結婚式の日と答えている）。

　こうした現状から，婚姻を不当に破棄したり，一方的理由で中断させたりした場合，法律上の婚姻が成立していれば，配偶者としての責任をとらせることができても，婚姻ではないことで，それがなし得ないのでは，有責者の身勝手を許し，被害を受けた側があまりにも気の毒として，法はさまざまな方法で救済手段を講じてきた。最初は実態があって届出のない関係を婚姻予約とし，債

務不履行と損害賠償をさせ，そのうちこうした関係を内縁として，内縁保護の判決が多数出ることになり，また立法的にも内縁の夫の死後，内縁の妻の居住権を保護するための法改正も行われた。これが内縁問題で，いかに法律婚と同様に保護するかが課題であった。

●**新しい事実婚とはどんな現象？**

1996年に法制審議会は民法中の改正すべき点を検討した「民法の一部を改正する法律案要綱」（通称「民法改正要綱」）を答申した。結婚しても夫婦がそれぞれ生来の姓を使い続けることができるようにする夫婦別氏選択制もこれに盛り込まれた。結婚によって姓を変えざるを得ないことで，職業生活や社会生活上不都合があるというのみならず，自らの一部でもある姓名を合理的根拠がなく，不本意ながら変えなければならないのは，精神的にアイデンティティの喪失につながる，等が別氏を主張する根拠である。

しかし現行法では，必ずどちらかの姓を夫婦の姓としなければならない。そこであくまでも別姓を望む場合には，婚姻届を出さずに，結婚生活を行うしかない。このように婚姻の実態は整っているが，届けを出さないことに積極的な理由があって出さない場合があり，従来の内縁と区別する意味もこめ，新しい事実婚と称されている。

別姓を望むための事実婚は，国家の婚姻法の要件や効果に反対するがゆえの法律婚の拒否であり，もし法改正が行われ別姓が可能となれば，婚姻届を出さない理由はなくなる。ところが私的な事柄に，なぜ国家の規制を受ける必要があるのか，婚姻の本質は当事者双方の愛情が基本なので，法律が一定の枠内の結合だけを婚姻とし，それ以外は法的には無効な結合とすることには納得できない，等の疑問が提示されるようになってきた。

その結果，結婚式を挙げるなど周囲の人々には結婚であると認められ，当事者も愛情をもって相互に助け合う婚姻生活をしてはいるが，その事実を国に認めてもらう必要性はない，だから婚姻届は出さないという意識が芽生えてくることになる。これがここでいう新しい事実婚である。

以上のことから内縁と新しい事実婚との違いは当事者の内面に関わってくる。そこで逆に，婚姻届を出さない理由という内面的な事柄によって，法的扱いを異にするのは問題であるとする見解も当然出ることになる。

　したがって新しい事実婚を従来の内縁と区別しようとすることは，法律の条文の意味を理解する（一般にこれを解釈学という）範囲を超え，婚姻とは何かを根本から考えなおしてみる作業になる。

●新しい事実婚を認めるとは何をすることか

　さまざまな人の結合の中で，どこまでを国家（＝法律）が認める婚姻とするかという問題は，それぞれの国の法政策に関わることである。ほとんどの国家は独自の婚姻障害事由（⇒36頁）を規定している。重婚を認めない国が圧倒的ではあるが，慣習上，宗教上その他の理由で一夫多妻制度をとる国もあることからわかるように，何を合法的婚姻とするかは，それぞれの国の理念や価値観にもとづき，しかも政策的配慮によって決定されるものである。

　1990年代からのテーマの一つにホモセクシュアル・マリッジ（同性間の婚姻）があった。とくにアメリカでは違憲訴訟を起こすにいたり，大きな論争となった。異性間婚姻のみを合法的婚姻と州法（アメリカは州によって法律が異なる）が定めることは，法の下の平等をうたった憲法に違反するというのがその根拠である。

　それでは国家が認める（成立要件を満たす）場合と，そうでない場合とでどこに違いが出てくるであろうか。従来の内縁保護の際は，死別や別居などで婚姻の実態が終了したときに，相続や財産分与に準じた救済が行われるかどうかが問題であった。

　しかしアメリカで同性間の婚姻を合法としたことや，フランスの事実婚に法的正当性を与える法律（PACS法）は，関係の終了のときだけではなく，事実婚という関係そのものを，社会的に認知させるという動きの中でできたものである。もちろん税制等も含んだ財産関係の効果が大きいが，それだけではない。

　たとえば事実婚の妻が出産したら，事実婚の夫は育児休暇をとることができ

るとか，バケーションを事実婚の相手方の都合に合わせて一緒にとるように主張することが認められるとか，相手方の親族に不幸があったら忌引休暇をとることができる等々，ごく日常的な生活の中で，共同で暮らしているパートナーとして社会が認め合うという要望である。標語的に自己決定権の尊重とか，多様な生き方の尊重などといわれることである。

　しかしこのような関係を法律が承認するとすれば，解消の際の準婚的処理とは異質なものとなる。諸外国で立法化されているような，契約的共同体の成立を認めることである。すなわち自らの意思にもとづいて結びつき，国家規制を受けたくないというきわめて私的な個人の思いは，その関係性を法がどのように把握し，対処するかという，立法政策と深く関わっているのである。事実婚をすべて法的婚姻と同視すれば，法的婚姻はいらなくなるであろうか。実は事実婚を考えることは婚姻制度を考えることであり，ひいては家族とは何かを考えることである。

●家族の法の範囲は広い

　家族法は狭義では民法第4編，5編を指すが，戸籍法や家事審判法等の関連諸法も含むことは，すでに説明したように明らかなところである。しかしさらに婚姻や家族とは何かを考えるとき，わが国の家族法だけではなく，比較法的手法により諸外国の事情を調べる必要がある。

　さらに社会の実態や動向，あるいは国民の価値観などを知るには，法律だけでは解決しない。社会学や人類学などの見識も必要となる。本書のタイトルを「家族の法」としたのは，民法第4編，第5編の解釈だけではなく，広い視野から家族を考える道具となるように，という願いを込めたものである。

COLUMN

＊手にしよう，目にしよう，貴重な資料！
　　　（大学図書館，公立図書館等で入手できるものを中心に）

●民法典編纂の経緯をオリジナル文書で見るには
　　広中俊雄編「日本民法典資料集成①」信山社

●家族史研究を一連の流れの中で位置づけると
　1937-38　『家族制度全集』史論篇5巻，法律篇5巻（穂積重遠・中川善之助責任編集）河出書房
　1957-61　『家族問題と家族法』全7巻（中川善之助・青山道夫・玉城肇・福島正夫・兼子一・川島武宜責任編集）酒井書店
　1973-74　『講座家族』全8巻（青山道夫・竹田旦・有地亨・江守五夫・松原治郎編）弘文堂
　1975-76　『家族　政策と法』全7巻（福島正夫編）東京大学出版会
　1976　　『日本婦人問題資料集成　第5巻　家族制度』（湯沢雍彦編集・解説）ドメス出版

●政策としての「家」制度と婚姻という制度の理解には
　　川島武宜・1957『イデオロギーとしての家族制度』（岩波書店）
　　江守五夫・1980「近代市民社会の婚姻と法」『家族史研究』第1集（大月書店）
　　利谷信義・1987『家族と国家──家族を動かす法・政策・思想』（筑摩書房）
　　井戸田博史・1992『家族の法と歴史』（世界思想社）

●内縁と事実婚の理解には
　　まずは伝統的内縁については
　　　　太田武男・1965『内縁の研究』（有斐閣）
　　　　川井健・1980「内縁保護」（『現代家族法体系2』有斐閣）
　　新しい事実婚をも含めて
　　　　太田武男・溜池良夫編・1986『事実婚の比較法的研究』（有斐閣）
　　　　二宮周平・1990『事実婚の現代的課題』（日本評論社）．

I　総　　　説

> **THEME**
>
> ## 民法と家族法
>
> 1　明治民法と「家」制度——「家」制度とは何か
> 2　新民法の形成と理念——現行法理念の確認

1　明治民法と「家」制度

(1)　戸主の権利と家督相続

　現行法は昭和22年の民法改正によって施行されたもので，その基にあったのは明治29年公布（31年施行）の明治民法である。明治民法では「家」の財産は「戸主」の所有で，戸主が死亡し，または隠居した場合，その財産は家督相続人（原則として長男子）に一括して承継された。また戸主は「家」の者の婚姻に対する同意権を持ち，戸主の同意なしには婚姻はできなかった。さらに「家」の機関として「親族会」が置かれていた。

　明治民法財産法編（総則・物権・債権）は，所有権の絶対，契約自由の原則，私的自治の三原則を掲げ，近代法原理をそなえたもので，現行法にほとんどそのまま踏襲されたが，親族・相続編は「家」制度を骨子とする，前近代的な法規定であった。

　このように，戸主が「家」に属する者を支配・統制するシステムが，「家」制度である。建造物としての家をのみ指すものではないことから，このシステムをカタカナ書きで「イエ」制度と書いたりもされている。

　その後大正8年から臨時法制審議会が設置されて民法改正の検討が行われた

が，実際の改正は，第二次大戦後の大改正を待たねばならなかった。

> RESEARCH in DEPTH !
>
> ▶明治民法よりも前に「旧民法」といわれるものがあった。しかしそれはわが国の実情に合わないという理由で実施されなかった。その議論を『法典論争』という。いきさつを調べてみよう。
> ▶「家」制度の影響を受けた家族観は現代社会で完全になくなっているであろうか。残存しているとすれば，どんな点だろうか。

2 新民法の形成と理念

(1) 戦後の親族相続法大改正

　明治民法では「戸主」の所有する家の財産は次の家督相続人に一括承継され，「戸主」はまた婚姻同意権を持つなど，『戸主権』は強大なものではあったが「戸主」はまた「家」の下にある家族の扶養など，「家」の内部に対する責任をも担っていた。

　「家」制度のもとでの婚姻は「家」と「家」との問題で，一方がそれまで属していた「家」を出て，他方の「家」に入ることであった。多くの場合，女性が男性の「家」に入ることになったが，その場合，夫が死亡しても女性が婚家にとどまっている限り，夫の「家」の戸主の支配下におかれるものとされていた。

(2) 昭和60年代までの改正

　民法改正当初は，日本の社会はまだ大家族が多かったが，その後，都市化，核家族化などの社会状況の変化にともない，民法条文の見直しが検討されるようになった。昭和34年に「法制審議会身分法小委員会における仮決定及び留保事項」が公表された。その多くは改正にまではいたらなかったが，とくに緊急に改正する必要がある代諾離縁（815条）と，後見人の解任（845条）について，昭和37年に一部改正された。

　当時世界の動きも，国際婦人年（1975からの10年間）を契機に，女子差別撤廃条約が採択され（1979年），日本もこれを批准（1985年）したことから，労働法

の改正も行われた。

このような変化を背景に，民法も一部改正され，昭和51年に離婚復氏（767条2項）について例外規定を設け，昭和55年に配偶者相続分（900条）を改正し，さらに昭和62年に特別養子制度を新設した。

(3) 近年の諸改正

親族相続編には新しい理念が導入されたが，民法第1編から第3編までの財産編は明治民法制定から100余年を経ていることから，再検討の必要性が問われるようになった。その一つが能力制度である。これまでは個人の財産を保護することを旨として，能力を剝奪することで個人を保護する禁治産・準禁治産制度を設けていたが，平成11年12月（1999年）にこれを廃止し，個人の自己決定を重視した「成年後見制度」が新設された。

能力制度自体は民法総則の分野ではあるが，後見制度は親族法の範囲であり，また少子高齢社会の課題は，介護・扶養・相続など，どれをとっても親族・相続法と関連することから，成年後見制度との関わりが大きい。また後見は家庭裁判所の審判事項であることから，手続上の関連性も大きい。

平成16年の人事訴訟法新設は，家族関係実務に大きな意味を持つものであったことはいうまでもない。さらに平成17年に主として財産法編の口語化が行われ，親族・相続編については用語の変更（例：但し→ただし）等がなされたにとどまり，内容的変更にはならなかった。

✣ 関連条文
憲法24条1項，2項

RESEARCH in DEPTH！

▶新民法の理念が具体的に表現されている条文を探し出し，明治民法と比較しよう。
▶成年後見法改正により親族・相続法の変更点を抽出しよう。

> **THEME**
>
> 家族法の特質
>
> 1 身分行為としての特性——財産行為との違いは何か
> 2 家事事件と家庭裁判所——家庭内紛争の特殊性と家裁の機能

1 「身分行為」としての特性

(1) 身分とは何か

　かつて親族相続法は，身分法と称された。現在は，家族の問題を扱う法域として，家族法と称することが一般的だが，財産行為との比較をする上で「身分」行為概念はなお意味を持つ。

　「身分権」とは，人と人との一定の関係にもとづいて発生する権利義務である。婚姻が成立すれば，夫として，妻としての権利義務が発生する。子どもが誕生すると，親としての権利義務が発生する。親子になる契約をしていないから親としての義務を果たさないというわけにはいかない。夫婦としての権利義務を他人に代わってもらうというわけにもいかない。さらに，親だから子に対して何をしてもよいというわけにもいかない。

　つまり身分権とは，一定の身分関係性にもとづいて発生する権利義務であり，一身専属的であり，譲渡することも放棄することもできず，また権利の濫用は禁止されるという性格を持つことになる。

　こうした身分関係を発生させる行為が身分行為であり，婚姻，離婚，養子縁組，認知などである。身分行為は様式行為である。ただし届出のない実態（事実婚など）も保護を必要とする場合もあることについては，婚姻制度の根幹に関わる重要問題である（⇒はじめに）。

(2) 身分行為の能力と本人意思の尊重

　財産行為を行うには法律的行為能力を必要とする。しかし婚姻をするのに婚姻適齢であって婚姻の意味を理解し，本人に婚姻の意思がある限り，行為能力

がないから婚姻を成し得ないとすることはできない。このように身分行為は，財産上の行為能力がなくとも意思能力がある限り，単独でなし得る。

　未成年者については能力補充が図られ（親の婚姻同意権⇨40頁），15歳未満については法定代理人が代理することになっている（797条）。また意思能力が減退した成年については，新成年後見制度の補助制度により，能力が補充されて法律行為を行うことが可能となった。かつて禁治産制度下においても，本心に服している場合は（その証明を得た上で）自ら身分行為をなしえたが，現行成年後見法上においても，本人の意思尊重を旨とする改正の趣旨からしても，能力補充を得て自ら法律行為を行うことができることは当然である。

　しかしあくまでも本人の意思が尊重されることが重要であり，第三者保護のため，あるいは家族の利益のために本人の意思が制限されてはならない。その際の意思は単に戸籍の届出をする意思では足りず，実質的に身分行為を形成しようとする意思である。

　法定代理人の代理による意思表示が法定されている（たとえば代諾養子に関する797条）ことから，原則として代理による意思表示は認められないが，障害により意思の表示の困難な人の意思を代わって表明することは，意思表示の代理ではなく，むしろ積極的に認められるべきである（例えば手話による遺言作成の場合⇨243頁）。

(3)　民法総則と身分行為

　一般に総則規定は民法全体の総則である（特に公序良俗，権利濫用等）。しかし身分行為は取引の安全よりも本人意思の尊重が優先されるべきと考えられ，意思表示規定（93条〜96条）は原則として適用されない。いったん生じた身分行為は取り消すことが不可能であるから，身分行為の取消しは遡及しない（744条，748条）。

　身分行為に伴う財産行為につき，民法が特に財産行為能力者であることを要する旨の規定をおく場合がある。親権者・後見人として，子・被後見人の財産の管理をなす場合，身分関係の特性よりも，客観的に財産行為の能力者であることが要件となるからである。

なお届出行為を要する純粋身分行為の他に,「身分行為類似の法行為」等の表現で,身分行為の効果を付与する解釈が行われる場合がある（例：ある身分行為を詐害行為と構成することは,本人に身分行為を行わないことを強制することになり,身分行為の本質とはそぐわない。したがって詐害行為が成立しない等)。その可否については,多くは相続法（すなわち財産の移動を伴う）の分野で表出するが,むしろ身分行為とみなすか否かの問題となることが多い。

> **RESEARCH in DEPTH!**
> ▶身分行為は新しい関係を作り出す行為,すでにある関係を解消する行為,他人との間に支配的関係をつくる行為,関係性が代わることでそれに付随してなされる行為などに分けられる。親族・相続法上の行為を,それぞれどのような意味があるか分類してみよう。
> ▶総則の例外として身分行為について特別の規定が置かれている部分を抜き出してみよう。「民法総則は財産法のみの総則である」とする学説と,結果的にどれだけの違いがあるか,調べよう。
> ▶身分行為を厳格に要式行為とした場合,どのような問題が生ずるか検討しよう。

2　家事事件と家庭裁判所
(1)　家事事件の特性と調停

　家事事件が財産事件と異なる点は,その多くが一次的には当事者間の協議で成立し得ることである。家庭内での話し合いで解決する限りでは,法律事件とはならないことから,家事事件の出発は家庭裁判所への調停申立てに始まる。

　なお平成16年4月1日より人事訴訟法が施行され,人事訴訟事件が地方裁判所から家庭裁判所に移管されることになった。同法施行以前は,たとえば離婚事件であれば,離婚の可否は審判事件であるが,財産分与,親権者・監護者の決定などは訴訟事件であり,離婚本体について家事審判でかなりの時間を費やしても,財産や親権について紛争があれば,それまでの家庭裁判所の作業は終了し,地方裁判所で同じことを新規に処理することになっていた。

このことは一般国民にとっては，混乱を招くだけであり，訴訟から遠ざけるものでもあるとして，国民に利用しやすい制度にするように，以前から家庭裁判所関係者を中心にひとつの裁判所で双方を扱うことができないかとの議論がなされていた。なお，家裁には家庭裁判所調査官がおり，従来から子の監護や財産分与にも経験の蓄積があることから，調査官制度の活用をも意図して，訴訟事件と審判事件を統合して，家庭裁判所で扱うことになった。

家事事件は人事訴訟事件，家事審判事件，家庭に関する民事訴訟事件の3類型に大別できる。以下順に家事事件の分類と処理手続きの概要を示す。

ⅰ) 人事訴訟事件

人事訴訟の対象は人事訴訟法に，以下のように規定する（同法2条）；

① 婚姻関係（婚姻無効・取消しの訴え，離婚の訴え，協議上の離婚の無効・取消しの訴え，婚姻関係存否確認の訴え）

② 実親子関係（嫡出否認の訴え，認知の訴え，認知の無効取消しの訴え，父を定める訴え，実親子関係存否確認の訴え）

③ 養子縁組関係（養子縁組の無効取消しの訴え，離縁の訴え，協議上の離縁の無効・取消しの訴え，養子関係存否確認の訴え）

すなわち人事訴訟とは夫婦や，親子の関係の形式とその存否の確認を対象とする訴訟であり，人事訴訟法とは人事訴訟のための手続法である。一般に身分関係を専ら扱う特別民事訴訟法と説明されているが，民事訴訟法との違いは，身分関係を確一的，対世的に確定する点にある。

ⅱ) 家事審判事件

家事審判事件は，家事審判法1条に規定するように「個人の尊厳と両性の本質的平等を基本として，家庭の平和と親族共同生活の維持を図ること」を目的とし，家庭裁判所で処理をする非訟事件である。家事審判法9条は審判事項を甲類と乙類に分類している。

甲類事件は紛争性がないので審判で処理されるが，人事訴訟事件や家庭に関する民事訴訟事件は調停前置主義（家事審判法18条）がとられ，また乙類事件は

申立人と相手方の対立構造がとられるので，調停によって解決することになる（家事審判法9条1項）。すなわち調停が行われる事件とは，甲類審判事件以外のすべての家事事件と説明しうる。

　調停は，裁判所内で行われはするが，裁判ではなく，一種のADR（裁判外紛争処理）であり，調停の意義は人間関係調整機能とされている（⇒資料「家裁調停申立書」）。調停が成立すると，調停調書が作成される。調停調書は確定判決と同じ効力を持つ。

　調停が成立しないとき（不調），乙類事件は審判に移行する。訴訟事件の場合は，調停に代わる審判または合意に相当する審判がなされる。しかし当事者が審判に不服の場合は，異議申立てによって審判は失効する。

　審判は非訟手続きであり，対審構造をとらない。しかも職権審理により，非公開である。そこで紛争性のある乙類事件を非訟手続きで処理することは，対審・公開の法廷で裁判を受ける権利（憲法32条，82条）の侵害にならないかが争われた。かつて判例（最大判昭和40・6・30民集19巻4号1089頁）は，夫婦間の同居について，同居の時期・場所などその具体的内容と同居義務自体とを分離し，同居義務については別に対審・公開の法廷で争うことができるから，具体的内容の審理にあたって，その前提として同居義務について判断をしても，違憲とはならないとした。しかしこれには，同居義務とその具体的内容を分離して考えるのは観念的に過ぎるとの批判もあった。そもそも夫婦間の同居義務を審判事項とした趣旨は，事件の特殊性からそれが合理的とされるからであり，上記判決と結論は異ならないものの，審判の本質をもって違憲ではないとする根拠とすべしとの少数意見であった。

　そのほかに，特別家事事件として，任意後見法事件（甲類），戸籍法事件（甲類），精神保健法および精神障害者福祉法事件（甲類），生活保護事件（保護施設収容は甲類，扶養義務者の負担額決定は乙類）などがある。

  ⅲ）　家庭に関する民事訴訟事件

　相続回復請求事件，遺留分減殺請求事件，内縁夫婦間の事件，婚約に関する事件，親族間の金銭や土地建物の賃貸借などは通常の民事事件であるが，家庭

に関する事件として，調停前置主義に服する（家事審判法17条）。

　なお調停と人事訴訟との関係については，同一家庭裁判所内で処理されるとしても当然連動するのではなく，調停不成立により，改めて訴訟を提起することになる。調停記録と訴訟記録は分断されるが，裁判官については，同一の裁判官が行うことを一律に禁止するものではなく，場合によっては忌避制度を利用するなど，柔軟な運用がなされている。新法制定により管轄は自庁処理という制度がとられた。つまり調停の管轄は原則として相手方住所地で，人事訴訟の管轄は専属管轄（人事訴訟法4条）であるが，新人事訴訟法では，調停を管轄した裁判所が人事訴訟を提起されたとき，その人事訴訟について管轄がない場合でも，審理・裁判することができるとされた。さらに人事訴訟への参与員の導入という特徴もある。

(2) 審判前の保全処分

　昭和55年の家事審判法の改正により，審判前の保全処分に強制力が認められることになった（家事審判法15条の3）。この規定の意義を再確認させたのは，幼児の引渡し請求事件における人身保護法の適用をめぐる事件である（⇨98頁。最判平成6・4・26民集48巻3号992頁）。それまで幼児の引渡し事件については，迅速かつ効果的に被拘束者の救済ができるとして，人身保護の手続きがとられてきた。人身保護法には補充性の要件（他の手続きを持ってしてはなしえない，最終的手段であること）が課せられる（人身保護規則4条ただし書き）が，子の引渡しには，この要件の適用はないという理由付けがなされていた。しかし上記判例で最高裁判所は，人身保護請求ができるのは，拘束者の監護が請求者による監護に比べて，子の福祉に反することが明白である場合に限られる（違法の顕著性）として，拘束者が家庭裁判所の仮処分にしたがわないときと，拘束者の監護のもとでは著しく子の健康が損なわれたり，満足な義務教育が受けられないなど，親権乱用に当たる場合でなければ，人身請求はできないとした。本判決には疑問や批判もあるが，最高裁判所の意図は，家庭裁判所の専門的判断を重視し，人身保護判決の前に家庭裁判所の判断を先行させるべきことと，55

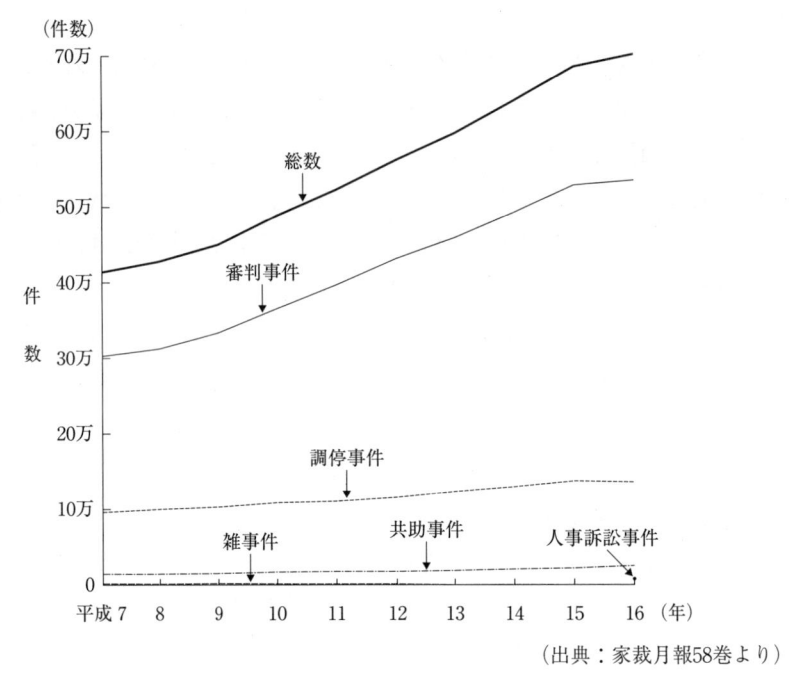

図1　家事事件・人事訴訟事件新受件数の推移

(出典：家裁月報58巻より)

年の審判前保全処分の有効活用を言ったものである。

(3) 戸　籍　法

　わが国最初の戸籍法は，明治4年公布であるが（詳細は福島正夫編『戸籍制度と「家」制度』東京大学出版会，1959年が参考となる），身分関係の公証としての戸籍法は明治31年の戸籍法が始まりである。その後大正3年の改正の後，戦後の民法改正にともなう戸籍法改正（昭和22年）により，夫婦と未婚の子（氏を同じくする子）を原則とする編製へとかわった。

　戸籍の記載は届出主義であり，届出義務者には過料を処するなどして，事実と戸籍記載の一致を図っている。しかし近時虚偽の婚姻届，養子届等が出され，戸籍に不実の記載がなされる事件が多発し，これを機に，不実の記載の痕跡がない戸籍再製を求める声が高まり，平成14年12月の改正により（戸籍法11条の2），当事者からの申出による再製が可能となった。

従来の再製では抹消しても記載事実が明白であり，第三者による戸籍の閲覧が可能な現状では，個人情報の保護に欠ける等の理由で，申請希望が相当と認められた場合，従来の抹消線の上書きではなく，抹消部分の記載のない戸籍の再製が可能となった。

　その他平成6年12月の戸籍法改正により，戸籍の謄・抄本等の交付請求に，電子情報処理組織を使用することができることになった。これにもとづき戸籍法施行規則の一部改正が平成16年4月1日より施行され，現在コンピュータシステムによる事務処理が行われている。(資料編戸籍記載例)

　戸籍の記載に直接関連する事柄として，法令上の性別の変更を認める「性同一性障害者の性別の取扱いの特例に関する法律」(平成15年7月16日公布，平成16年7月16日施行)の制定が挙げられる。性別の取扱いの変更は審判によるが，審判があった場合，裁判所書記官からの戸籍記載の嘱託が，当該審判を受けた者の本籍地市区町村長に対しなされ，これにもとづき変更者を筆頭者とする新戸籍を編製(従前から筆頭者であり，他に在籍者がいない場合は身分事項欄および父母との続柄の記載の更正)することとなった(戸籍法20条の4。解説として，中村雅人「性同一性障害者の性別の取扱いの特例に関する法律の施行に伴う戸籍事務の取扱いに係る関係通達等の解説」戸籍761号19頁)。

✥ 関連条文
　家事審判法（3条，9条1項，14条，21条，22条）
　人事訴訟法（14条，18条，26条，31条，32条）
　戸籍法

RESEARCH in DEPTH !

▶甲類事件と乙類事件を比較し，違いはどこにあるか確認しよう。具体的に後見開始の審判（甲類），子の氏変更の許可（甲類）等と協議離婚の際の親権者の指定（乙類），親族間扶養の処分（乙類）等の，紛争性の差異を検討してみよう。

▶家庭裁判所における一連の事件の流れを確認しよう（⇨図2）。

図2　家裁事件処理手続の略図

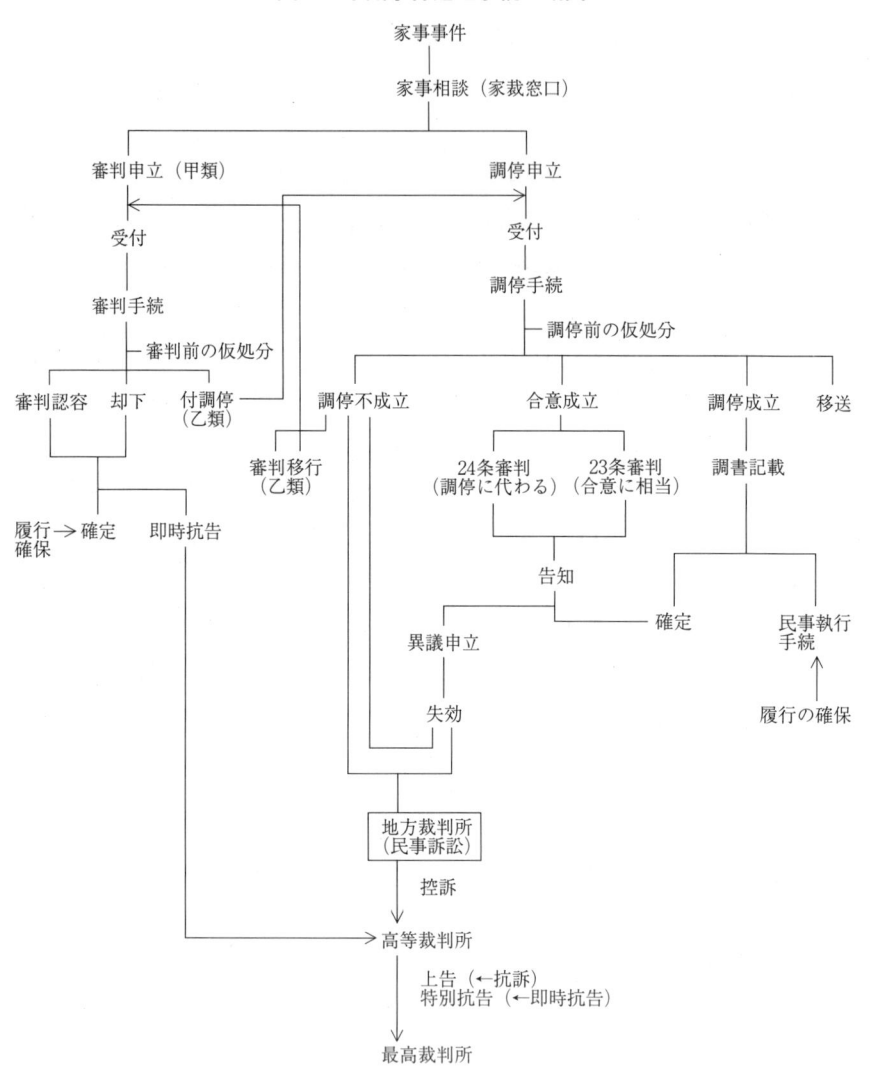

家事事件
　│
家事相談（家裁窓口）
　├─────────────────┐
審判申立（甲類）　　　　調停申立
　│　←──────　　　　　│
受付　　　　　　　　　　受付
　│　　　　　　　　　　　│
審判手続　　　　　　　　調停手続
　├─ 審判前の仮処分　　　├─ 調停前の仮処分
　│　　　　　　　　　　　│
審判認容　却下　付調停　調停不成立　合意成立　　　　　調停成立　移送
　│　　　　　　（乙類）　　│　　　┌──────┐　　│
　│　　　　　　　　　　審判移行　24条審判　23条審判　調書記載
　│　　　　　　　　　　（乙類）　（調停に代わる）（合意に相当）
履行→確定　即時抗告　　　　　　　　　告知
確保　　　　　　　　　　　　　　　　　│
　　　　　　　　　　　　　　異議申立　　　確定　　民事執行手続
　　　　　　　　　　　　　　　│　　　　　　　　　　│
　　　　　　　　　　　　　　失効　　　　　　　　　履行の確保
　　　　　　　　　　　│
　　　　　　　　　地方裁判所
　　　　　　　　　（民事訴訟）
　　　　　　　　　　　│控訴
　　　　　　　　→高等裁判所
　　　　　　　　　　　│
　　　　　　　　　上告（←抗告）
　　　　　　　　　特別抗告（←即時抗告）
　　　　　　　　　　　↓
　　　　　　　　　最高裁判所

> **THEME**
>
> # 親　　族
>
> 1　親族の種類──親族の種類と範囲は？
> 2　親族関係の変動と効果──親族になる・親族でなくなるとは？

1　親族の種類
(1)　親族規定の方法
　一般社会では親戚，親類などの用語が使われているが，法律上は六親等内の血族，配偶者，三親等内の姻族を一括して「親族」とし，一定の法効果を与えている。これと異なり，個々の具体的事柄に即して親族の範囲を限定する方法があり，諸外国では後者の様式をとるほうが多い。

　わが国でも一括方式への批判があり，昭和34年の「仮決定及び留保事項」でも削除が提案されている。ただしわが国でも個別の事項について親族範囲を定めている条項もあり（たとえば扶養義務，相続権，近親婚など），正確には折衷主義であるといえる。

(2)　親族の種類と範囲
　わが国の民法は血族，姻族，配偶者を親族とする。

　〈血族〉　血族とは血統の関わりのある者相互の関係である。親子，兄弟姉妹，祖父母と孫，おじおばと甥姪，いとこ間などのように，自然の血のつながりがあるもの（自然血族）の他に，法律上血縁があるものと擬制される養子と養親，養子と養親の父母兄弟姉妹の関係（法定血族・準血族）がある。

　日本民法は六親等内の血族を親族とする。父方，母方の区別も，嫡出，非嫡出の区別もない。

　〈姻族〉　配偶者の一方と他方の血族の関係を姻族という。配偶者のおじおば，甥姪など三親等までの姻族は親族となる。ただし夫の兄弟と妻の兄弟のように，夫婦の一方の血族と他方の血族は姻族ではない。

〈配偶者〉　夫婦の一方を他方に対して配偶者という。日本民法は配偶者も親族に加えているが，このような立法例は少ない。配偶者は親族とは別と考えるべきであり，立法改正措置が望まれる。

(3) 親　　　等

親族関係の遠近度を示すのが親等である。その数え方の前に，直系・傍系，尊属・卑属を確認しておく必要がある。

〈直系・傍系〉　血統がまっすぐに上下する関係が直系，異なる親系の者とは傍系の関係となる。血族，姻族どちらにも当てはまる。たとえば実子と養子は兄弟姉妹であるから傍系血族，夫からみた妻の兄弟姉妹は傍系姻族である。

〈尊属・卑属〉　血統の連絡系が自分の世代よりも上（先）の場合が尊属，下（後）の場合が卑属である。

兄弟姉妹など自分と同列のものは尊属でも卑属でもない。尊属卑属を区別する実益は，婚姻の禁止（736条），養子縁組の禁止（793条），相続順位（887条）についてだけである。また尊属卑属の用語は差別的意味合いを持つので，この区別をするのであれば「先の世代」「後の世代」のようにすべきである。

〈親等計算〉　直系の場合は世代の数，傍系の場合は共同の祖先までさかのぼり，そこから下る世代数による。姻族の場合は配偶者について同様に行う。かつては男系のみを重くみて，夫の父母は三親等（三親等の親），妻の父母は五親等などとする立法例も存在したが，現在ではこのような制度をとる国はない。配偶者間に親等はない。

> RESEARCH in DEPTH！
> ▶一般的に親族範囲を定めることにはどんな不都合があるかを考えよう。
> ▶尊属殺（刑法200条）規定は削除された。その理由は何であったか調べよう。
> ▶いとこ同士（四親等）が結婚した場合，親等はどうなるであろうか。

Ⅰ 総 説 29

図3　親族の範囲

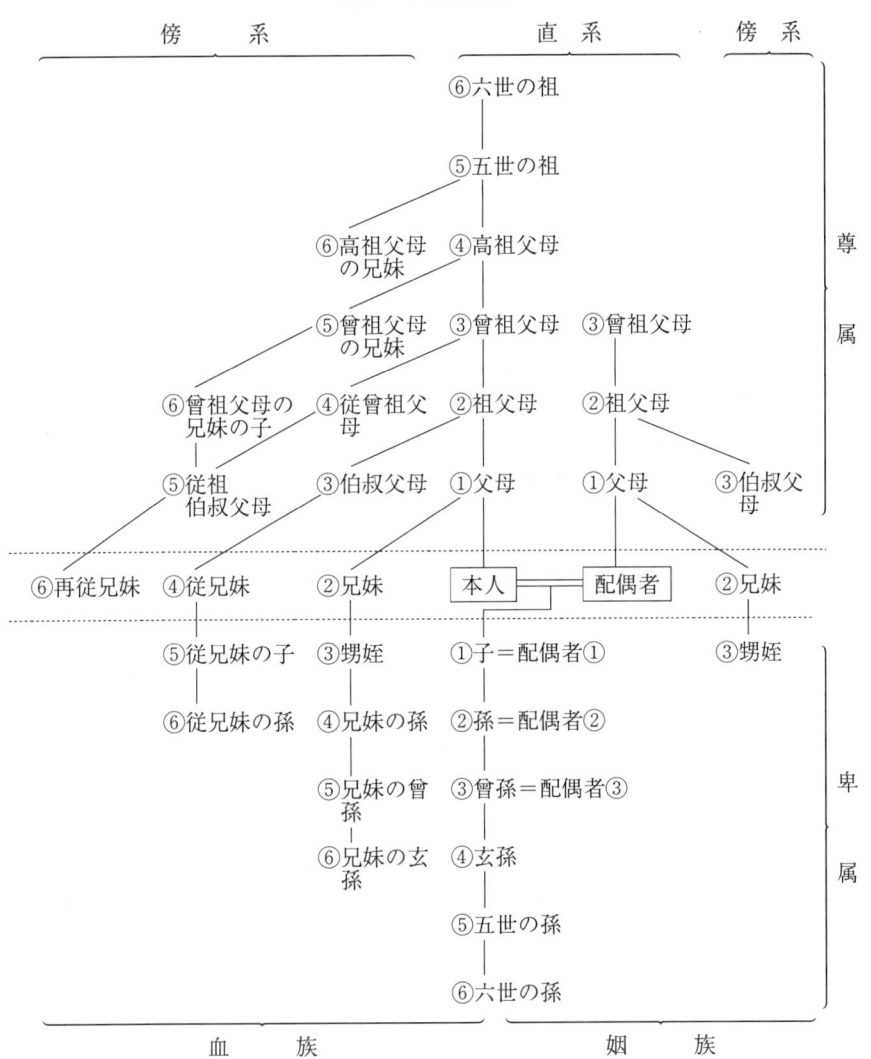

```
         傍　　系                  直　系              傍　系
                              ⑥六世の祖
                              ⑤五世の祖
              ⑥高祖父母      ④高祖父母                        尊
              の兄妹
              ⑤曾祖父母      ③曾祖父母    ③曾祖父母            属
              の兄妹
  ⑥曾祖父母の  ④従曾祖父    ②祖父母     ②祖父母
  兄妹の子      母
  ⑤従祖        ③伯叔父母    ①父母       ①父母      ③伯叔父
  伯叔父母                                           母
  ─────────────────────────────────────────────────────
  ⑥再従兄妹    ④従兄妹     ②兄妹    本人─配偶者   ②兄妹
  ─────────────────────────────────────────────────────
                ⑤従兄妹の子  ③甥姪    ①子＝配偶者①            ③甥姪
                ⑥従兄妹の孫  ④兄妹の孫 ②孫＝配偶者②
                             ⑤兄妹の曾 ③曾孫＝配偶者③          卑
                             孫
                             ⑥兄妹の玄 ④玄孫                   属
                             孫
                                      ⑤五世の孫
                                      ⑥六世の孫

            血　　　族                        姻　　族
```

1．数字は親等を示し，すべて本人から見た場合である。
2．兄妹は兄弟姉妹の略である。
3．兄妹・甥姪・伯叔父母の配偶者は，それぞれ二親等・三親等・三親等の姻族である。
4．伯叔の区別は，父母・祖父母より年齢の上のものが伯，下のものが叔である。

2 親族関係の変動と効果

(1) 血族関係の発生終了

　自然血族，法定血族とも生物学的分類ではなく，法的分類である。非嫡出子の場合，たとえ真実の親子であろうと，認知がないかぎり父子の法的血族関係は発生しない（なお死後生殖子や代理母による出生子の法的地位等，立法の予定しなかった現象に対する法的扱いについては，立法措置が要請されている。⇨親子法の項参照）。

　嫡出子の場合は，当然に親子の血族関係が発生する（772条）。戸籍の記載の有無によるものではない。

　法定血族は養子縁組によって発生する。したがって縁組以前の関係には影響が及ばない。縁組後に生まれた養子の子は，養親およびその血族と法定血族となる。養子の実父母と養親との間に親族関係は発生しない（養子縁組前の養子の子の相続権について，887条2項ただし書き参照）。

　自然血族の終了原因は死亡のみ（失踪宣告；31条，認定死亡；戸籍法89条は死亡に含む）である。「親子の縁を切る」，「勘当」，「絶交」などは法的意味をもたない。

　法定血族の場合は死亡のほか，離縁と縁組の取消がある。死亡の場合は死者との関係は終了するが，法定血族関係を終了させるためには家庭裁判所の許可が必要である（811条6項）。離縁，取消しの場合は当事者間の関係も，縁組後に生じた血族関係も終了する（729条）。取消しの効力は遡及しない（748条1項）。

(2) 配偶・姻族関係の発生終了

　配偶関係は婚姻の届出によって成立し（739条），一方の死亡，離婚，取消しにより終了する。姻族関係も婚姻の成立により当然発生する。配偶者の一方の血族と，他方の血族との間には親族関係は発生しないことは前述の通りである。

　離婚（728条1項）および取消し（743条，748条1項）によって姻族関係は当然終了する。死亡の場合，当事者間の婚姻は終了するが，姻族関係は当然には終了せず，生存配偶者の意思表示と届出による（姻族関係終了届；728条2項，戸籍法96条）。この意思表示は復氏（751条）とは連動しない。

なお婚姻取消後に，取消前の配偶者の直系尊属と婚姻することができるかについては問題がある。離婚の場合は禁止されているが（735条，728条），取消しの場合は明文規定がない。できると解すべきであろう。

(3) 親族関係の効果

民法は一定の親族には一定の効果を規定している。相続権（887条～890条），近親婚等の禁止（734条～736条），尊属養子の禁止（793条），遺言の証人・立会人の制限（974条）などである。しかしとりわけ問題が大きいのが扶け合う義務（730条）と扶養義務（877条）である。

現行法は「直系血族及び同居の親族は互いに扶(たす)け合わなければならない」と規定したが，「同居の親族」も「扶け合う」もあいまいな概念で，親族一般について規定することは問題である。現行法では削除論が圧倒的である。昭和34年の「仮決定・留保事項」でも削除の仮決定をしている。

なお民法以外にも親族関係の効果はある。刑法上の尊属殺規定は廃止された（平成7年）が，一定の親族関係にあるものを親告罪としたり，刑の減免・加重とする規定は多い。また一定の親族が訴訟当事者である場合には，裁判官の職務執行の制限規定が置かれ，あるいは証人として拒絶権が認められる場合もある。

RESEARCH in DEPTH！

▶先妻の子と後妻，後父と先父の子の関係はどうなるか。また旧法にあった嫡母庶子関係とはどんなものであったか，調べてみよう。

▶養子と養親の血族との間に血族関係を発生させ，また縁組前の養子の血族には関係が生じないとする根拠は何か。近代的養子制度のあり方と関わらせて考えてみよう。

▶姻族関係の終了の意思表示はなぜ生存配偶者にのみ認められ，死亡配偶者の血族側には認められないのであろうか。その是非を論じよう。

▶730条の立法経緯はどのようなものであったか，明治民法以来のいきさつを調べてみよう。

COLUMN
遺族とはだれのこと？　——臓器移植に同意するのは遺族

　脳死は臓器移植と関係して法律上の問題にのぼってきた。臓器移植は社会的に待ち望む人の多い，期待される医療行為である。しかし，特に心臓移植は，完全に死亡してからでは移植の意味がないので，心臓が動いているうちに死の時点を確定しなければならない。まさに二律背反の重大な決定となる。

　そこで「臓器移植に関する法律」（平成9年）は，脳死判定のために，厳密な医学上の基準を満たすことと，死亡した本人の提供の意思，さらに遺族が移植を拒まないことを要件とした（同法6条）。

　しかし法律上遺族とは誰か，という規定はない。文言上では「遺された家族または親族」と解釈できる。ただし「家族」はあいまいである。「親族」では広すぎ，常識的には配偶者，親・子・兄弟を中心に，生活実態等から適宜拡大もされよう。思うに厳格な扱いが要請される脳死に，あいまい概念「遺族」が用いられているところに，「家族」の問題性が見え隠れしている。ちなみに「遺族年金」は相続財産とは別に，「共同生活者」に受給権があるとするのが判例法理である。

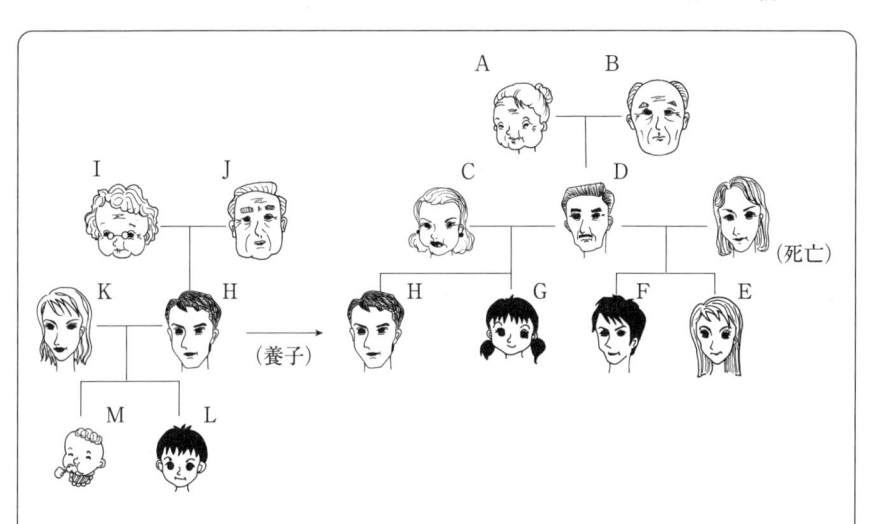

人間関係略歴

※ Dは妻（　）死亡後、Cと再婚。

※ IJの子Hは、Kと結婚し、Lが生まれた後CDの養子となる。CDとHの養子縁組後、K・H間にMが生まれた。

※ CDとH間養子縁組成立後、CDの子Gが生まれる。

法律関係

① CとF、Eは、養子縁組をすれば一親等の法定血族。
② H・Kの子Mは、CDとH間の養子縁組の後の子だから、C・DはMの祖父母（二親等の法定血族）、A・BはMの曾祖父母（三親等の法定血族）となる。Lは、CD、ABと親族関係はない。
③ HとGは兄弟（二親等の法定血族）となる。
④ GとF・Eを半血の兄弟姉妹ともいう。
⑤ Hの実父母I・Jと養父母CD間の親族は関係ない。
⑥ Lに、Hを代襲してCDを相続する権利はない（⇨第2編相続法　代襲相続）。

II　婚　　姻

> **THEME**
>
> ### 婚姻の成立
>
> 1　婚姻制度
> 2　婚姻成立の実質的要件——意思の合致と婚姻障害事由（731条〜738条）
> 3　形式的要件——届出の方式
> 4　無効取消——どんな場合に？　財産法上との違いは？

1　婚姻制度

　婚姻をどのようなものとみなすかは，それぞれの立法政策による（⇒はじめに）。わが国でも明治民法では家の承継のために，法定の妾制度（庶子につき旧728条参照）が認められていた。また家の承継が家制度の眼目であったことから，入夫婚姻（旧788条）や婿養子（旧744条）などの婚姻形態も存在していた。現在では多くの国で，一男一女の性的関係を中心とする愛情にもとづく永続的生活関係を婚姻の基本とする法制度がとられている。

　外見上は夫婦と同じように見えても，婚姻届を出していないものは法律上の婚姻ではない。いわゆる「事実婚」や現行法では認められない関係に婚姻としての法効果を与えるかの問題は，多くはその関係が終了した場面で論じられてきた。しかし現在諸外国で立法措置が検討されているのは，成立時を含めての問題である。

　そもそも婚姻を成立させる様式を大別すると，法律上の一定要件を満たすこ

とで成立する方式（法律婚主義）と慣習上認められた儀式を行うことで成立する方式とがある。

法律婚主義には、わが国が採用する国（実務担当は市町村等の行政機関）への届出によるもののほか、キリスト教諸国のように宗教的儀式によって成立した後に、当事者の出頭もしくは司祭の登録行為により国家の登録にとり込まれるものもある。

他方、慣習上の儀式のみをもって婚姻が有効に成立するものが事実婚主義であり、これも婚姻を有効に成立させる方式の一つである。

ところが、国家法上、法律婚主義をとるなかで、一定様式をふむ成立行為をせず、当事者が婚姻の意思をもって共同生活を始めることを事実婚と称することが一般化しており、事実婚をよしとする考え方を事実婚主義と称してもいる。この用例でいう事実婚主義は、法律婚主義と対応する概念ではないことに注意が必要である。

2　婚姻成立の実質的要件

> **基本事項**
>
> 実質的要件は、**当事者間の意思の合致、婚姻障害事由に抵触しない**、の二点である。
> (1)　双方に婚姻の意思があることが婚姻の本質である。したがって勝手に婚姻届が提出されても、詐欺脅迫によって婚姻をせまり届けを出しても無効である。
> (2)　婚姻障害としては、以下のものが法定されている。
> ①　男は満18歳、女は16歳にならなければ婚姻できない（婚姻適齢；731条）。
> ②　配偶者のある者は重ねて婚姻することができない（重婚禁止；732条）。
> ③　女は前婚の解消または取消しの日から6カ月を経過した後でなければ再婚することができない（待婚期間または再婚禁止期間；733条1項）。なお前婚の解消または取消しの前から懐胎していた場合は適用はない（同2項）。
> ④　直系血族間または三親等内の傍系血族間。直系姻族間。養子、その配偶者、直系卑属またはその配偶者と養親またはその直系尊属との間では親族関係終了後も婚姻することができない。特別養子による親族関係の終了後も含まれる（近親婚禁止；734条〜736条）。かつて姻族であったものとの婚姻も許されていない（たとえば離婚や、配偶者死亡後生存配偶者の姻族関係終了の意思表示による姻族関係終了後も、さらには特別養子と実方姻族との関係終

⑤ 未成年者が婚姻をするには父母の同意を得なければならない（737条1項）。父母の一方が同意しないとき，知れないとき，死亡したとき，意思表示ができないときは他方の同意で足りる（同2項）。
⑥ 後見開始の審判（平成11年の改正による）を受けた成年被後見人が婚姻をするにはその成年後見人の同意は要しない（738条）。

(1) 意思の合致があること

意思の合致は成立要件であるが，無効確認訴訟として問題になるのは，成立時に両当事者に意思が存在したか否かである。実際の意思の合致の審査は，署名押印の形式が整っているかの確認のみであり，戸籍担当吏に実質的審査権がない。

そこで本人の望まない無効な婚姻届が出される可能性を予測できる場合，あらかじめ不受理の申出をする制度が，法務省の通達によって設けられた（⇒資料編301頁）。不受理申出の制度は特に離婚時に有効に機能することが多い。しかしこれは，危険を予知した場合の防衛策であり，本来の届出制度が，意思の合致を成立要件としながら，本人の意思確認をなしえていないことから成立した，いわば事後的予防策である。

こうした実情から，諸外国の身分登録制度（一戸単位の戸籍簿ではなく，個人単位の出生登録，婚姻登録，死亡登録を別個に行うもの。ただし一人の人間の出生から死亡までの記録が一連のものとしてファイルされる）を参考に，届出に儀式性を持たせ，意思確認のできる制度にすべきとの見解が出されている。

(2) 届出があること

742条2号の文言は，当然のことであり，同条で意味のあるのは，ただし書のみである。すなわち739条2項に違反した婚姻は，740条により受理されないが，受理されてしまったら，婚姻は有効に成立する。

当事者の知らない間に婚姻届が出された場合，本人の婚姻意思がないので無効ではあるが，受理された以上，無効訴訟が確定するまでは有効となる。なお事実婚の一方が勝手に婚姻届を出したことを知っていながら，長期間放置して事実婚状態を継続した場合，無効の婚姻に黙示の追認があったもので，届出時

に遡って有効（無効行為の転換）とする判例（最判昭和47・7・25民集26巻6号1263頁）がある。

　届出のない事実婚では，制度としての婚姻の効果が付与されない。事実婚が特に問題になるのは破綻時，もしくは解消時である。婚姻の解消には慰謝料，財産分与等の救済措置があるが，事実婚では不法行為が生じた場合の損害賠償のみである。しかし事実婚の発展経緯から明らかなように，従来は保護に値すべき事実婚が多かったことに鑑み，事実婚に至った事実関係を婚姻の予約と想定し，相手方に債務不履行責任を負わせることにした。事実婚保護判例法理の出発である。

　婚約は伝統的慣習であり法律上の要件ではないが，一般に当事者の意思の合致とその公示としての意味がある。現在の判例でも，事実婚の成否の判断として，親や親族等に公に通知したか否か，婚約を意図した何らかの物品の贈与，交換があったかなどが，基準となっている。

　婚約によって授受された結納品の法的意味は，婚姻を目的とする贈与である。したがって婚姻が不成立となった場合は，目的不到達による不当利得となり，返還請求ができる。判例は，婚姻が成立した後8カ月で離婚した場合は，婚姻の目的が到達されたので返還請求できない（最判昭和39・9・4民集18巻7号1394頁）とする。

　社会的慣行としての結婚式は，婚約以上に婚姻成立を公示する意味がある。結婚式を挙げた後，届出前の新婚旅行カップルを乗せた飛行機が墜落した事件をきっかけに，休祝日，時間外にも戸籍届出の受付が行われることになったが，このことも儀式と届出を連動させる制度にすべしとする意見の根拠となっている。

(3) 婚姻障害に該当しないこと

① 婚姻適齢規定　　731条の趣旨は，精神的，肉体的に未成熟な婚姻の成立を阻止するためである。適齢を何歳に定めるかは，社会的背景により，各国異なるが，女性につき16歳とすることは，一般的婚姻年齢とも合致せず，また若年離婚が多い社会的現実もあることから，男女とも18歳とする案が提唱されて

いる（平成8年民法改正要綱）。さらに未成年者に対する親の婚姻同意権が趣旨を逸脱して運用されている現実を是正するため，別途主張されている成人年齢18歳引き下げ説と連動させて，婚姻適齢を男女とも18歳とし，未成年適齢をなくすべしとの主張もある。

② **重婚の禁止** 法律婚が複数併存することをいう。発生原因として戸籍吏の過誤が想定されるが，その例はほとんど存在しない。離婚後再婚した後に，前婚の離婚が無効または取消しと確定する場合などに例外的に発生する。

ちなみに法律婚と事実婚の併存は，重婚ではない。しかし事実婚尊重の傾向から，双方に法効果を付与する判決がある（遺族退職金を双方で二分する判決等）ことは，観点の違う問題として認識しておく必要がある。

③ **再婚禁止期間** 「前婚の解消又は取消しの日から6箇月」を禁止期間とする733条1項の立法趣旨は，嫡出推定規定により，父性の混乱を避けるためである（このことが女性にのみ付される制限の根拠でもある）。したがって父性混乱の生じない場合は障害から排除される（同条2項）。

しかし現実には，父性混乱が生ずることは多くないことや医学的見地から，6カ月は長期に過ぎる，あるいは法律が禁止しても事実上の後婚は発生する点などを挙げ，同条廃止論が強く主張されている。平成8年改正要綱案では100日間に短縮した禁止期間を設定している。

ちなみに女性にだけ禁止期間を置くことは違憲であるとして提訴されたが，判例は合憲としている（最判平成7・12・5判時1763号81頁）。

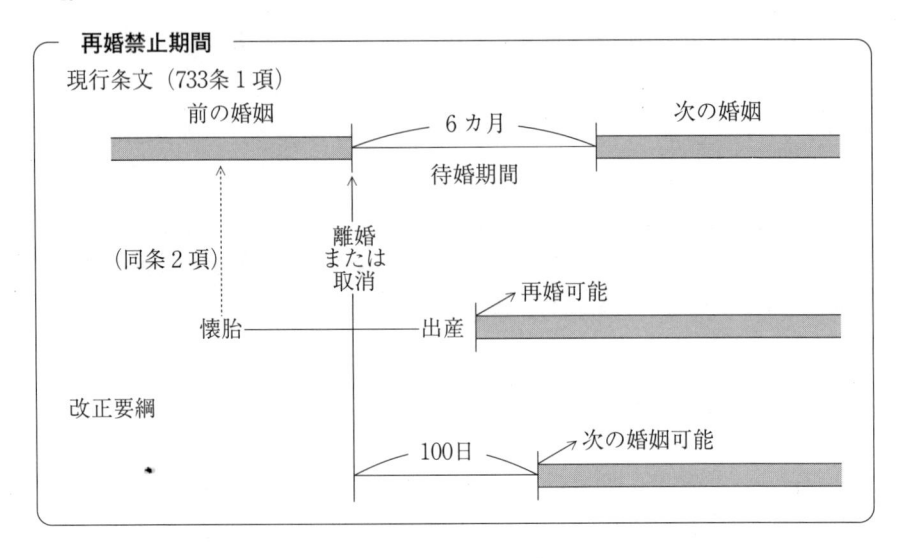

```
┌─ 再婚禁止期間 ──────────────────────────┐
│  現行条文（733条1項）                      │
│    前の婚姻  ┤← 6カ月 →├  次の婚姻         │
│             │  待婚期間  │                │
│             │離婚       │                │
│  （同条2項）│または      │                │
│             │取消       │→再婚可能        │
│    懐胎 ────┤── 出産 ───                 │
│                                          │
│  改正要綱                                │
│             ┤← 100日 →├→次の婚姻可能    │
└──────────────────────────────────────┘

④ **近親婚**　自然血族としての直系および3親等内の傍系血族間の婚姻を禁ずる根拠は，優生学的理由である。これに反し法定直系血族およびかつてそうであった者間（734条，736条）では，道義的理由を根拠とする。直系姻族・直系姻族であったもの間の禁止（735条）理由も，立法時には道義に反するとされているが，社会的道義自体が変遷することから，現在では禁止の根拠に乏しいとの批判のあるところである。特に法定血族に関しては，法文が予定しない状況も発生し，道義という普遍的ではない根拠は，説得力に欠けるとして批判が出されている。とりわけ養子と，養子縁組後の養親の配偶者との婚姻については，社会的承認があるとの見解もあるところである。

⑤ **未成年者の父母の同意**　立法意図は未成年の子の能力補充として機能させる点にあった。しかし法文が法定代理人を意図する親権者・後見人ではなく父母の同意と規定し，一方の同意が得られないときは他方のみでよく，双方とも得られないときは得る必要もないと解されるなど，その存在意義が問われている。
```

3　形式的要件

　形式的成立要件は法定の方式に則って届出をすることである。わが国では「届け出ることによって，その効力を生ずる」（739条）と規定しているが，届出は婚姻意思の表示とみなされ，受理されることで成立すると解されている。

　届出は当事者と成年の証人2人以上が，口頭または署名した書面で行う。実際には書面による場合が多く，その場合は他人に委託しても，郵送でもよいとされている。こうして提出された婚姻届書類は，戸籍事務担当者により障害事由の有無と，記載漏れ等の形式的審査が行われた上で受理される。担当者には当事者の意思の確認などの実質的審査権はない。このようなわが国の婚姻届制度は世界にも稀な簡便な制度である。当事者双方の意思を重視し，容易に婚姻しうるという利点はあるものの，他方で後々，無効婚，仮装婚，偽装婚などの余地を残すという問題もある（参照：不受理申出。資料編301頁）。

4　無効取消し

　婚姻生活が開始すれば生活実態が生じ，取り消したとしても事実は残る。生まれた子供を生まれなかったことにすることも，もちろんできない。そこで婚姻の無効取消しには，財産契約とは異なる原則がおかれている。

(1)　無　　効

　①　無効の原因は，「人違いその他の事由によって当事者間に婚姻をする意思がないとき」（742条1号）と，「当事者が婚姻の届出をしないとき」（同条2号）である。どちらも当然のことであるが，婚姻意思に関して判例に表れたものでは，届出当時心神喪失であったもの（有効），届出することの意思の合致はあるが婚姻生活をする意思のないもの（無効），他方に無断で届け出たが，後に他方が追認したもの（当初から有効）などがある。

　学説では一般に「婚姻意思における実質的意思と形式的意思」の論争と称され，かつては婚姻は実質的意思が必要であり，離婚には形式的意思で足りると解されていた。

　しかし近時，婚姻と離婚を有機的に説明するものとして，行為の目的，態様，

背景により，すでになされた届出効果を否定した場合の効果を，行為の類型ごとに個別具体的に検討しようとする学説もあり，判例も婚姻の効力の有無が当事者以外の利害関係人の身分上の地位に及ぼす影響も考慮に判断すべき（最判平成8・3・8判時1571号71頁）とするものがある。

742条で意味が大きいのはただし書きに，739条2項に規定する届出方式の条件を欠くものであっても，効力を妨げられないとあること，つまり様式不備の婚姻届でも，受理されてしまえば婚姻は成立するという点である。

② 無効は，裁判を待たなくとも意思がないのであるから当然無効だが（無効判決で無効となるとする説もある），手続上は審判さらには訴訟により確定され（⇨図2，27頁），確定したら戸籍の訂正をすることになる（戸籍法116条）。

無効の主張は利害関係人であれば誰でも主張しうる（訴訟法上は確認の訴えを要するか，他の訴えの前提として主張し得るかで論争ある点である）。婚姻がはじめからなかったとは，生まれた子どもは嫡出子ではなく，手続中に一方が死亡しても他方には相続権もないということを意味する。

COLUMN

子どもを嫡出子にするだけが目的で届出た婚姻届は有効か。
判例は当事者間に真に社会観念上夫婦であると認められる関係の設定を欲する効果意思がないとして，無効とする（最判昭44・10・31民集23巻10号1894頁）。それでは長年親しい関係を続けてきた一方当事者が死期が迫ったとき，相手に最後は配偶者として看取ってもらいたいと思い双方納得の上で婚姻届を出すことにした場合，その届出は有効であろうか（参考事例：最判昭44・4・3民集23巻4号709頁。最判昭45・4・21判時596号43頁）。

---

(2) 取 消 し

① 取消原因は744条から747条までに規定されたところに限定される。つまり婚姻障害のうち婚姻適齢，重婚，再婚禁止期間，近親婚に抵触するもの（744条1項）と，詐欺脅迫によるもの（747条1項）のみである。

② 取消権者は各原因により異なる。婚姻障害違反の場合は，当事者，その親族のほか検察官も加わる。検察官は公益の代表としての参加であるが，当事者死亡後は取消権はない。さらに関係者として，重婚の場合の前婚配偶者，再婚禁止期間違反の場合の前配偶者も取消権をもつ。これに反し詐欺脅迫の場合は被害当事者にのみ取消権があり，しかも被害を受けあるいはそれを発見したときから3カ月過ぎるか，これを追認したときには，もはや取り消すことができない（747条2項）。

③ 取消しの効果は総則の一般原則（121条）とは異なる。遡及効はなく（748条1項），将来に向かって解消する点は，あたかも離婚と同様である。そこで婚姻取消しの効果の多くは離婚が準用（749条）されている。子どもも嫡出子のままである。ただし財産の処理は離婚よりもむしろ財産法一般原則に近く，婚姻によって得た財産は，当事者が取消原因を知らなかった場合は現存利益の範囲で返還義務を負うが（748条2項），知っていた場合は全部を返還し，さらに相手方が善意であるときは損害賠償義務を負う（748条3項）。

COLUMN

父母の同意はなぜ必要か！

　未成年者の婚姻に父母の同意を必要とした根拠は，社会経験にとぼしい，未熟な未成年者は，婚姻についても十分に判断できるとは限らないので，軽率な婚姻を未然に防ぐ必要があるからとされる。

　この条文にはいくつかの問題がある。第1に，父母と規定されている点である。父母であれば親権を喪失した（親としての義務を十分に果たしていない）親でもよいことになる。

　第2に，父母の一方が同意しないとき，行方不明や死亡したとき，意思を表示することができないときは，他方だけでよいとし，それもできないときは，同意は必要ではない，あるいはもしも同意を得ていなくても，誤って受理されてしまえば，それも有効（⇒744条）である。これは法制度としてはいかにも不完全である。それならば，いっそ廃止してしまう方がよいとする意見が出てくるゆえんである。

　第3に，実際に父母が婚姻に同意しないのは，親の希望に沿わない結

婚に反対するケースが多い。これでは戦前の戸主の婚姻同意権と同趣旨になってしまう。

　以上のことから削除論が有力であるが，さらにわが国の成人年齢（20歳）が諸外国（18歳のことが多い）に比べ高いことも遠因として，成人年齢を下げ，婚姻適齢を上げて，両者を合致させる考え方も主張されている。

RESEARCH in DEPTH！

▶婚姻成立要件・無効・取消しについての以下の論点を考えよう。

― 論　点 ―
(1) 婚姻の成立要件について
　① 届出婚制度の下で，婚約の持つ意味はなにか。
　② 社会的慣行としての結婚式は，法的にどのような意味を持つか（結婚式を挙げたことがその後何らかの法的意義を持つことがあるか。具体例としてどのようなことがありうるか。
　③ 現行届出制の問題点をあげよ。
　④ 扶養控除を受けることが目的で出した婚姻届に効力はあるか。
　⑤ 婚姻適齢の問題性（現行731条の問題点）はどこにあるか。是正策として，民法改正要綱が提示する法案の立案理由はなにか。
　⑥ 夫婦別氏制が持つ戸籍手続上の問題点を挙げよ。
　⑦ 734条の問題性として指摘されていることはなにか。その根拠も挙げよ。
　⑧ 再婚禁止期間廃止論の根拠を挙げよ。
(2) 無効取消し
　① 同居しない，扶養しあわないことを条件として婚姻をすることで2人の意思が合致し，婚姻届を出した。この婚姻は有効か。
　② 夫婦と子との家庭生活を営んでいるところで，利害関係人から訴訟提起され，婚姻無効判決が確定した。この家庭の運命は如何（無効の効力はなにか）。事実婚尊重理念との関係はどうか。
　③ 取消原因のそれぞれにつき，取消権者を挙げよ。
　④ 婚姻取消しの効果に離婚規定が準用されている理由を説明せよ。
(3) 婚姻の一般的効力
　① 夫婦別氏選択制主張の主たる根拠を挙げよ（法的，社会的根拠）。
　② 16歳女性と18歳男性が婚姻届を提出し，1年後に離婚した。この2人の成年擬制効力（753条）が消滅しないとされる根拠はなにか。
　③ 夫婦間契約取消権とはなにか。どのようなときに意義を持つ規定か。この規定の存在意義なしとする見解の根拠はなにか。

> **THEME**
>
> 婚姻の効力
>
> 1 一般的効力──氏，相互の扶助，成年擬制，契約取消
> 2 財産的効果──契約財産制と法定財産制

　婚姻のさまざまな効果のうち氏や身上に関するものが「一般的効果」，財産に関するものが「財産的効果」すなわち「夫婦財産制」である。

1　一般的効力
(1)　夫婦の氏

　氏とは姓名の姓のことである。婚姻届用紙（⇒資料編）に夫婦の氏を記載しなければ受理されない（戸籍法74条1項）ので，婚姻を成立させるためには夫婦の氏を決めなければならない。その決定方式を民法は「婚姻の際に定めるところに従い，夫又は妻の氏を称する。」(750条) と定めた。夫婦それぞれが旧来の姓を名のり続けることも，第三の姓を用いることもできず，どちらかの姓でなければならない。これを夫婦同氏の原則という。

　しかし同氏原則には批判が多い。独身時代から研究活動を続け，生来の姓で論文執筆等をしてきた女性研究者が，婚姻により夫の氏を称する届出をしたが研究活動は旧姓で続けようとしたのに対し，勤務先の国立大学は戸籍上の姓の使用を強制したので，国を相手にプライバシー権，表現の自由，職業活動の自由，学問の自由，著作者氏名表示権等が侵害されたとして訴えた事件もあり，別姓を選ぶことも可能なシステム（夫婦別氏選択制）が主張され，国会審議を経たが，未だ民法改正には至っていない。

　民法が同氏原則をとる根拠は，家制度が存在しない現行法のもとでは，習俗慣習以外に根拠はない。しかし現実には戸籍システムが氏により処理されていることから，夫婦同氏原則を改変することは，戸籍実務の変更が大きい。

戸籍編製は戸籍法の規定により，婚姻の際に称した氏（夫婦の氏）によって婚姻による新戸籍として作られる。

民法改正が取りざたされている夫婦別氏選択制の場合に，最も問題となるのは子の氏をどのようにするかである。平成8年改正要綱は婚姻の際に子の氏をどちらの氏にするか届け出ることにしたが，子の出生自体が不確定要因だけに，異論もある。

夫婦の一方が死亡した場合，他方配偶者（法文はこれを「生存配偶者」という）は原則として婚姻中の氏を継続して称するが，届け出ることによって婚姻前の氏に復することもできる（生存配偶者の復氏：751条1項）。

離婚の場合はこれとは異なり，原則として婚姻の際に氏を改めたほうが復氏する。原則に従うことを欲しない場合，届け出ることにより婚姻の際に氏を変更した配偶者は婚氏続称（767条）が可能となる。

離婚の場合と死亡の場合とで取扱い上の差異が必要か，違いの根拠はなにかにつき現代的意義を再考する必要があろう。

なお参考までに法規定上，氏の変動がありうるその他の場面は，

(i) 非嫡出子が父の認知を受けたとき，父の氏に代わることができる場合がある（791条〜779条，787条による）。
(ii) 養子縁組をした場合（810条），および養子が離縁した場合（816条）。
(iii) 家裁の，子の氏変更の審判による場合（791条）。

これらの場合，当事者が配偶者を持ち，婚姻継続中であれば，（特にその氏を称する婚姻をした者の）配偶者の氏も変更する。

(2) 同居・協力・扶助

夫婦が同居し，互いに協力し扶助する（752条）ことは婚姻の本質部分である。入院，単身赴任，収監等で夫婦が同居していない場合も少なくないが，同居しないことが義務違反として問われるのは，これらの正当な理由がない場合である。協力扶助もそれぞれの夫婦の事情に応じてなされなければならないが，扶助とは自己と同一程度の生活を保障することであり，当然ながら男女双方の義務である。これらの義務が履行されない場合，家庭裁判所に同居協力扶助の調

停を申し立てる（家事審判法9条1項乙類1号）ことになる。それでも応じない場合は悪意の遺棄として離婚原因となる（770条1項2号）。

　審判における扶養義務の根拠となる877条には夫婦の規定が存在しないが，婚姻効果の経済的側面として当然のことだからである。したがって便宜的届出がなされた婚姻につき，その有効性が争われる場合は，同居協力扶助義務の履行が一次的判断基準となるべきであろう。一方が合理的理由なく同居協力扶助の義務を果たさない場合，審判により履行を求めることができる（乙類事件であるから調停前置。家裁の専権事項である。同居請求訴訟は現行法上なし得ない）。

　なお同居の審判が，憲法82条の公開の法廷における対審構造の判決によらずになされることから，違憲とする訴えに対し，家事審判事件の特殊性，プライバシー保護の要請等を根拠に，最高裁は合憲とする（最大決昭和40・6・3民集19巻4号1089頁）。審判の特性とはなにかを考える素材でもあり，同決定の結論は是認できるが，「前提たる同居義務自体は判決を求める道が閉ざされているわけではない」の部分は，形式論としてしか意味がない。同決定に付された少数意見は，具体的態様（この部分は家裁の専権）と切り離した抽象的同居義務（この部分は，多数説の合憲の根拠）などないと解き，妥当な主張であり判例の読み方を考えさせる判決である。

　夫婦間の扶養の義務は，相手方に自己と同一の生活水準を維持させる義務と解されている。いわゆる生活保持義務，扶助義務2分説による保持義務である。同説は中川善之助博士の唱えたところで，批判も多いが，現在でも審判基準とされている。

　扶養義務にかかる期限の定めのある定期金債権にもとづく強制執行は，一部に不履行があるときには，弁済期が到来していない分についても，給料その他継続的給付にかかる債権を差し押さえることができることとなった（平成15年改正の民事執行法151条の2）。

　貞操義務については条文上の規定はない。あえていえば離婚原因規定が根拠足りうる。第三者が夫婦の貞操義務を不当に侵害したとして，他方配偶者から第三者に慰謝料請求できるかについて，一般に判例法理は肯定している（最判

昭54・3・30民集33巻2号303頁）が，夫婦関係がすでに破綻しているときは，第三者は不法行為責任を負わない（最判平成8・3・26民集50巻4号993頁）。

　思うに第三者に不法行為責任を負わせるのは，詐術等を用いて夫婦の平穏な婚姻生活を破綻に至らしめた場合のみとし，夫婦の一方の自主的貞操義務違反は，当該配偶者の責任とすべきであろう（近時の下級審判例にはこの傾向が強い）。

(3) 成年擬制

　未成年者が婚姻をしたときは成年に達したとみなされる（753条）。成年擬制により法定代理人の同意なしに有効に法律行為をすることができる。

　成年擬制の根拠は，独立して家庭生活を営む上で，完全な行為能力を付与する必要があること，および婚姻が当事者の自主性により運営される（その理念的根拠は憲法24条）ことを担保する意味もある。成年擬制を受けた後に未成年のうちに婚姻が解消された場合についての規定は存在しないが，子が存在する場合の親権の処理を考慮し，成年擬制の効果は終了しないと解する説が一般的である。

　成年擬制の効力は公法事項にも及ぶであろうか。成年擬制の制定根拠が，あくまでも婚姻の独立性確保とこれに付随する子の措置にあることから，公職選挙法をはじめとする公法には及ばない。

(4) 夫婦間の契約取消権

　夫婦間で契約したときは，その契約は婚姻中，いつでも，夫婦の一方から取り消すことができる（754条）。夫婦間の契約は本質的に他人どうしとは異なり，法的に履行を強制することが似つかわしくないとする立法理由による。制限は第三者の権利を害さない（同条ただし書き）点だけである。しかし夫婦関係が円満なときは取消権が問題になることは少なく，むしろ破綻時に取消権の濫用として表面化することが多い。そこで学説・判例とも破綻時には取り消せない（最判昭33・3・6民集12巻3号414頁，最判昭和42・2・2民集21巻1号88頁）としている。さらに本条無用論も強く主張されている。

Ⅱ 婚 姻 49

> RESEARCH in DEPTH !
> ▶夫婦別姓論争につき，賛否両論の根拠と問題点を挙げよう。
> ▶会社が当事者の意に反して転勤させ，家庭の事情から単身赴任せざるを得なくなった。夫婦は会社に対し，同居協力扶助の義務を履行する権利の侵害として賠償請求できるであろうか。
> ▶第三者の行為で夫婦関係が壊された場合，他方配偶者はその第三者を相手どって，貞操義務の侵害による不法行為責任を問えるであろうか。特に配偶者の一方と第三者が合意のうえ同居を始めた場合，他方配偶者はなお第三者に不法行為にもとづく損害賠償を請求できるであろうか（参考：上記最判平成8・3・26）。

2 財産的効果
(1) 夫婦財産契約

　夫婦の財産関係は，当事者が自由に契約でその内容を決めることができることになっている。しかしこの契約は婚姻の届出前に締結し（755条），これを登記しなければ夫婦の承継人や第三者に対抗できない（756条）。さらに婚姻届出の後は変更できず，例外的に変更できるのは，一方が他方の財産を管理する場合に，管理が失当であったことによって財産を危うくしたときであり，管理者を変更し，共有財産があれば分割請求もできる（758条）。いずれの場合でも管理者の変更，共有財産の分割は登記なしには承継人や第三者に対抗できない（759条）。このように厳格な要式性等のため，夫婦財産契約はほとんど利用されていない。

　そもそも夫婦財産契約の由来は，イギリス法，ドイツ法などに存在する方式であり，中世以来の妻の人格，財産が夫に吸収されていた時代を経て，妻の財産権保護の規定として確立し，「近代法の輝かしい金字塔のひとつ」（中川監修『註解親族法』法文社，昭和24年）と称されたものである。

　しかし現状は上述の形式の厳格性と，一般に周知されていないか，知られていても婚姻締結前に手続きすることが受け入れがたいことなどから，利用例は

ほとんどない。したがって法文は夫婦財産契約を原則とし，契約がなされなかった場合に法定財産制によるものとするが，実際には夫婦財産契約を締結する例がほとんどないことから，法定財産制が実質的原則といえる。

ちなみに夫婦財産契約の具体的内容については，法文に規定はない。公序良俗（90条）に反する内容は無効であるが，例えば相互に扶助し合わない。日常家事債務(761条)についても連帯責任を負わない等を契約内容とし得るかは，問題である。特に第三者への対抗力について，婚姻成立後の財産を共有とする夫婦財産契約を締結しても，夫名義で得た夫の収入は夫の財産であるとして課税した租税判例もある。

(2) 法定財産制
① 婚姻費用の分担

夫婦は資産，収入などいっさいの事情を考慮して，婚姻から生ずる費用を分担する（760条）。婚姻から生ずる費用とは婚姻生活を営むための費用であり，夫婦と，夫婦が扶養の一次的義務を負う未成熟子の，衣食住，養育，教育，医療などの費用である。

分担方法は通常は夫婦の協議によるが，協議が調わない場合は審判を求めることができる(家事審判法9条1項乙類3号)。別居していても分担義務を免れることはなく，とくに子の養育費は，裁判で別居が正当化されてもなくならない。

別居している場合の分担義務の内容がどの程度かは問題である。配偶者については法的婚姻継続を理由として，自己と同一の生活を保障する義務があるとされる。なお婚姻共同生活の回復が期待できないときは，最低生活を保障する生活扶助義務とする見解もあるが，いずれにしても審判での分担の程度の判断による。

② 日常家事債務

夫婦の一方が日常の家事に関して第三者と法律行為をしたときは，他の一方はこれによって生じた債務について，連帯責任を負う（761条）。日常の家事とは婚姻費用の際の婚姻とほぼ同様，日常生活に必要な事務いっさいを含むことになる。生活に必要な費用は個別に異なるので，状況により異なるが，一般的

には衣食住の通常の経費，通常の範囲の医療や生命・損害の保険契約，税の負担，子の教育などがこれに当たると考えられている。

　日常家事の範囲を超えてなした行為は，原則として夫婦各自の責任であるが，日常家事に属すると信ずるについて正当な理由がある場合は，取引の相手方保護として連帯債務となる（同条ただし書き）。その根拠につき判例は相互に代理権を持ち，しかし逸脱したときは110条の表見代理が発生するのではなく，正当事由ある場合のみ取引の相手方が保護される（最判昭和44・12・18民集23巻12号2476頁）とする。

　本条の立法趣旨は，取引の相手方保護である。しかし表見代理を広範に認めると，夫婦の財産的独立性を侵害し，別産制の趣旨ともそぐわないことになる。そこで両者の均衡が必要となり，日常家事に当たるか否かと，相手方が日常家事のための法律行為と信ずるに正当な理由あるかとが判断基準となったのである。

　ちなみに判例に現れた「信ずるにつき相当の理由」には，委任状，実印，印鑑証明書を所持していたこと等が挙げられている。

③　特有財産・共有推定

　夫婦の一方が婚姻前から有する財産および婚姻中に自己の名で取得した財産は，その特有財産となる（762条1項）。さらに夫婦のどちらのものかはっきりしないものは共有と推定する（同条2項）。結局どちらのものかはっきりしないもの以外は，婚姻前と同様，自分のものは自分のものとする原則を定めたことになる。これを別産・別管理制という。

　別産制は，夫婦といえども，それぞれ個の尊重にかない，近代法理念にもかなうものである。明治民法が妻の特有財産についても夫が管理権を有していたことを考えれば，現行法は別産制をとることで平等を確保したといえよう。しかし別産制は内助の功を評価しがたく，婚姻継続中に増加した財産がすべて夫名義とされることが多く，妻が家事育児に従事することの多い現状では，何らかの修正が必要である。

　そこでたとえば夫名義の預貯金や不動産も，夫婦の協力で取得したものであ

れば，実質的に共有とみなすようになってきている。とはいえ，これをもって第三者に対抗するのはむずかしい。現実に共有的実態が顕在化するのは，離婚時の財産分与か死亡時の配偶者相続権，寄与分の認定に際してである。特に問題となるのは対外的に共有を主張することが困難な状況で発生する。居住用不動産については，名義人が勝手に譲渡等の処分をすることを制限するよう，他方 (非名義) 配偶者の同意を得るように法制化すべきであると強く主張されている。そのほか夫の収入の半分は自分のものであると考え，妻が自己名義で不動産を購入した場合，贈与とみなされ，贈与税負担は免がれないが，これを内助の功によるものと主張して贈与税の不服申立てが認められるか，という問題等に現れる。潜在的共有を第三者に対して主張しうるためには，立法的を講ずる必要性があろう。

諸外国でも，夫婦財産の性質については，別産性と共有性の中間的考え方をする工夫が行われている。日本民法では共有推定（762条2項），婚姻費用分担，日常家事債務が修正機能を果たしていることになるが，婚姻前の財産は別産とし，婚姻後に増加した財産について共有制とする，ドイツの付加利得共有制（剰余共通性）は，日本の制度にも参考になろう。

```
┌─ 現行民法の構造 ─────────────────┐
│   夫 ┌夫婦財産契約（756条～759条）        │
│   婦 │    契約締結→登記→婚姻届……変更禁止   │
│   財 │                                   │
│   産 └法定財産制（760条～762条）          │
│   制     原則別産制                      │
│                          ┌婚姻費用の分担 │
│       別産制を修正するもの ┤日常家事債務   │
│                          └共有推定       │
└─────────────────────────────┘
```

④　内縁関係の夫婦財産制

内縁一般については婚姻と同じ効果を付与すべき場面と婚姻と異なる扱いをする場面がある。嫡出性の付与，氏，親権者，相続権が届出にもとづく対外効を重視することから，後者であることには異論がない。それでは夫婦財産の規

定はどうであろうか。

　内縁関係が一方の死亡により解消したときに，相続が認められないのであれば，残された内縁配偶者にせめて離婚時の財産分与（768条）の類推適用が認められないかが争われた事例で，最高裁は類推適用を否定した（最決平成12・3・10民集54巻3号1040頁）。死亡時以外の内縁の解消に際しては，解消原因によっては慰謝料請求も可能であり，清算的要素の財産分与も可能と考えられることから，死亡解消時の財産分与の類推適用も可能と考えるべきではなかろうか。

　⑤　税法との関係

　夫婦財産の税法上の取扱いについては，以下の所得税更正処分取消請求事件が参考になる。

　X弁護士は税理士である妻Aとの間で顧問税理士契約を締結して，支払った税理士報酬等を所得税の申告の際に必要経費として算入したところ，税務署は所得税法56条に規定する「生計を一にする」配偶者に対して支払ったものであり，必要経費に算入することができないとして，更正処分をした（最判平成16年11月2日）。

　当該夫婦の財産関係につき，判決の根拠となった税法上の理解は，その事業形態や対価の相当性などの個別の評価とは関係なく，「生計を一にする」以上報酬の授受は必要経費とはならないとするものである。夫婦はどちらが稼ごうが，財布はひとつとする共有的発想である。

　本件の夫婦は雇用関係ではなく，それぞれが独立した事業主体であるが，租税に関しては，「……生計を一にする親族間で支払われる対価は，家計から逸脱しておらず，生計を一にする親族内で留保されていると見ることもできることからすれば，対価の支払いがないものとして，支払いをした者の所得に対応する累進課税によって所得税を課税すべき担税力を認めた……」とされることになる。本件自体は所得税法の立法目的から発する結論であるが，その根底に，別個の事業を営む夫婦の収入を，独立したものと考える（＝別産制）べきかの夫婦財産の基本的問題が内在する。

　その他，夫婦共有名義の不動産に一方配偶者のみ，あるいは夫婦間の子とと

もに居住し，他方配偶者が同居していない状況で，非居住配偶者からなされた共有物分割請求権の行使は共有関係の目的，性質等に照らして著しく不合理でないかどうかにつき，双方の利益の比較考慮と請求者の主観的意図をも勘案して，権利乱用にあたるか否かを決すべきとする判例がある（最判平7・3・28判時1526号92頁，大阪高判平17・6・9判時1938号80頁）。

COLUMN

夫の給料の半分は妻のもの？

　サラリーマンの夫を持つ専業主婦の妻は，銀行の給料振込口座のキャッシュカードを常時自由に使い，家計の管理をしていた。

　あるとき家族の食料品等を購入するための家計費を払い戻すため，いつものように銀行でキャッシュカードを操作したが，何度やっても「このカードは使用できません」というメッセージが画面に出る。不審に思い銀行員に調べてもらったところ，名義人（夫）がカードの変更を行い，暗証番号も変更したことが判明した。

　妻は，自分は名義人の妻であり，自分の内助の功で夫が職業活動を続けており，今までも妻として夫の給料を自由に管理してきたので，自分が使えなくなるのはおかしいと，抗議したが銀行には聞きいれてもらえなかった。妻の言い分は通らないのであろうか。

　実はこうした場合，夫婦（当事者）間では共有財産の認識があっても，銀行（第三者）にはそれをもって対抗できない。つまり名義人たる夫個人の財産ということになる。妻にとっては釈然としないであろう。本来的問題はどこにあるかを考えよう。

RESEARCH in DEPTH！

▶夫婦財産契約の利点はなにか。利用しやすくするためにはどのような方式にすればよいであろうか。

▶共稼ぎ夫婦が貯金を半分ずつ出しあって，居住用の土地・建物を共有で購入しようとした。ところが夫の親から，外聞が悪いとのクレームがあり，夫の名義で契約し，夫の単独登記をした。この不動産は共有財産となるであろうか。

▶共有制，別産制それぞれの問題点を参酌すると，もっとも合理的な制度はどのような考え方か。
　婚姻前の財産は別産とし，婚姻後に増加した財産について共有制とする，ドイツの付加利得共有制（剰余共通性）とはどのようなものか，調べてみよう。
▶協同生活が破綻しつつあり，別居審判が出される場合，未成熟の子が片方の親とともにいる場合の，他方の親の婚姻費用分担義務の根拠はどのように考えるべきであろうか。

> ┌─ THEME ─────────────────────────────┐
>
> ## 婚姻の解消
>
> 1　離 婚 制 度——わが国の離婚制度の特性は！
> 2　協 議 離 婚——合意による離婚。自由意思の担保は？
> 3　裁 判 離 婚——調停，審判，離婚原因
> 4　離 婚 の 結 果——財産の処理，子どもの親権・監護権
> └─────────────────────────────────────┘

　婚姻が解消するのは死亡と離婚である。死亡により当事者の配偶関係は当然消滅する。しかし婚姻から派生した関係については，当然には消滅しない（⇒31頁）。なお死亡と擬制される制度である「失踪宣告」も，婚姻関係を消滅させるが，生存配偶者再婚後に失踪者が生きていることが判明した場合は重婚となり，後婚が成立することで前婚解消と解されている。

1　離 婚 制 度

　婚姻に対する考え方（婚姻観）は，時代や地域により異なり，とくに宗教との関係は切り離せない。とくにその解消である離婚については，地域や宗教により，さらにその価値観や方法が大きく異なっている。

　中でも宗教上の教義により離婚が制約されていたのはキリスト教である。婚姻は神のなせるわざであり，人為的に解消することは神に対する冒瀆と説かれてきた，婚姻不解消主義である。そこでキリスト教の諸国では婚姻の絆を残したままとする別居（＝卓床離婚，不完全離婚）をもって離婚に代えてきた歴史がある。とくにイタリアやスペインなどの南欧諸国や中南米諸国では1900年代半ば以降も不解消主義をとる国が多かったが，現在ではほとんどの国で離婚が可能となっている。

　わが国の離婚の歴史は家父長的家族制度の下で，追い出し離婚などに見られる男尊女卑型の制度であった。現行法では新憲法の男女平等の理念のもとで，

客観的離婚原因を定めた裁判離婚と，完全に当事者の協議に委ねた協議離婚とを2本の柱とする離婚制度がとられている。

2　協議離婚

夫婦は協議で離婚することができる(763条)。要件は当事者の合意があることと，離婚届を出すことである。

(1)　離婚意思

対等な当事者の自由な合意形成にもとづく制度ではあるが，合意の確認などをする機関はいっさい介在しないので，現実には必ずしも合意のないまま届けが出されることもある。そこで「離婚届不受理願」の制度が認められている。離婚届が勝手に出される心配があるときにこの届けを出しておくと，6カ月間は受理されないというものである（⇨資料編）。

なお諸外国の協議離婚制度は一定の別居期間を義務づけ，その後に当事者の合意の有無を第三者機関が確認するなどの関門をおくことが多い。そのため，わが国の協議離婚の効力を認めないとする国も少なからずある。わが国でも自由な意思形成を担保する制度の必要性が問われるべきである。

実態は婚姻関係が継続しているにもかかわらず，なんらかの便法のためにする離婚（いわゆる仮装離婚）は有効か否かが問題になる。判例は離婚意思とは離婚届を出す意思と解し，したがって仮装離婚も有効としている。実態にそぐわない法律行為を是認することは一考の余地がある。

(2)　意思能力

意思能力は婚姻の際に準ずる。したがって成年被後見人であっても成年後見人の同意を得る必要はない。ただし離婚届作成時のみならず届け時にも能力がある必要があると解されている。

(3)　離婚届

離婚の届出がないかぎり，作成しただけでは協議離婚は成立しない。未成年の子がいる場合は夫婦の一方を親権者と決め，それを離婚届に記載しなければ受理されない（765条1項）。間違って受理されても，離婚そのものは成立する

(同条2項)。

　離婚届を出さないかぎり婚姻状態は継続するが，継続していても婚姻の実態がない夫婦は少なくない。このような事実上の離婚状態は，婚姻届のない事実上の婚姻の裏返しであり，また事実婚を生む要因ともなっている。そこで民法改正要綱では5年別居離婚制度が提案されているが，保護を必要とするものへの配慮が十分になされることが必要である。また別居中の夫婦における子の監護に関しては，協議離婚の監護者決定の条文を類推して，家事審判の対象とすることができるとされる（大阪高決昭和46・4・12家裁月報24巻1号51頁，最決平成12・5・1民集54巻5号1607頁）。

(4) 無効取消

　詐欺脅迫については婚姻規定が準用（764条）され，取り消すことができる。

> **RESEARCH in DEPTH！**
> ▶わが国の離婚制度の歴史をたどってみよう。「三行半(みくだりはん)」とは何であろうか。
> ▶わが国の協議離婚制度は比較法的にもきわめて特異である。その長所短所を論じよう。
> ▶5年別居離婚が提案された背景，根拠と，提案されている制度の問題点を考えよう。

3　裁判離婚

　夫婦で離婚の合意に達すれば協議離婚をすることができるが，合意に達しない場合，一定の離婚原因があれば，人事訴訟法にしたがって離婚の訴訟を起こすことができる(770条，人事訴訟法2条1項)。なお人事に関する事項は訴訟の前に調停に付さなくてはならない（調停前置主義。家事審判法18条1項。⇒21頁）ので，まずは家庭裁判所での調停が行われる。調停が不成立の場合は，一定の審判に付されることがある。審判で離婚が成立すれば裁判離婚と同じ効力をもつ。

(1) 調停離婚・審判離婚

　調停は基本的には裁判ではない。当事者の出頭のもと非公開で，当事者の合

意形成を助力するよう調停委員が介在する。当事者の合意ができると調停調書に記載され，確定判決と同一の効力をもつ。その後離婚届が提出されることとなる。

調停は成立しなかったが，いっさいの事情から離婚が相当なときは，当事者の申立ての趣旨に反しない限度で，調停に代わる審判をする。とくに離婚そのものには合意していても，離婚の諸条件や子の親権，養育費などについての話し合いがつかずに調停不成立となった場合等は，家庭裁判所が金銭その他の給付を命ずることができ，これに対して当事者が2週間以内に異議を申し立てなければ，確定判決と同様の効力が生ずる。異議申立てがあれば審判の効力はなくなり，なお離婚を望む場合，人事訴訟を提起することになる。

(2) 裁判離婚の離婚原因

一方が離婚を希望し，他方が離婚を望まない場合は合意による離婚は成立しない。合意がないかぎり離婚は絶対に不可能とすることも，一方配偶者にとって酷な場合もある。そこで法律は，一定の合理的理由がある場合に限って離婚の訴えを起こし，判決で認められた場合に離婚ができる制度を設けている。これを裁判離婚，もしくは狭義の訴訟離婚という。

離婚原因は近代法制の元では諸外国に共通するものが多いが，時代とともに変化もしている。かつて日本では妻の不倫（姦通）はそれだけで離婚原因となるが，夫の場合は一定条件の場合のみ離婚原因とするなど，男女不平等な規定がおかれていたが，現在では性による差別はない。

現行法は4つの具体的離婚原因と1つの抽象的離婚原因（770条）をおいている。

1. 不貞な行為（同条1号）。自分の意思で配偶者以外と性的関係を持つことで，脅迫などによる場合は含まない。婚姻成立前のものについては責任を問うことはできない。
2. 悪意の遺棄（同条2号）。正当な理由なく，同居・協力・扶助の義務を履行しないこと。この場合の悪意とは，社会的非難に値するという程度のものである。

3. 3年以上の生死不明（同条3号）。生死が明らかではない状態が離婚時まで3年以上継続していること。失踪宣告とは異なる。
4. 強度の精神病で回復の見込みがないとき（同条4号）。夫婦の本質は相互の協力関係にあることから，相互理解がなしえないほどの精神病と理解される。しかし判例は，病者の療養，生活などにつき具体的方途の見込みがつかない以上は，精神病を原因とする離婚は認められないとしている（最判昭和33・7・25民集24巻12号1943頁），当初よりこの判決には批判が多かったが，病院施設，治療方法等の異なる現在では見直される余地があろう。
5. その他婚姻を継続しがたい重大な事由（同条5号）。1号～4号に該当しなくとも，婚姻関係が破綻し，継続が困難な状態になっている場合である。破綻主義を宣言した条項とされている。

(3) いっさいの事情による請求棄却（裁判所裁量）（770条2項）

裁判所は前項1号～4号の事由があるときでも，いっさいの事情を考慮して婚姻の継続を相当と認めるときは，離婚請求を棄却することができる。当事者の状況を客観的に判断して，婚姻を思いとどまらせることも，とくに弱い立場の当事者を救済する利点となることもある。しかし裁判官の恣意的判断が入る恐れがあることも否めない。5号で破綻主義的離婚原因を明示していることとも相い容れない。本項を削除し，前項5号に，他方当事者が離婚によって苛酷な状況に置かれた場合の措置（苛酷条項）をおくべきであろう。

(4) 有責主義と破綻主義

破綻してしまった婚姻は理由を問わず離婚を認めるという積極的破綻主義をとった場合，自分で離婚原因を作っておきながら離婚請求をするような身勝手が許されるのか，という心情的疑問が残る。そこで離婚原因を作った側（責任の有る側＝有責者）には離婚を言い出させないという考え方がある。これを有責主義という。わが国もかつては「夫が妻をさしおいて他に情婦を持ち，それがもとで妻との婚姻関係が困難になった場合には，夫の側から本条1項5号によって離婚を請求することは許されない」（最判昭和27・2・19民集6巻2号110頁）などの有責主義の立場が続いていた。

離婚の種類と手続

```
当事者の話し合い→離婚で合意→協議離婚─届出（成立）
                    ┌不調
                    └調停申立─合意─調停離婚
                              └不成立─審判に移行┬審判に同意─審判離婚
                                                └異議─訴訟申立（地裁）─判決確定─裁判離婚
                                                                        （770条）
離婚訴訟
（調停前置主義）
```

★ 厚生労働省「人口動態統計」（家裁月報所収）によれば、4つの離婚制度の割合は協議離婚が圧倒的多数（平成7年以降は約90％前後）である。調停離婚は8％前後である。判決離婚は1％前後で年間全国で70〜80件前後であったが平成16年には150件以上となった。

★ ただし、上記の数字には、実態が必ずしも反映されていない。裁判離婚が和解離婚成立した場合、従来は協議離婚と記載されていたが、平成16年度から和解離婚と記載され協議離婚と別記されている。

しかし有責性と婚姻継続との関係，子どもを含んだ家族の生活などの諸問題と価値観の変化などから，「有責配偶者からされた離婚請求であっても，夫婦がその年齢および同居期間と対比して相当の長期間別居し，その間に未成熟子がいない場合には，離婚により相手方がきわめて苛酷な状況におかれる等著しく社会正義に反するといえるような特段の事情のない限り，有責配偶者からの請求であるとの一事をもってその請求が許されないとすることはできない。」（最判昭和62・9・2民集4巻16号1423頁）とする判決がでるに至った。ただしこの判決も別居期間，未成熟子の有無，苛酷条項などの条件しだいであり，わが国で積極的破綻主義が採られたと断言することはできない。

ちなみに積極的破綻主義を採る諸国の立法様式は，有責性は離婚請求の許否基準ではなく，夫婦財産の精算や慰謝料などに反映させるというものが多い。

COLUMN

有責主義離婚

＜なぜ日本で完全破綻主義が導入されないか＞

有責主義の完全撤廃は，公平・社会的倫理（自ら破綻を招いたものが得をすることを是としない）や，離婚後雇用の機会不均衡，賃金格差等の社会状況とも関連して，一朝一夕には達成し得ない。有責主義をとっても別居が続くだけとする実質的批判もあるものの，破綻主義に耐え得ない弱者が存在する現状が，日米の差と考えられる。

経済的解決も，完全ではない。給料に対しては民事執行法151条の2，第3号により一定条件化で，将来の収入に対する差押えが可能となったが，給料取得者でなければ効果はない。離婚保険制度も導入されえない実情がある。

現在の判例上，有責離婚が認められるのは，上述昭和62年最判の判決要旨にあるように，別居期間が相当長期，未成熟子がいない，相手方が苛酷な状況に置かれないの，いわゆる三要件のある場合とするのが判例法理である。しかしそもそも有責性や婚姻破綻の認定が裁判所でできるのかも疑問のあるところである。

一方当事者のみを有責（つまり婚姻破綻にもっぱらまたは主として責任がある）といえるか否かに疑問はあるものの，三要件が不適合の場合

は有責離婚となり，離婚認容されないという結果が導き出される。この点を検討すべき素材として最判平成16・11・18（家月57巻5号40頁，判時1881号90頁，裁時1376号4頁）がある。

RESEARCH in DEPTH !

▶諸外国の離婚原因を比較検討しよう。
▶精神病を離婚原因と法定することは妥当だろうか。夫婦の本質から論じよう。
▶有責主義と破綻主義について，是非を論じよう。

4　離婚の効果

　協議，裁判を問わず，離婚は夫婦の関係を将来に向かって終了させる。その法効果について法文上は協議離婚について規定（766条〜769条）するが，裁判離婚に準用され（771条），離婚が成立した以上，どのような離婚様式がとられたにせよ，離婚の効果に変わりはない。

(1)　身上効果

　夫婦としての権利義務が消滅することから，同居・協力・扶助義務，貞操義務，契約取消権，配偶者相続権はなくなる。

　姻族関係は死亡と異なり，当然消滅する。ただし消滅後も婚姻禁止規定（735条）があることについては前述の通りである（⇨40頁）。

　婚姻によって氏を改めた側は，離婚によって婚姻前の元の氏に復する（767条1項）。死亡とは異なる。しかし婚姻中の氏を継続して使用することを希望する場合には，3カ月以内に戸籍法の定めるところ（戸籍法77条の2）にしたがって届け出ることで，離婚の際に称していた氏（婚姻中の氏）を称することができる（婚氏続称；767条2項）。

　祭祀財産は一般の財産と異なり，現実社会では氏との関わりが大きいので，氏を改めたほうが承継している場合には，当事者その他の関係人の間で協議を

し，承継人を定めなければならない。協議ができなければ家庭裁判所で定める（769条）。

婚氏続称原則

田中さん（男）と佐藤さん（女）の場合
・婚姻の合意──氏の選択；田中にすることで合意〈＝夫婦同氏原則〉
　　　　婚姻届──婚姻成立。夫婦の氏は田中となる（戸籍筆頭者は田中）
・協議で離婚することに合意
　　　　離婚届──離婚成立。／田中さん──田中のまま
　　　　　　　　　　　　　＼元佐藤さん──佐藤に戻る
・離婚後元佐藤さんが，婚姻中の氏（＝婚氏；田中）を使いたいとき
　→「届出」★をすることで，田中を使うことが可能となる

　　　　★
　　　　／・離婚の日から3カ月以内に届出
　　　　｜・届出ない場合は婚姻前の戸籍に入る（戸籍法19条1項，2項）
　　　　＼・届出（新戸籍編成申出）により新戸籍（戸籍法19条3項）

---

(2) 財産的効果

財産分与と慰謝料

　離婚によって夫婦間の財産的効果は消滅し，婚姻費用の分担義務，日常家事債務はなくなり，共有推定も働かなくなる。さらに離婚によって新たに財産分与と慰謝料の問題が発生する。

　離婚当事者の一方は他方に対して財産分与の請求をすることができる。当事者間で協議が調わないとき，協議することができないときは，家庭裁判所に対して協議に代わる処分を請求することができる。この請求は離婚から2年以内にしなければならない（除斥期間）。請求があった場合，家庭裁判所はいっさいの事情を考慮して，分与させるかどうか，分与の額および方法を定める（768条）。財産分与審判の最中に，配偶者名義の財産が親名義に移されたので，財産分与請求権を被保全債権として移転登記抹消請求をした事例がある。

　最高裁判所は協議や審判によって具体的内容が形成されるまでは，財産分与請求権の内容が不確定なので，債権者代位権の被保全債権たりえないとしたが

(最判昭和55・7・11民集34巻4号628頁)，審判中の権利を確保するための方策が必要であろう。

　分与という用語の語感は一方の所有物を他方に分け与えるというイメージをもつため，法文の用語としては問題である。わが国では夫婦財産の項に離婚時の清算に関する規定をおいていないため，夫婦で蓄積した財産の清算は財産分与として処理せざるをえない。

　このことからも財産分与の性質は第1に夫婦共同財産の清算機能である（清算的要素）。その他に離婚後あらたに所得を得ることが困難な状況では，一方配偶者には他方の生計の目途が立つまで扶養する必要もあり，これも分与の機能である（扶養的要素）。

　離婚によって精神的苦痛を味わった側が慰謝料を請求することも，財産分与としてできるであろうか。最高裁判所は「すでに財産分与がなされた場合においても，それが損害賠償の要素を含めた趣旨とは解されないか，または，その額および方法において分与請求者の精神的苦痛を慰藉するに足りないと認められるものであるときは，右請求者は，別個に，相手方の不法行為を理由として離婚による慰謝料を請求することを妨げられない」としている（最判昭和46・7・23民集25巻5号805頁）。離婚給付の決定に際しては，一切の事情が考慮される。したがって一方配偶者の有責的離婚原因作出行為も財産分与の根拠として考慮される。したがって財産分与とは別に損害賠償請求をする場合は，財産分与の際に慰謝料が考慮されていたか否かを確認する必要がある。なお人事訴訟法成立により，損害賠償請求も家裁での処理が可能となった（人事訴訟法8条，17条）ことから，通常は慰謝料を含んだ財産分与がなされる。ただしそれぞれの除斥期間に注意する必要がある。

財産分与と詐害行為

　離婚に伴う財産分与が債権者取消権（424条）の対象となるであろうか。同条は財産権を目的としない法律行為は対象とならないと規定しているので，離婚に伴う財産分与が財産権を目的としない法律行為にあたるか否かが問題となる。

　以下の判例から論点を抽出してみよう。

【ケース】

＜第1の事例＞（最判昭和58・12・19民集37巻10号1532頁）

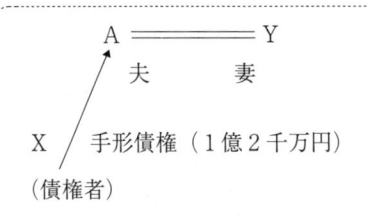

```
        A ════════ Y
      ↗  夫        妻
   X  ╱ 手形債権（1億2千円）
 （債権者）

 A→Y：財産分与（所有権移転・登記）
 X→Y：所有権移転登記の抹消請求
```

AとYは協議により離婚することとし、慰謝料を含めた財産分与として、土地をAからYに譲渡することにし、所有権移転登記を経た。そこでAの債権者Xがこの所有権移転が詐害行為であるとして、Yに対して取消権を行使した。

一審・原審：請求棄却。

最判：「分与者が債務超過であるという一事によって、相手方に対する財産分与をすべて否定するのは相当ではなく、相手方は、右のような場合であってもなお、相当の財産分与を受けることを妨げられない。……分与者がすでに債務超過の状態にあって当該財産分与によって一般債権者に対する共同担保を減少させる結果になるとしても、それが民法768条3項の規定の趣旨に反して不相当に過大であり、財産分与に仮託してされた財産処分であると認めるに足りるような特段の事情のない限り、詐害行為として債権者の取り消しの対象となりえない。」

＜第2の事例＞（最判平成12・3・9民集54巻3号1013頁）

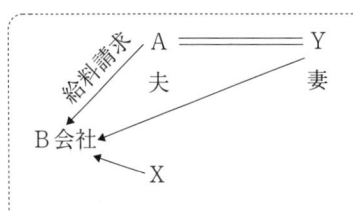

```
  給料請求  A ════════ Y
       ↙  夫        妻
  B会社 ←
        ↖ X
```

AはB会社の取締役を退任したが、B会社から、未払いの給料がある。
A・Y間で以下の合意が成立した。
　　生活費補助（毎月10万）＋慰謝料2千万
　　（これを執行許諾文言付き公正証書にて作成）

X銀行はAに対し貸金債権6000万円の確定判決を得ている。

X：確定判決に基づきAのB会社に対する給料・役員報酬の差押命令の申立て。

Y：公正証書に基づき同上差押命令の申立て。

＜地裁＞YとXの配当を債権額に応じて案文した配当表を作成して差押命令発す。

> X：異議申立て。
> Xの主張：主位的請求──ＹＡの合意は通謀虚偽表示でありＸに全額配当せよ。
> 予備的請求──詐害行為取消権にもとづき，ＹＡ間の合意を取消すこと。

一審：主意的請求認容
原審：合意が通謀虚偽表示とはいえないが，財産分与および慰謝料の額は，その中に財産分与的要素が含まれているとしても不相当に過大であり，財産分与に仮託してなされたものであって，詐害行為に該当する（予備的請求のみ認容）。
最判：「離婚にともなう財産分与は，民法768条3項の規定の趣旨に反して不相当に過大であり，財産分与に仮託してされた財産処分であると認めるに足りるような特段の事情のない限り，詐害行為とならない（最判57年を引用）。このことは財産分与として金銭の定期金給付をする合意をする場合も同様。……右特段の事情があるときは，不当に過大な部分について，その限度で詐害行為として取消されるのが相当。」

関連して慰謝料の支払いの合意が詐害行為となるか
上記最判は次のように述べた。
「離婚にともなう慰謝料を支払う旨の合意は……新たに創設的に債務を負担するものとはいえないから，詐害行為とはならない。しかしながら当該配偶者が負担すべき損害賠償債務の額を超えた金額の慰謝料を支払う旨の合意がされたときは，損害賠償債務の額を超えた部分については，慰謝料の名を借りた金銭の贈与契約ないし対価を欠いた新たな債務負担行為となるから，詐害行為取消権行使の対象たりうる。」

下級審判例には詐害性を肯定するものもある（高松地判昭和37年：分与すれば無資力となる場合は分与者は本来分与すべき財産を有していないから詐害行為となる）が，第1・第2事例のように詐害性を否定するのが判例法理であり，その根拠は民法768条3項の規定の趣旨にある。趣旨に従った給付が相当であるか否かが判断基準といえよう。

【DETAILS─諸学説の考え方】

　この問題を考える方法として，424条2項が「財産権を目的とせざる法律行為」を除外している点に着目して，財産分与が同条に該当するかどうかから判断する立場がある。

　該当性を肯定（財産権を目的としない行為である）する説は身分行為は間接的に財産上の利益に影響を及ぼすことがあっても詐害行為とならないとする。

　他方否定説は身分行為は財産権を目的とせざる法律行為であるが，離婚財産分与は，家族関係の設定・廃止そのものと直接関係しないから，詐害行為となりうるとする。

　ついで424条2項ではなく768条の趣旨と詐害性の実質的検討をして判断する立場がある。例えば分与者が無資力の場合，分与によって無資力になる場合には，分与すべき財産がなく，それにもかかわらず分与したのは，はじめから768の趣旨を逸脱しているとする下級審判例も存在する。

　学説では財産分与が768条の分与基準に照らして相当性を維持している限り詐害行為とならず，相当性をこえた過大給付は，詐害行為となるとするものや，債権者の信頼を裏切るか否かを基準とするものがある。

　さらに財産分与の性質論にかからしめる考え方もある。財産分与は実質的清算と離婚後扶養の2要素の結合であるが，実質的清算は，一方が他方に対して有する潜在的持分の清算であり，また離婚後扶養は一般債務に優先して弁済されるから詐害行為とならないとするものである。

　その場合，仮想離婚についてどのように考えるべきであろうか。仮想離婚を有効と見れば，離婚財産分与の法的性質にかなう分与の部分については有効となり，仮想離婚が財産隠匿の手段に用いられた財産分与であれば無効となろう。

内縁配偶者の財産分与

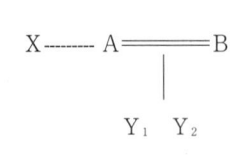

> X------A══════B
> 　　　　│
> 　　　Y₁　Y₂
>
> 　Aは妻Bの死後，内縁関係のXと暮らし，病後はXが介護を行っていたケースで，Aが死亡した。Aの相続人はY₁，Y₂のみであった。
> 　XはAがXに負うはずであった財産分与をXの相続人であるY₁，Y₂に請求した。

　原審は内縁の死亡解消に財産分与規定の準用，類推適用はないとし，Xの申立てを却下したものである。

これに対し最高裁判所は，婚姻解消時の財産関係として法律婚の場合，離婚時は財産分与，死亡時は相続であるのに反し，内縁の場合は離別は財産分与の類推も可能だが，相続開始後の財産分与による清算を認めることは，法の予定しないところであるとして，結局財産分与も否定した（最判平成12・3・10民集54巻3号1040頁）。

　判例法理によれば，死亡した内縁配偶者の扶養義務が相続人に承継されると解する余地はないことになる。

・**財産分与と税**＜財産分与に錯誤（95条）の適用あるか＞
　自己の特有財産全部を財産分与として妻に譲渡することで合意し，協議離婚を成立させた夫婦の事案である。夫は当初，財産分与については妻に課税されるものと考えていたが，譲渡所得税が夫に（本件では2億円）課されることを知り，錯誤による財産分与の無効を主張した。

　原審は夫の主張を認めなかった。錯誤に陥っている動機が相手方に表示されて法律行為の内容となっていないからとの理由である。

　これに対し最判は夫，妻ともに，妻に課税されることを前提とし，その旨黙示的に表示されていたとして破棄差し戻され，差し戻し審で錯誤無効が認容された（最判平成1・9・14判時1336号93頁）。

COLUMN
"Best Interest of Child"（子の最善の利益）

　1989年の国連総会で「子どもの権利条約」（日本政府訳は「児童の……」）が採択された。当初十分な生育環境のない発展途上国の子ども保護のための制度と思われていたことから，早期の批准国は途上国に多かった。

　しかし実は子の権利条約のいう子どもの権利とは，食物や寝場所の確保だけではなく，子の意思が尊重されること，子の利益が重視されることが大きな意味をもち，わが国にとっても無縁ではなかった。公的システムとの関係では，教科書検定や内申書開示等があり，児童福祉法にもとづく措置や保護等の問題もあった。

　家族との関係では親権と子どもの権利とのかねあいがある。とくに離婚時の親権者と監護者の決定に際しては，「子どもにとっては，どちらがよいか」が最大の決定要因となる。

　そこで，家庭裁判所では調査官等の努力で子どもの意思の確認，尊重がなされているが，子にとっては，両親とも親であり，その時々の気持ちのゆれもある。子の利益を考えて監護者が決定できる場合だけとはか

ぎらない。離婚しても両親とも監護者となる（共同監護）アメリカ方式を日本でも導入することはむずかしいだろうか。

(3) 離婚後の子どもの処置

　婚姻継続中は父母は共同親権を行使するが，離婚後はそれが困難になる。そこで協議離婚に際しては父母の協議でその一方を親権者と定めなければならない（765条，819条1項）。協議が調わない場合は裁判所が協議に代わる審判をするが，その際の基準は単に父母の経済力のみならず，環境や養育能力なども考慮され，子が満15歳以上のときは子の意思も尊重されねばならない（家事審判規則54条）。裁判離婚では裁判所が定める（819条2項）。

　親権とは別に，協議で監護者を決定することもできる（766条1項）。協議が調わないとき，することができないときは家庭裁判所は子の利益を考慮して定める（同条1項後段）。子の利益のために必要な場合には，家庭裁判所が監護者変更を命ずることもある（同条2項）。

　離婚により子とともに生活できない親に面接交渉権が認められることがある。権利とはいっても面接することで子の精神状況を害する場合は認められるべきではない。一般に親の権利と構成されているが，子の福祉概念により制約を受けていると解すべきである。

RESEARCH in DEPTH !

- ▶離婚時の祭祀財産のみ別の取扱いとした根拠と立法の経緯を調べてみよう。
- ▶わが国の財産分与制度の問題点を明らかにしよう。
- ▶相手方への財産分与が債権者を害する行為（詐害行為）となるのはどんな場合であろうか（参考；最判昭和58・12・19民集37巻10号1532頁）。

III 親　　　子

> **THEME**
>
> ## 親　子　法
>
> 親子法の理念と構造——子のための親子法の意義

親子法の理念と構造

(1) 親子法の発展

　かつて家父長制の家族のもとでは，子どもは被支配者であり，子としての法の主体ではなかった。親子関係が法規制の対象となっても，子は親の親権に服する対象であり，親権は文字通り親の権利と構成されていた。現代では親権は子を保護し，社会化させる親の義務と理解されている。このような親子法の変遷を，標語として「家のための親子法」から「親のための親子法」を経て「子のための親子法」に至ったと称される。

　現在子どもに関する法制度は，成長途上にある子どもを保護するためのものとして位置づけられ，民法上でも子の福祉，子の最善の利益が理念とされている。この考え方は国連の「子どもの人権条約」（政府訳は「児童権利条約」）にも共通するものである。この条約を批准した国は条約に違反する国内法の見直しが必要であることから，わが国の民法中，非嫡出子の相続権に関する規定等，あらゆる子どもの人権尊重と平等に反する規定は改正を検討する必要がある。

(2) 親子法の構造

　親子の本質は何か。血のつながりが第1に考えられる。しかし血縁だけがすべてではないことは，血縁のない親子関係が多数存在している事実を挙げるま

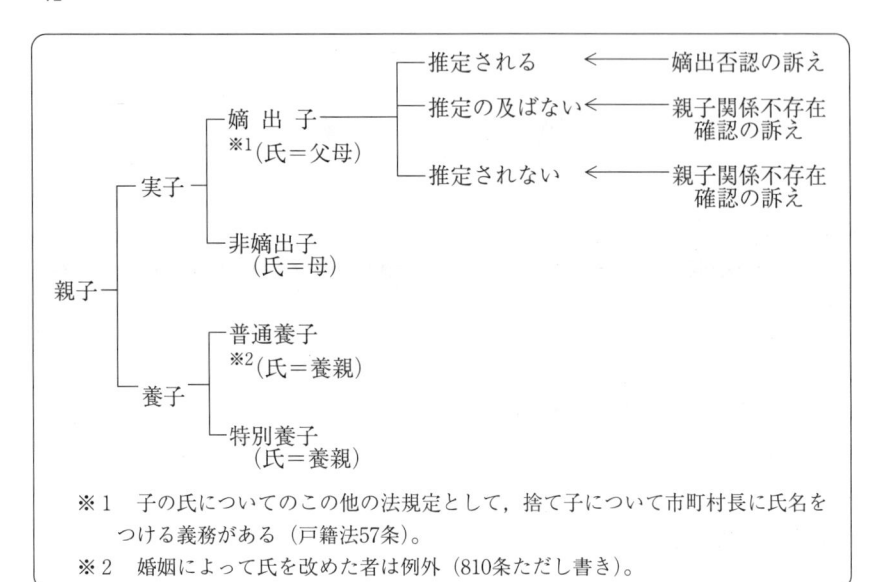

```
                              ┌─ 推定される       ← 嫡出否認の訴え
                              │
              ┌─ 嫡出子 ──────┼─ 推定の及ばない  ← 親子関係不存在
              │   ※1(氏＝父母) │                    確認の訴え
              │               │
      ┌─ 実子─┤               └─ 推定されない    ← 親子関係不存在
      │       │                                    確認の訴え
      │       │
 親子─┤       └─ 非嫡出子
      │          (氏＝母)
      │
      │       ┌─ 普通養子
      │       │   ※2(氏＝養親)
      └─ 養子─┤
              │
              └─ 特別養子
                 (氏＝養親)
```

※1　子の氏についてのこの他の法規定として，捨て子について市町村長に氏名をつける義務がある（戸籍法57条）。
※2　婚姻によって氏を改めた者は例外（810条ただし書き）。

でもない。さらにバイオテクノロジーなど自然科学の発達により，血縁関係がむしろ複雑になり，親子の本質が見えなくもなってきている。生物学的親子と法律学上の親子は異なる。それは法律上の親子の意義が，社会的存在である親子を国家法がどのようなものとして把握するかにかかっているからにほかならない。

　民法上は親子を実子と養子に大別する。実子はさらに父母が婚姻関係にあるか否かで，嫡出子と非嫡出子とに分ける。

　養子は法制度上の概念であり，血縁のないところに親子関係を擬制するものであるが，これにも普通養子と特別養子の2種がある。

(3)　親子法の全体像──法律上の親子の本質はなにか

　民法は法律上の親子関係につき血縁主義であるのか，関係性や情緒（家庭の安定とも置換えうる）を重視しているかの議論は，全体像を把握して理解する必要がある。

　結論として現行民法は折衷主義である。民法制定時は現在のような生殖技術は存在せず，親子関係確認のための鑑定技術も現在に比して十分ではなかった。

したがって父子関係を科学的に立証確定することができない場合もあったであろう。しかし完全血縁主義を排しているのはこのことだけが理由ではない。どのような場合に真実の親子関係の詮索を遮断し，どのような場合に真実追求を認めるか，それぞれその理由はなにかを問題としなければならない。

　嫡出推定規定は，推定を破ることができるのは夫のみであり，しかも否認権行使は子の出生から1年間のみであることから，真実の父子関係が存在しない場合が発生することを前提とし，その現実を承認した規定である。

　嫡出推定規定は立法時にフランス法等の影響を受けて制定されたものであり，必ずしも日本の法意識に合致していたとはいえなかった。立法者の中にも，「臭いものに蓋をする主義だ」と発言した委員もいた（梅謙次郎博士）話は有名である。

　特に実質的婚姻の成立時と法的効力発生時（届出）に時差の生じることの多い日本独自の風習もあり，嫡出推定規定が厳格すぎることが問題であった。そこで厳格な否認の訴えによらずとも父子関係を否定できる場合が解釈上作り出され，これが「推定されない嫡出子」と「推定の及ばない嫡出子」である。特に「推定の及ばない嫡出子」については，文言上明らかに推定規定に当てはまるにもかかわらず，否認の訴えによらずに父子関係の推定を破ることを認めるもので，解釈による立法の空洞化といわれている。

　問題はどの範囲まで「推定の及ばない嫡出子」とするかであり，外観説（典型的事例が懐胎時の夫の不在），真実（血縁）説（科学的検査による血液型の違いなど），その中間的立場として合意説（当事者の合意があれば推定なし），家庭破綻説（すでに家庭の平和が破壊されていれば推定除外）などがある。

　判例は外観説によっているようであるが（最判平成10・8・31家月51巻4号33頁，最判平成12・3・14家月52巻9号85頁。両判決とも父からの親子関係不存在の主張を否定したもの），学説では虚偽の出生届が出された経緯，提訴までの親子の生活状況，父子関係を否定した上で真実の父との親子関係の成立の可能性（可能性なければ，法が父子関係を否定することで生涯父の存在しない子を作り出すことになる）等を考慮することが主張されている。

> **THEME**
>
> # 実 子
>
> 1　嫡 出 子
> 2　嫡出でない子（非嫡出子）

1　嫡 出 子

(1)　嫡出推定と嫡出否認の訴

　母と子の血縁関係は，かつては分娩の事実により争う余地がないといわれてきた。判例に表われた事例も虚偽による出生届や病院での取り間違え等であり，分娩の事実が決定要因となることに問題はなかった。しかし現在では代理母の問題や，受精卵提供者が異なる場合など，必ずしも単純ではない。

　父子関係の場合は出産の事実だけからでは確定がむずかしい。そこで法律は婚姻関係を前提に，妻が婚姻中に懐胎した子は夫の子と推定する（772条1項）とした。婚姻中に懐胎したかどうかも真実は明らかではない。そこで婚姻成立の日から200日後または婚姻の解消もしくは取消の日から300日以内に生まれた子は婚姻中に懐胎したものと推定する（同条2項）ことにした。この二段の推定によって嫡出子と推定されることを「嫡出推定」という。

　もちろん，自然的父子関係はこれと異なることもある。疑惑を持ちつつ生活することは家族の本質にも反するので，その際には推定された父子関係を否定する訴えを認めている。これが「嫡出否認の訴え」である。しかし否認の訴えを無制限に認めることは弊害も多い。そこで法は訴権者を，推定された夫のみとし（774条），期間も子の出生を知ったときから1年以内（777条）に限定した。さらに子が産まれた後で嫡出であることを（自分の子であると）承認した場合は，その後は否認権を失う（776条）とした。

　なお子の位置づけが相続に関係することから，例外的に夫が777条の提訴期間内に否認の訴えを提起しないで死亡した場合，その子のために相続権を害され

る恐れのある者，その他三親等内の血族は否認の訴えを提起できる（人事訴訟法41条）ことになっている。ただし同条は本来夫にのみ訴権を認めた趣旨から逸脱し，しかも手続法にのみ根拠を持つことで問題のある条項である。

(2) 推定されない嫡出子と親子関係存否確認の訴え

　婚姻関係にある両親から生まれた子であっても，772条の要件に合致せず，したがって夫の子と推定は受けない嫡出子も存在する。たとえば婚姻前に懐胎され，婚姻成立後200日以内に出生した子はその典型である。もしこれを嫡出子ではないとすると，世間一般に多くの子が非嫡出子となり，嫡出子となるには父の認知が必要となるが，これは実情に合わないことである。

　そこで判例は，婚姻届より以前に事実上の婚姻関係が先行している場合は，出生と同時に当然に父母の嫡出子たる身分を有すると判示した（大審院連合部判決昭和15・1・23民集19巻54頁）。しかし実務上戸籍の取扱者（戸籍事務管理掌者）は実質的審査権をもたないので，内縁関係が先行しているかどうかを調べることはできない。そこで内縁関係中の懐胎かどうかを問わず，婚姻成立後の出生子はすべて嫡出子の地位を取得することになった。これを「推定されない嫡出子」という。

　この場合嫡出子ではあるが推定は受けない。したがって親子関係を争うには厳格な要件の否認の訴えによる必要はなく，親子関係不存在確認の訴えでよい（親子関係が有ることを確認する訴訟は親子関係存在確認の訴え。両方合わせて存否確認の訴えという）。

　ただしこの訴えは利害関係のある人は誰でも，いつでも起こすことができるので，子の地位が不安定になるという欠点がある。そこで772条の「婚姻成立の日」を内縁成立の日とすることを主張する学説もあるが，挙式を挙げても届出のない内縁が大半であった時代と異なり，現代では内縁成立の時点を確定することが困難なので，とりえない。判例も婚姻成立の日を厳格に解している（最判昭和41・2・15民集20巻2号202頁）。むしろ親子関係存否確認の訴えを提起できる範囲を狭くする立法的措置が必要であろう。

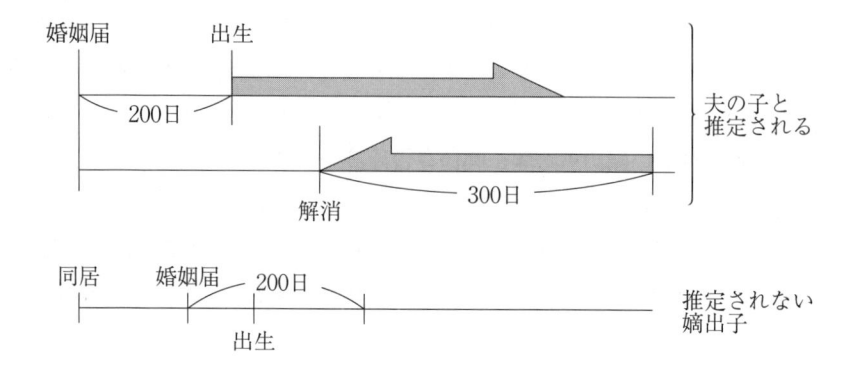

```
婚姻届        出生
  |—200日—|————————————————|        夫の子と
                                    推定される
              |————300日————|
             解消

同居  婚姻届
 |———|—200日—|                      推定されない
         出生                        嫡出子
```

(3) 推定の及ばない子

　嫡出推定は婚姻が成立した以上平穏な婚姻生活が継続していることを前提として成り立っている。したがって，そもそも同居生活がないような状況では，形式的には適合しても実質的には推定が働かないことになる。たとえば事実上の離婚状態，失踪あるいは長期不在など，夫の子と推定することが明らかに不合理な場合が考えられる。このような場合はそもそも嫡出の推定が働かない。しかし婚姻関係にあるので嫡出子でないとすることも問題はある。この場合も推定される嫡出子とすると，その嫡出性を否定するためには775条ないし778条の厳格な要件の制約ある否認の訴（774条）または審判（人訴法2条，4条）によらなければならず，夫と推定される者が1年内に訴を提起しなかった場合は，明らかに夫の子でなくとも父子関係が確定する状況ともなる。このため嫡出否認の法理によらずに，夫以外の者にも否定する権利を認めるため，学説は一般に「推定の及ばない嫡出子」とし，夫の子を懐胎し得ないことが明らかな状態での懐胎子は推定は受けないとする。ただし懐胎し得ないことが明らかな状態とはどのような状態かにつき，外観的に明らかな場合に限るか，生殖不能や血液型の背馳など，審査をした上で夫の子であり得ない場合を含むかで，説の分れる点である。さらに新たな問題として，DNA鑑定等の科学的検証技術が向上し，鑑定結果が出た以上，推定の枠組みと否認権の除斥期間は無きに等しい結果となりかねない。しかし他方で親子と信じてきた当事者（子）が親子関係

を否定された場合の心情への配慮をいかにするかも重大な課題である。

> **COLUMN**
>
> **夫の死後懐胎した子は夫の子か**
>
> 　生前夫の精子を凍結保存し，死後体外受精により出産した子につき，夫の子として認知を求めた訴訟で，最高裁は認知を認めた二審（高松高裁平16・7・16）を破棄し，死後生殖については民法は想定しておらず，親子関係を認めるかどうかは立法によって解決されるべき問題であるが，立法がない以上死後生殖による父子には，法律上の親子関係は認められないと判示した（最判平成18・9・4）。その数日後にも同様の判決が確定したことから，稀有の事例とは言えず立法の遅れが問題であることは明白（本件判決補足意見もこの点を指摘）であるが，現行法を適用する場合，何をもって判断基準とするかが問題である。

RESEARCH in DEPTH !

- ▶776条の否認権を失う場合とは，どんな場合が考えられるであろうか。
- ▶医学的に夫の生殖不能が証明されている場合，推定は働くであろうか。
- ▶婚姻の成立要件である再婚禁止期間規定の合憲性を，嫡出推定との関連で考えてみよう。
- ▶嫡出否認の訴を親子関係不存在確認の訴えと比較しつつ，その立法根拠を考えてみよう。
- ▶人工授精子（AIDの場合。つまり遺伝子上の親子関係は存在しない）の父子関係は嫡出か否か。父はAIDの子に対して，嫡出否認の訴えを提起することができるか。これが肯定された場合，子は精子提供者を相手に，認知請求できるか。

2　嫡出でない子（非嫡出子）
(1)　嫡出でないということ

　婚姻関係にない男女の間に産まれた子を「嫡出でない子・非嫡出子」という。わが国の現行法文上は「嫡出である子」(790条),「嫡出でない子」(779条，790条) が使われているが，嫡の用語自体に「家」意識があることもあり，また諸外国の例にもならって婚内子・婚外子という表現を用いることもある。

　779条は「嫡出でない子は，その父または母がこれを認知することができる」と規定した。父母との間に真実の血縁関係があっても，そのままでは法律上の親子関係は存在しない。認知の手続が必要である。ただし母については上述したように判例は原則として認知を待たず分娩の事実により当然発生する（最判昭和37・4・27民集16巻7号1247頁）と判示しているが，わが国でも夫婦間以外の体外受精の可能性もあり，母子関係といえど問題は残る。

(2)　認知の種類と方式

　認知には2種類ある。認知をする側が自らの意思で届け出もしくは遺言で行うもの（任意認知）と，認知者の意に反し，認知を受ける側が裁判に訴えて得るもの（強制認知）とである。

①　任意認知

　認知は意思能力がある限り，未成年者，成年被後見人であっても法定代理人の同意なく行うことができる（780条）。

　認知の方式は，届出か遺言（781条）のどちらかである。ただし父が嫡出でない子の出生届を出した場合，それが受理されたとき認知届の効力があるとした判決がある（最判昭和53・2・24民集32巻1号110頁）。

　認知は原則として認知者の単独行為であるが，その行為によって親子関係の有無が生ずるので，相手方にも関わることである。そこで法は例外的に相手方の承諾を得なければならない場合をあげている。

　　1　成年の子を認知する場合はその子の承諾（782条）。
　　2　胎児を認知する場合は母の承諾（783条1項）。

3　死亡した子でも直系卑属がいる限り認知できるが，その直系卑属が成人の場合，その承諾（同条2項）。

　認知は真実の血縁関係があることを前提にして行われる。したがって認知を受けた子およびその他の利害関係人は，認知の無効取消しを求めて，反対事実を主張することができる(786条)。もしも認知をした者がすでに死亡している場合は，検察官に対して提訴できる（最判平成1・4・6民集43巻4号193頁）。

　認知をする者に，認知をしようとする意思がなければ無効である（最判昭和52・2・14家裁月報29巻9号78頁）。ただし認知をした父または母は，認知を取り消すことができないという規定もある(785条)。詐欺脅迫による場合でも認知をした側からは取り消せないと解されている。

　このようにわが国の認知制度は意思尊重（意思主義・主観主義）と事実尊重（事実主義・客観主義）の両方の性質を合わせ持っていることになる。以下の表の各場面は，意思か事実かどちらかが表出した状況である。

認　知

認知の性質は意思か事実か
- ●死後認知制度の存在をどうみるか。
- ●事実関係ある場合の取消をどうみるか。
- ●人事訴訟法「認知の取消しの訴え」（2条2号）の存在意義は何か。
- ●認知無効判決の性質――判決を得て初めて確定するのか

---

② 強制認知

　父が任意認知をしない場合，裁判に訴えて認知させることもできる。これを「強制認知」または「裁判認知」という。この場合の原告は子，直系卑属またはこれらの者の法定代理人（787条）である。

　訴えの相手方は父が生存していれば父，すでに死亡していれば検察官である。父が生きている間はいつでも提起できるが（最判昭和37・4・10民集16巻4号693頁），父死亡後は3年に限られる（787条ただし書）。行方不明になっていた父が死亡していることを知ったのは，死亡から3年以上過ぎてからであったという事例で，最高裁判所はそのようなやむを得ない事情の場合は，父の死が客観

的に明らかになったときから3年以内は提訴できる（最判昭和57・3・19民集36巻3号432頁）と判示した。

　訴訟では父子関係があることを証明しなければならない。かつて明治時代の古い判決では，子が懐胎された当時，母と相手方男性との関係が唯一のもので，他に情交関係がなかったことを原告が証明しなければならなかった。現実にはなかったことの証明は難しく，相手からの「不貞の抗弁」を許す結果にもなっていた。

　現在ではもはや不貞の抗弁がなされることはなく，懐胎可能な時期の母と相手方の状況の他，血液型の検査などの結果を考慮して判断される（最判昭和32・6・21民集11巻6号1125頁）とした判決があるが，さらに科学的検査方法の進展により証明は容易かつ確実になることは明らかで，むしろ科学的真実が法的親子を決定する唯一の手段たりうるかの，本質的問題の検討が迫られている。

(3) 認知の効力

　認知によって，父子関係は子の出生にさかのぼって効力を生ずる（784条）が，第三者がすでに取得した権利を害することはできない（たとえば遺産分割などの場面）。認知により父は親権者となることもできる（819条4項）。

　子は認知によって父に対する相続権を持つ。前述したように相続分が嫡出子の2分の1とする規定（900条4号）をめぐっては，合憲性が争われ，東京高裁は違憲判決を出したが，最高裁判所は法律婚の尊重とのかね合いで，合理的根拠があり合憲とした（ただし5裁判官の反対意見あり）。民法改正要綱では差別撤廃が決定されており，平等化が世界の潮流である。

　子の氏について，嫡出であれば父母の氏を，嫡出でない子は母の氏を称する（790条）が，認知によっても原則として変わらない。ただし家庭裁判所の許可を得て，父の氏を称することができる（791条1項）。しかし氏は戸籍と連動しており，父の氏に変更するということは，父ならびにその法律上の家族の戸籍に記載されることになる。そこで判例の中には，父の正当家族の感情も十分考慮して，反対ある場合には父の氏への変更申立てを却下することもありうると判示（大阪高決昭和43・3・12家裁月報20巻9号64頁）したものも，また逆に父の

妻の感情よりも子の福祉を重視すべきとしたもの（福岡高決昭和43・12・2家裁月報21巻4号137頁）もある。

　金銭などと引替えに認知を請求しないとする約束をすることは有効であろうか。認知請求権の放棄の問題である。認知を受けることは金銭上の権利のみではない。法的親子関係を確定することによる心情的側面もある。しかし放棄を認めると，金銭などによって放棄の強要が迫られることも考えられる。放棄契約は無効とすべきである。

　父母の婚姻によって，非嫡出子を嫡出子とすることを「準正」という。認知後に父母が婚姻する場合（婚姻準正；789条1項）と，婚姻成立後に認知する場合（認知準正；同条2項）とがある。子の死亡後も，直系卑属がいる場合は，準正が認められる（同条3項）。

RESEARCH in DEPTH !

▶認知に際して相手方の承諾を得なければならない根拠は何であろうか。782条，783条のそれぞれの場合について検討しよう。承諾を必要とすることが適当な場合は他にないであろうか。立法論として論じよう。

▶夫の認知した非嫡出子の氏の変更を拒む法律婚の家族の主張は身勝手であろうか。両者の立場を考えてみよう。

COLUMN

人工生殖

　子どもが欲しいと望んでいてもかなわないとき，人はどうするであろうか。あきらめるか，養子を育てるか，あるいは過去には，他の女性に産ませるということも正当な手段であった。

　しかし生殖技術の進歩により，人工授精，体外受精，さらには代理出産すら，技術的には可能となった。

　人工授精には，夫の精液によるもの（ＡＩＨ）と提供者（ドナー）の精液によるもの（ＡＩＤ）の２種類がある。法的にはＡＩＨは問題なく推定を受ける嫡出子となる。ＡＩＤについては，本来は推定の及ばない子とすべきであるが，施術を受けることを夫が同意したことで，夫の嫡出子とみなし，夫は子を否認できないと考えられている。さらにこの逆の立場の提供者には父であることを主張させないような措置がとられ，したがってここでは遺伝子レベルの父と法律上の父が異なることになる。

　体外授精は，夫婦間の場合のほか，妻の卵子により他の女性に産んでもらう（借り腹）ケースや，他の女性からもらった卵子を，夫（または他の男性）の精子で授精させ，妻に移植（「貸し腹」または「もらい卵」等と言われる）するケースも，すでに行われている。

　わが国では，妻の妹の卵子で体外授精施術を行った医師を，産婦人科学会が除名処分するという動きになっている。このことからもわかるように，現在わが国の人工生殖に対する規制等は，医学先導であるが，欧米諸国では法律で規制しており（1900年，ドイツ；胚の保護に関する法律，イギリス；ヒトの授精および胚研究に関する法律，1994年，フランス；生命倫理法），わが国でも法律上の取組みが，社会的議論となる必要がある。

> THEME
>
> # 養　子
>
> 1　普 通 養 子——わが国の特性，要件・効果
> 2　特 別 養 子——意義と機能，要件・効果

1　普 通 養 子

(1) わが国の養子制度

　昭和62年に特別養子制度が新設されたが，わが国では今なお実際に行われている養子のほとんどが普通養子である。わが国の養子は当事者間の契約と構成されており，未成年に関する例外的規制を除くと，諸外国にくらべ非常に緩やかな法制度である。

　跡取りのいない夫婦が親族の子を養子にしたり（いわゆる親族養子），娘だけしかいないので，姓を継いで墓を守ってもらうため（旧法の婿養子に近いが，現行法には「婿養子」はない），近時は孫を養子にすることで，世代を通じての相続税の軽減を図るため（いわゆる中継養子）等，養子の目的はさまざまである。どれも不法な目的でないかぎり，縁組契約として有効である。

　しかし一般に諸外国では，孤児や保護を必要とする子どもに，家庭という養育環境を与えることが養子制度の目的と考えられるよう.になり，養子となる子の保護のためにいくつかの法規制をおいている。わが国のように成立の際に公的介入のほとんどない養子制度は，きわめて少ない。このことが虚偽養子縁組の原因となっている事実もあることは否定し得ない。

(2) 普通養子を成立させるには——要件

　養子縁組は届出が形式的要件である。この点は婚姻に類似しているので，届出については婚姻規定の準用となっている（799条，739条）。婚姻届の際は当事者に婚姻意思のない婚姻届は無効であった。養子も当事者の意思がなければ無効である（802条）。婚姻と大きく違うのは，当事者の一方が未成年者であるこ

とが多い点である。そこで本人が15歳以下の場合は法定代理人が代わって縁組を承諾する（代諾縁組；797条1項）。代諾権者は法定代理人と規定されているので，親権者・後見人である。しかし次のケースのような心配がある。

> 【ケース】 離婚する際双方とも子どもの引きとりを望んだが，結局母が子どもを引き取って現実に養育し，父が親権者になることに取決めをした。1年後父は再婚し，養育環境が整ったといって子どもの引取りを請求してきた。母は断固断ったが，今度は子どもと父の新しい配偶者との間で養子縁組が成立したとして引渡し請求をしてきた。母はこの養子縁組には反対であるが，親権者として父が代諾して養子縁組が成立したので，子どもを引き渡さなければならないだろうか。

　現実に子どもと日常生活をしている親が知らぬ間に養子縁組が成立すること自体不合理である。そこで昭和62年に，法定代理人の他に監護する立場のものがいる場合，その監護者の同意を得なければならない（797条2項）と法改正した。同意をとらずに行われた場合は，監護者から縁組の取消を請求することができる（806条の3）。

　養子の目的はさまざまであるが，親子関係である以上，形式的にも親子の形態と子を養育する実態を有している必要がある。そこで養親は成年であること（792条），尊属や年長者を養子にすることはできない（793条），後見人の立場にあるものが被後見人と縁組する際は，財産管理の立場が悪用されることがないように，家庭裁判所の許可を得ること（794条）と規定した。

　養子を得て養親となることは夫婦で行うべきものとして，従来わが国では配偶者ある者は，配偶者とともに縁組をするものとされていた。しかし養子縁組行為は本来個人の法律行為であるとして，昭和62年の改正で，夫婦のうちどちらかが単独で養親となりあるいは養子となることも可能となった。しかしたとえば夫だけが他人の養子となったとしても，妻も氏が変わるなどの影響を受ける。そこで他方配偶者の同意を要する（796条）とした。

　なお夫婦で未成年者を養子にするときは，配偶者とともに，夫婦そろって養親とならなければならない（795条）。これを「必要的夫婦共同縁組」ともいう。ただし次のケースのような場合は例外である。

> 【ケース】 離婚して未成年の子どもを引き取って暮らしていた女性と，独身男性とが結婚した。婚姻届は出したが，それでその男性と女性の子どもとが親子になれるわけではない。子どもから見れば「お母さんの新しい夫」にすぎない。夫から見れば「妻の連れ子」である。そこで法律的にも親子になろうとして養子縁組をすることにした。この場合も配偶者とともにしなければならないであろうか。

　配偶者のある者が，配偶者の子を養子とするのに，配偶者とともにしたのでは，上の場合妻は実の子と養子縁組をすることになってしまう。そこで法律は「ただし，配偶者の嫡出である子を養子とする場合……は，この限りではない」とした（795条ただし書き）。

　未成年者を養子とする場合には，家庭裁判所の許可を得なければならない。ただし自己または配偶者の直系卑属を養子とする場合は，家庭裁判所の許可は必要ではない（798条）。したがって上記【ケース】では届出のみで成立することになる。

(3) 無効取消し

　縁組の無効は婚姻の場合と同様，当事者間に縁組の意思がないときと，届出をしないときである（802条）。縁組意思といえるかどうかをめぐって，長年同居して家事や家業を手伝ってきた姪に，財産を相続させ，死後の供養を託するために，養子縁組をしたのに対し，当事者間にはかつて情交関係があったので，養親子関係を作ろうとする意思とはいえないとして無効が争われた事例で最高裁は，縁組を有効に成立させるに足る縁組意思は存在すると判示した（最判昭和46・10・22民集25巻7号985頁）。また次のケースも婚姻意思に関わる。

> 【ケース】 相続税対策として未成年者とその祖父との間で養子縁組をし，孫は引き続き親の元で養育を受けていたが祖父が死亡した。そこで実父は自らを後見人とするよう申立てをした。これに対し東京高裁はこの縁組が相続税を軽減させる便法としてたとしても，直ちにその養子縁組が無効となるものではないと判示した（東高平11・9・30）

　取消しは，縁組の成立要件である792条から798条の各条項に違反した場合（803条）と，詐欺脅迫による場合（808条）にのみ認められる。婚姻と同様，縁

組の効果は遡及しない（808条，748条）。

(4) 縁組の効果

養子は縁組の日から，養親の嫡出子たる身分を取得する（809条）。相続および扶養について，嫡出子としての権利義務関係が発生する。

氏については養親子同氏の原則により，養子は養親の氏を称することになる（810条）。ただし配偶者ある者が養子となった場合は夫婦同氏原則が優先する（同条ただし書き）。

養子縁組成立により，養親子間は当然，養子と養親の血族の間にも自然血族と同じ親族関係が発生する（727条）。しかし養子の血族と養親およびその血族との間には新しい法律関係が生じないことに注意しなければならない（⇒33頁絵図）。

住民票の記載変更の例

区　　　　　分	改正前	改正後
嫡出子	長男，二女等	子
特別養子	長男，二女等	子
養子	養子	子
嫡出でない子（世帯主である父に認知されている場合）	子	子
嫡出でない子（世帯主である父に認知されていない場合）	妻（未届）の子	同左
妻の連れ子（世帯主が夫である場合）	妻の長男，二女等	妻の子
夫の連れ子（世帯主が妻である場合）	夫の長男，二女等	夫の子
事実上の養子	縁故者	同左

(5) 縁組解消

縁組解消原因は，離縁と当事者の一方の死亡である。

離縁により養親子間の法定嫡出親子関係および養子と養親の血族との法定血族関係，縁組後に生じた親族関係は消滅する（729条）。

離縁とは養子縁組を終了させることで，婚姻の場合の離婚と同様，協議離縁と裁判離縁とがある。協議離縁は当事者間の協議により（811条1項），届け出

ることにより成立する。とくに注意すべきは養子が15歳未満の場合である。離縁後養子の法定代理人となるべき人が養子に代わって協議する（代諾離縁。同条2項）。養子の父母が離婚している場合は，協議でどちらかを，離縁後の親権者と決めなければならない（同条3項）。2項の法定代理人になる者がいない場合，3項の協議が調わない場合は，家庭裁判所の審判に付し，家裁が選任することになる（同条5項）。

養親が夫婦で，未成年者である養子と離縁する場合には，原則として夫婦ともに行わなければならない（811条の2）。

裁判離縁は，1. 悪意の遺棄，
　　　　　　2. 3年以上の生死不明，
　　　　　　3. その他縁組を継続し難い重大な事由がある場合，
に，訴えを提起することができる（814条1項）。しかし離婚のときと同様に，いっさいの事情を考慮しての離縁請求棄却条項がある（同条2項）。

もちろん調停前置主義で，調停・審判が先行することは離婚と同様である。また養子が15歳未満の場合は，訴えの当事者は811条によって養親と離縁の協議を行うことができる者である。

氏も婚姻と同様，離縁によって縁組前に戻る（816条1項）が，配偶者とともに養子をした養親の一方とのみ離縁をした場合は，復氏しない（同条同項ただし書き）。また婚氏続称と同じように，縁組時の氏を続称できる制度が昭和62年に新設された。それによれば縁組の日から7年すぎた後に離縁によって縁組前の氏に復した者は，離縁の日から3カ月以内に届け出ることで，離縁の時に称していた氏を称することができることになる（同条2項）。

養親子どちらかの死亡により，当事者間の関係は終了する。しかし死亡当事者の親族との間の法定血族関係は残る。縁組は当事者間に特有な関係として成立するが，効果が親族に派生的におよぶことで，問題発生の元となることもある。そこで昭和62年の改正で，生存当事者が家庭裁判所の許可を得ることで法定血族関係を終了させることができることとした（811条6項）。これを「死後離縁」ということもある。

COLUMN

諸外国の養子法

　わが国の養子法は，今なお家のための制度から脱却しえない部分を残している。裁判所の受件数では，未成年養子が養子届出数全体の一割にも満たない。しかし世界では戦争等による孤児収養の歴史的経緯から，欧米諸国のみならず，その他の貧富の格差の大きい国などでも，幼い孤児に暖かい家庭を与えることを目的とする未成年養子が中心となってきている。南米アルゼンチンでは1971年に「未成年者養子法」を制定し，その中には実親との関係を断絶するもの（完全養子）も，しないもの（単純養子）も含まれるが，いずれの場合も成人を養子とする場合よりも養親側の要件を厳格にし，子ども保護を徹底した法規を備えている（ただし現実には，その保護も得られないストリートチルドレンがたくさんいることも事実ではあるが）。

RESEARCH in DEPTH !

▶ 70歳の遠縁の女性の老後の世話をするために，妻65歳，夫71歳の夫婦がその女性と夫婦で養子縁組をすることとし，縁組届が受理された。しかし後に養親である70歳の女性より養子の1人が年長だとして，養親の親族が養子縁組の取消訴訟を提起した。どのように判断したらよいであろうか。

▶ 未成年の自己または配偶者の直系卑属を養子にする具体的な状況を考えてみよう。798条はなぜこの場合だけ家裁の許可を不要としたのであろうか。はたして妥当であろうか。検討しよう。

▶ 昭和62年の改正で，夫婦共同縁組について多くの部分が改正された。改正の根拠は何であったか，調べてみよう。

▶ 離縁は離婚と対比できる。財産的側面ではどうであろうか。財産分与に当たるものは考えられるであろうか。

2 特別養子

> 【ケース】 なかなか子どものできない田中夫婦は，あきらめて養子をもらうことにした。しかし養子であることがわかると本人も傷つくだろう，いじめを受けるかもしれないと考え，また自分たちもできるならばわが子として育てたいと思い，養子の事実がばれないように，生まれたばかりの赤ちゃんをどこかからもらってきて，わが子として出生届を出すことはできないものかと考えている。そういうことができるだろうか。どうしたらできるだろうか（⇨ COLUMN「赤ちゃん斡旋事件」）。

　親の保護に欠ける幼児を保護することが目的で，昭和62年に新設された養子制度が特別養子である。817条の次に，817条の2から817条の11まで，10カ条が追加された。

　わが国の普通養子がさまざまな目的で使われるのに対し，諸外国では養子は戦争孤児や捨て子の救済を中心と考えられている。「菊田医師事件」もきっかけの一つではあるが，新設特別養子制度の目的は，あくまでも保護を必要とする子どもを，実の子どもと同様，家庭的環境へ収養し保護することである。それだけに要件は厳格で，実方の血縁関係を切断する一方で，養方には原則として離縁も認めない。

(1) 要　件

　特別養子が成立するには，家庭裁判所の審判によらなければならない（817条の2）。審判は甲類事項で，審判官が関係者の陳述を聴いた後に確定する。

　養親となるものは，配偶者のある者で（817条の3），25歳以上でなければならない。ただし夫婦のどちらかが25歳以上であれば，他方は20歳に達していればよい（817条の4）。

　養子となるものは6歳未満でなければならない。ただし例外的に6歳になる前から養親に引き続いて監護されている場合（たとえば里子の場合など）は，8歳未満でもよい（817条の5）。

　特別養子は実方の血族関係を終了させるものである。そこで養子となるもの

の父母の同意が必要である。ただし父母が意思を表示することができないとき，または父母による虐待，悪意の遺棄その他養子となる者の利益を著しく害する事由がある場合は，同意は必要ない（817条の6）。

特別養子は父母の養育監護が著しく困難または不適当であるか，その他特別な事情がある場合に，子の利益のために特に必要がある時に認められるものである（要保護性。817条の7）。親のうちの一方の婚姻，再婚にともなって，いわゆる連れ子養子になる場合は，要保護性が問題である。

特別養子には〈ためしに育ててみる〉試験期間がついている。養親となる者が養子となる者を6カ月以上の期間監護し，その状況を考慮しなければならない（817条の8）。養親となる者の適格性があるか，養子との間で親子関係を確立していくことが可能か，等の判断がなされることになる。

(2) 効　　果

原則として特別養子にも普通養子に関する規定が適用される。そこで縁組の日から養親の嫡出子となる（809条）。養親の血族との間に，自然血族と同じ親族関係を持つ（727条）。養親の氏を称し（810条），養親の親権に服する（818条2項）ことも同じである。

しかし特別養子にだけ適用される法効果があり，これは明文規定が置かれている。最大の効果は養子と実方の父母および血族との関係が終了（817条の9）することである。わが国の養子法の歴史の中ではかつてない考え方である。この点で特別養子を「断絶養子」と称することもある。

縁組の審判が確定し，縁組届が提出されると，戸籍の編纂がなされる。戸籍の記載にあたっては，普通養子と異なり，実親との関係が戸籍から推定されることがないよう，工夫がされている。その手順は，ａ．養子の本籍地に，養親の氏で養子のみの単身戸籍（戸籍筆頭者は養子）を新しく作り（戸籍法20条の3），実親の戸籍から除籍させる（同法23条）。ｂ．その新戸籍から養親の戸籍に入籍させる（同法18条）。ここで先の単身戸籍は除籍簿につづられる。ｃ．養親の戸籍には，父母欄に「父母」として養父母の氏名，続柄欄には実子と同じく，「長男」とか「長女」などと記載される。養親に実子がおり，その子（長男）より

年長の子どもを特別養子とする場合，職権で長男の続柄を次男に直し（これを更正という），特別養子の子の欄には長男と書く。ｄ．特別養子である事実を示しておくことも必要なので，身分事項欄に「民法第817条の2による裁判確定」と書く（⇨資料「特別養子縁組届」）。

COLUMN

住民票の記載変更とプライバシーの尊重

　住民票の記載方法については，差別的であり，プライバシーの侵害にあたると，かつてより批判されていた。世帯主との「続柄」の欄に『子』とあれば，それだけで嫡出でない子であることが明らかとなるからである。さらに同じ嫡出の子でも，生まれた順に長男，二男……と書くことは序列をつけることで，とくに「長」という字はかつての家制度下の長男優先を思いおこさせるという批難もあった。

　とくに住民票は一定の手続を経ると，誰でもが他人のものを見ることが可能であったため，プライバシーの侵害がはなはだしいと，記載方法の修正が強く求められていた。

　そこで自治省は，1994年12月15日の通達で，1995年3月1日から，86頁の表のような記載方法にすることを決め，各都道府県にあてて通知をした。嫡出・非嫡出，養子（特別養子も含む）を問わず一律に『子』としたこと，嫡出子についても長幼性別の記載を行わないとした点が要点である。現在は電算化の推進とともに個人情報保護システムが改善されてきたが，情報漏泄の新たな問題も生じ，戸籍と同様住民票のあり方が問われている。

---

(3) 離　　　縁

　特別養子には原則として離縁はない（817条の10第2項）。特別な場合に限って，養子・実父母・検察官の請求により，家庭裁判所の審判によって離縁させることになる。その要件は養親による虐待，悪意の遺棄その他養子の利益を著しく害する事由があり，かつ実父母が相当の監護をすることができる場合で，かつ養子の利益のために必要があると認められるときである（817条の10）。

離縁によって養子と養親およびその血族との親族関係は終了する。一方で実親およびその血族との間に，離縁の日から，特別養子縁組によって終了した親族関係と同一の親族関係を生ずる（817条の11）。氏は特別養子縁組前の氏であり，戸籍は縁組前の，単身戸籍に移る前の戸籍に復籍する。

COLUMN

赤ちゃん斡旋事件

　妊娠中絶を希望する女性に多く接してきた宮城県の産婦人科医，菊田昇氏は，中絶で生きた命を殺すことを防ぐにはどうしたらよいかと悩み，生まれたばかりの赤ちゃんを他人の実の子として届け出ることに手を貸すことにした。

　戸籍に子どもを生んだ事実を載せたくない女性がいる一方で，子どもが欲しいのに子宝に恵まれず，養子でもいいができることなら実の子として育てたいと願っている夫婦もいる。子どもの命を救うには，この両者を斡旋するしかないとして，新聞にわが子として赤ちゃんを育てる人募集という広告を出したのである。

　いうまでもなく菊田医師の行為は，虚偽出生証明書の作成と虚偽出生届に関わることで，不法であり，犯罪でもある。これが「赤ちゃん斡旋事件」とか，「菊田医師事件」と呼ばれる事件である。しかし菊田医師の意図したことには賛同する人が多く，これをきっかけに，養子を戸籍に実子と同じように記載する，いわゆる「実子特例法」の創設が検討され，昭和62年に「特別養子制度」として立法化されることとなった。

RESEARCH in DEPTH !

▶普通養子と特別養子につき，成立要件，効果のそれぞれの側面を比較してみよう。

▶父母の虐待の事実が明らかとなり，児童福祉施設に収養されていた幼児を特別養子にする場合，父母の同意を得る必要があるだろうか。「817条の6」の同意を要しない場合とは，現実にはどんな場合が考えられるだろうか。

▶認知されていない非嫡出子が他の夫婦の特別養子となった後に，血縁上の父からの認知をすること，およびこの父に対し認知請求をすることは，

許されるであろうか。
▶特別養子縁組をした養子が養父母に対して暴力をふるうので，養父母は家裁に離縁の請求をしたいと考えている。できるであろうか。

> **THEME**
>
> ## 親　　権
>
> 1　親権原理と当事者
> 2　親権の内容

1　親権原理と当事者

　成年に達しない子，つまり未成年者は親権に服する。「家」制度の旧法下では，親権は家長の支配権であったが，現行法下では未成年の子の保護・育成のための親の義務と解されている。親の虐待などが社会問題化している昨今，親権の意義の徹底が課題となっている。

(1)　親権の当事者

　親権に服する子は未成年者（818条1項）だけである。親から独立し自律して生活していても，未成年であるかぎり親権に服する。個々の成熟度や個性ではなく，一律に年齢で規制する。婚姻した場合は成年に達したとみなされる（成年擬制）ので，親権には服さない。

　親権者となるべき者は，嫡出子については父母である。父母が婚姻中は共同して行使する（818条1項，3項）。父母の婚姻が解消された場合は父母のどちらかの単独親権になる。父母の一方の死亡や失踪宣告を受けたときは，他の一方が親権者となるが，離婚したときは当然には決まらないので，協議離婚であれば協議で定め（819条1項），裁判離婚であれば裁判所が定める（同条2項）とした。

　子の出生前に父母が離婚した場合は母の単独親権となるが，出生後に協議で父の単独親権とすることもできる（同条3項）。非嫡出子については母の単独親権に服する。ただし父が認知した後，父母が協議で父を親権者と定めたときは，父が親権者となる（同条4項）。

　いずれにしても協議で決まらないとき，協議することができないときは，家

庭裁判所が協議に代わる審判をする（同条5項）。

養子は養親の親権に服する(818条2項)。養父母の一方が死亡したときは他方の単独親権となる。養父母双方が死亡したときについては規定がない。実親の親権が復活するか，親権者なしとして後見が開始するかで意見の分かれるところであるが，判例は後見開始としている。養父母と離縁したときは，実父母の親権が回復する。

このほか親権を行う者として，児童福祉施設に入所中の児童の親権を行う者または後見人がいない場合，児童福祉法にもとづき，福祉施設の長が親権を行うことになる（児童福祉法47条）。

(2) 親権者変更

単独親権の場合，子の利益のために必要があるときは，家庭裁判所は子の親族の請求によって，親権者を他の一方に変更することができる（819条6項）。

親権変更は家庭裁判所の審判事項（前提として調停）である（家事審判法9条1項乙類7号）。単独親権者が死亡した場合，生存親が親権を行使することが当該未成年の福祉に沿うときは，819条6項を準用して親権者の変更をなすことができ，これは後見人が選任された後であっても同様であるとする判決がある（⇨下図）。

```
─── 親権者変更の例 ─────────────────────────
 1) 父母離婚──父親権行使──家裁の調停・審判⇒母に変更（可）
 2) 父母離婚──父親権行使──父再婚・子と父の妻養子縁組
                        （＝実父と養母の共同親権）
    ⇒実母からの変更申立の可否は？
      ⎛できないとする説が多いが実母に親権者変更をさせない⎞
      ⎝ための養子縁組もありうるので，できるとすることも可能⎠
 3) 母の単独親権──母死亡──後見開始とする考え方
                     └─生存親に変更とする考え方（★）
   ★名古屋高裁金沢支決昭和52・3・23家裁月報29巻8号33頁
```

養子縁組意思の項（85頁）で前述したケースは，親権者変更の事案であった。再度紹介すると，相続税節税のため実両親と暮らしている子を，戸籍上祖父の養子とし，子は引き続き親と暮らしている状況で祖父が死亡したというもので

ある。養親死亡後実親の親権復活か，それとも後見申立てが可能となるのかが争われた。

未成年者の実父は親権者が死亡したとして後見人選任の申立てをしたところ，原審は，本件養子縁組自体が無効であり，未成年者は実父母の親権に服しているから，後見人選任の必要はないとして選任の申立てを却下した。

実父が即時抗告したところ東京高裁は，相続税対策の目的に出た養子縁組も有効である。養父（＝祖父）の死亡により戸籍上親権者がいない状態となり，未成年者の監護等に重大な支障が生ずるからである。家事審判規則には，後見人選任却下の審判に対する即時抗告を認める規定ないが，即時抗告を適法なものとして救済すべきであると決定した（東京高裁決定平成11・9・30）。

実両親が現実の親権行使を行なってきた経緯から考えると，疑問の残る決定である。

COLUMN

「親権・監護権は妻」が増加

　親権者の決定は，協議がととのわないかぎり，裁判所が定める。かつて親権は圧倒的に夫の手に委ねられていたが，1970年代頃から妻が親権を行うケースが増加し，現在は，「妻が全児の親権を行うもの」が大半になっている。この背景には，子は家のもの，とする観念がうすれ，他方，女性の経済的地位の高まりがあることが予測できる。

　しかし他方で，子を引き取り監護する女性に対する社会保障（母子家庭の生活保護等）の必要性が問われる社会現象も発生している。離婚した夫の養育義務履行の強化とともに，子を持つ女性の労働市場の確保，社会的養育施設の充実等，多角的解決を必要としている。

2　親権の内容

(1)　親権の効力——身上監護

　親権の内容は，子の監護教育をする権利義務である（820条）。監護とは身体の保護育成を図ること，教育とは精神の発達を促すことであるが，両者を厳密

に区別することは不可能なので，要は未成年の子の心身の健全な発達に配慮することである。

　監護教育の権利義務と規定されているが，現実には不当な行使，あるいは不履行が親権濫用として親権剥奪となる場合もあり，義務と解すべきである。なお就学させる義務（教育基本法4条1項，学校教育法22条）等の規制が加わるのも義務たるゆえんであり，親権の恣意的行使は許されない。

　監護教育の具体的例として，居所指定権，懲戒権，職業許可権，財産管理権と代理権が列挙されている。前三者をまとめて身上監護とし，財産管理とは区別する考え方もあるが，判然と区別されているわけではない。ここでは便宜上財産管理のみ別の項として考える。

①　居所指定

　子は親権を行う者が指定した場所に，その居所を定めなければならない（821条）。子の義務として規定されていることから，意思能力のある未成年の子を対象としている。しかし意思能力のある子が自分の意思で親権者の指定に従わない場合，履行強制は許されない。

　意思能力のない子の場合は，本人自らの行為ではなく，第三者による行為に対する妨害排除請求あるいは引渡し請求があり得る。この場合は通常裁判所の民事訴訟で行われる場合もあり，また家裁の審判で行われる場合もある。第三者の行為が不法である場合には，とくに間接強制も許される。

　しかし子の引渡しで最も多いのは，夫婦間の子の奪い合いである。離婚自体については協議が調っていても，双方が親権を主張して譲らない場合，家庭裁判所は子どもの利益の観点から，子どもにとってよりよい状況の一方を，親権者と定める。通常親権者と監護者が同一であることが望ましいが，場合によっては親権と監護権を夫婦双方が分け持つこともあり得る。この場合親権者が親権にもとづく居所指定権を根拠として，監護者の意に反して子を取り戻すことはできない。

　親権者決定のための調停・審判が長引く間に別居している夫婦間で子の奪い合いがあったり，家裁の決定後，非親権者側から親権者変更の申立てがあるこ

ともある。家庭裁判所の処理にも当然時間がかかることもある。

そこで子の引渡しに迅速かつ強力な手段として，人身保護法が適用され得ることが判例で示されてからは，夫婦間の子の奪い合いをめぐって人身保護法での解決をはかられることが多くなった。

しかし本来人身保護法は，こうした目的のための法律ではない。強力な手段であるだけに，紛争を深刻化させることにもなっている。安易な人身保護法の適用に警告をならした判決がある。内容をのぞいてみよう。

> 【ケース】　3歳と4歳の子ども2人を夫の元に残して別居した妻が，人身保護法にもとづいて子の引渡しを請求した事件である。子どもたちは夫とその両親（子どもたちの祖父母）によって養育されていた。高裁では，幼児の場合特段の事情がないかぎり，父親よりも母親の監護養育の方が子の福祉に適うと判断したが，最高裁は人身保護法の解釈に誤りがあるとして，破棄差戻しとした。

判決理由の中で，人身保護法で請求するためには，正当な手続によらない拘束があり，その拘束が無権限であることが明らかでなければならない（人身保護規則4条）が，本件で無権限の拘束が明らかというためには，拘束者（夫とその両親）が子の2人の幼児を監護することが子の幸福に反することが明白であることを要すると述べた。

さらに判事の補足意見として次のような見解が示された。そもそも別居中の夫婦の，幼児の監護権をめぐる紛争は，本来家庭裁判所の専属的守備範囲に属するもので，家事審判の制度はこのような問題のためにこそ存在する。（本件の場合のように）幼児が安全か危険かに関わりなく，監護保育に緊急の問題が存在しないのに，昭和55年に改正された「審判前の保全処分」も活用せずに，通常の訴訟とは異なる非常事態の応急的救済方法である人身保護を必要とする理由はない（最判平成5・10・19民集47巻8号5099頁）というものであった。

紛争とはいえわが子の処遇をめぐる問題で人身保護訴訟とは大仰な，と感じていた一般人の感覚をも納得させる見解である。なお同判決で言及されているように昭和55年の家事審判法の一部改正で，執行力ある審判前の保全処分制度が新設された（家事審判法15条の3）。これにより，子の監護に関する審判の申

立てがあった場合，強制執行の保全や関係者の急迫の危険を防止する必要があるとき，家庭裁判所は申立てにより仮差押え，仮処分その他の必要な保全処分を命ずることができることになった（⇨家事審判規則52条の２）。

② **懲　戒　権**

　親権を行う者は，必要な範囲内で自らその子を懲戒し，または家庭裁判所の許可を得て子を懲戒場に入れることができる（822条）。親は子どもを社会人として成長するのに必要な善悪を教える義務があり，そのために場合によっては厳しくいさめる必要もある。いわゆる「しつけ」である。

　しつけ自体は親の社会的義務であるが，その手段の確保としてとして法律は懲戒権を定め，822条に懲戒場の規定を設けた。しかし実は親権者の申請により入所できる懲戒をする場所は，現在存在しない（児童擁護施設などの現存施設は親権者の申請によるものではない）。

　懲戒が相当の範囲を越えた場合は，懲戒権の濫用として，親権喪失（834条）の原因となる。さらに傷害や暴行の罪になることもあり，18歳未満の子どもへの虐待行為は，児童福祉法28条によって，子どもを親から引き離し，里親などに委託し，あるいは養護施設に入所させることもある。

　しかし問題は懲戒の範囲と濫用の区別である。一律には決し得ない性質のものであり，むしろ懲戒権規定の存在が濫用に抗弁を与えていることを考えると，懲戒権を法律が定めていることに問題があるとも考えられる。懲戒権規定の削除をも含めて，子どもへの虐待問題を論ずるべきである。

　なお近年，親等の保護者による児童虐待が問題となり，平成12年には「児童虐待の防止等に関する法律」が施行された。要保護児童の施設への入所に際しては，家庭裁判所は都道府県（児童相談所長）から指導措置の内容等を聴取することが定められており（児福法28条），司法と地方行政との連携の強化がはかられている。ちなみに一時保護中の児童を家庭に戻すか，施設への入所を承認するかにつき，家庭での親による監護が児童の福祉を著しく害すると判断された審判例が増加している。

③　職業許可権

子は親権を行う者の許可がなければ，職業を営むことができない。ここでいう職業とは民法6条や商法5条，6条の営業よりも広く，他人に雇われて働くことを含む。また未成年者がその営業に耐えられないことがわかったときには，親権者は営業の許可を取り消し，あるいは制限することができる（823条2項，6条2項）。

(2)　財産管理権

①　親権者の代理権

親権を行う者は，子の財産を管理し，その財産に関する法律行為について子を代表する（824条本文）。この場合の管理には，財産の保存・利用さらには処分も含まれる。子どもの財産を売却する，子どもの名で債務を負担するなどもできる。

親権者が管理行為を行うときには，自己のためにするのと同一の注意義務を負う（727条）。後見人（後述）の場合に善良なる管理者の注意義務が必要である（869条，644条）ことに比してみても，注意義務が軽減されている。もしこの注意義務を怠って子どもの財産を危うくした場合には，家庭裁判所の宣告によって管理権を失う（835条）。

子が成年に達したときには，遅滞なくその管理の計算をしなければならない（管理計算義務；828条）。子の財産から収益がある場合，子の養育および財産管理の費用に充てることができ，これらの費用は子の財産から生じた収益と相殺したとみなされる（828ただし書き）。

親権者は子の財産に関する法律行為について，子を代表する（824条）。代表するとは子の財産上の地位を代行することで，すなわち代理である。ただし子に意思能力があるときには，民法総則の規定どおり，親権者は同意を与えて法律行為をさせることができる（4条）のは当然である。

親権者がこの代理権を濫用した場合は，93条ただし書きの類推適用があり，相手方が濫用の事実があることを知っていたか，知ることができる状態であったなら，行為の効果は子に及ばないとする判例がある（最判平成4・12・10判時

1445号139頁)。

父母の共同親権の場合に，一方が共同名義でした代理行為，または子の行為の同意について，父母の他方が知らなかった，あるいは反対であったとしても，相手が善意であれば有効である (825条)。

② 利益相反行為＝代理権の制限

親権者の代理行為が制限されるのは，利益相反（親権者と子との利益が相反すること）の二つの場合である。

第1は，親権を行う父または母とその子と利益が反する場合であり，この場合親権者は家庭裁判所に特別代理人の選任を請求しなければならない (826条1項)。第2は，親権に服する子が数人いて，その1人と他の子との利益が相反する場合であり，この場合は一方のために同様に特別代理人の選任を請求しなければならない（同条2項）。

特別代理人を選任しなければならない場合に選任せずに，親権者自ら行った行為は，無権代理行為となる。したがって113条により，本人が追認しないかぎり本人に効力が生じない。

どんな行為が利益相反する行為にあたるかが問題である。判例は行為そのものによって判断すべきであり，意図や動機などは判断基準にならないとしている。

利益相反にあたるとされたものは，親権者が子を自分の債務の連帯保証人とし，自分の債務のために子の財産に抵当権を設定する行為，子の債権を親権者に譲渡する行為，親権者が数人の子を代理して遺産分割協議をする場合などである。また子が数人いる場合に，一部の子についてだけ相続放棄することも，該当するとされた。

他方利益相反にあたらないとされたものは，親権者が自分が使う意図で子の名義で借金をし，子の不動産に根抵当を設定したり第三者の債務の担保にしたりする行為であり，いずれも外形上は親権者の利益が第三者に見えない状態である。

以上の判例の立場は，確かに取引の相手方保護にはなるが，親権者が自分の

動機や目的を隠して子どものためであるかのごとく装うと，親権に服する子の財産の保護を図ることはできなくなる。また逆に，子のために親権者名義で行う行為は利益相反となってしまう。

　こうしたことから，学説では行為の目的などを実質的に判断して決すべきとする意見もあるが，それでは取引の相手方である第三者に不当な損害を与えることにもなる。親権濫用の項で，前述の平成4年最高裁判決が，93条ただし書きを類推適用したことは，ここでも意義を持つことになろう。

(3)　親権・管理権喪失
①　親　権　喪　失

　親権が消滅する原因は，子の死亡は当然として，その他に婚姻と成年に達した場合がある。それ以外は原則として親権者自ら辞退することは認められていない。法定の理由に該当する事実がある場合には，子の利益にかんがみて親権者としてふさわしくない場合であるから，家庭裁判所が親権の喪失を宣告する。

　父または母が親権を濫用し，または著しく不行跡であるときは，家庭裁判所は子の親族または検察官の請求によって，その親権の喪失を宣告することができる（835条）。そもそも親権制度が子の保護育成を図るものであるから，親権喪失も子の利益を基準に判断されなければならない。親権濫用も不行跡も，そのことによって子の福祉が害されるかどうかが基準となる。

　共同親権者の一方に親権喪失の宣告があれば，他方の単独親権となり，単独親権の場合に親権喪失の宣告があれば，後見が開始する（838条1項）。

　親権を喪失しても，父母としての地位にもとづく権利義務は失わず，扶養義務や相続権は影響を受けない。また未成年の子の婚姻や特別養子縁組に同意する親としての権利も失わない。

　親権喪失の原因となった行為もしくは事由がなくなったとき，本人または親族の請求により，失権の宣告を取り消すことができる（836条）。

②　管理権喪失

　親権を行う父または母が，管理が失当であったことによってその子の財産を危うくしたときは，家庭裁判所は，子の親族または検察官の請求によって，そ

の管理権の喪失を宣告することができる（835条）。この場合喪失するのは管理権だけであり，財産管理以外の親権は継続する。この管理権喪失宣告によって子の財産を管理する者がなくなるときは，管理権のみを行使する後見人が選任される（838条1号）。

親権者が破産宣告を受けた場合は管理権喪失原因となる（破産法68条。東京高決平成2・9・17家裁月報43巻2号140頁）。

親権者が子が受取人となって支払われた生命保険金を消費したとして親権喪失の申立てがあったものの，親権濫用は認められないとして，管理権の喪失が宣告された審判例（長崎家裁佐世保支審昭和59・3・30家裁月報37巻1号124頁）がある。

管理権喪失の原因がなくなったときには，家庭裁判所は本人または親族の請求により，失権の宣告を取り消すことができる（836条）。

③ 親権・管理権の辞任・回復

上記のように親権は子どものための制度であり，親権者が自由に着任，辞任しうるものではない。しかしやむを得ない事情がある場合は，むしろ辞任が子の福祉に適う場合もある。そこでやむを得ない事由がある場合に限り，家庭裁判所の許可を得て，親権または管理権を辞することができるとした（837条1項）。

やむを得ない事由がなくなったときは，家庭裁判所の許可を得て親権・管理権を回復することができる（837条）。

なお家庭裁判所の許可は審判であり，審判の結果は戸籍吏に届け出なければならない（戸籍法79条，80条）。

COLUMN

「親権者」と「親権を行う者」

条文では「父母が協議上の離婚をするときは，その協議で，その一方を親権者と定めなければならない。」（819条）とあり，また「親権を行う者は，子の監護及び教育をする権利を有し，義務を負う。」（820条）とある。「親権者」と「親権を行う者」とは違う概念だろうか。

離婚後の親権者の決定は，親権者となりうる父母のうちのどちらかである。そこでこの「親権者となりうる資格を持つ者」を親権者と称することも可能である。
　しかし「その一方を親権者と定める」や，親権者の変更（819条6項）の文言から，親権者とは親権を行う者をいうと解すべきである。
　ただし親権の有無と監護教育費用の負担とは別個である。離婚後親権を行使しない親にも費用分担の義務があるのは，血族上の親としての義務（877条1項）である。

悪魔ちゃん事件──〈命名権も親権行使に入るか〉
東京家裁八王子支審平成6・1・31判時1486号56頁
　長男の名前を「悪魔」として提出された出生届をいったんは受理した東京都のA市役所は，その後子の名欄を誤記を理由に抹消手続をし，届出者に「名欄」の追加をするよう催告書を出した。そこで届出者は市（市長）のとった措置は違法として家裁に審判を申し立てた。
　これに対し東京家裁八王子支部は，悪魔という名前が将来いじめの対象となり，本人の社会不適応を引き起こす可能性も考えられるとき，悪魔の名は本人の立場になってみると命名権の濫用で，戸籍管掌者が他の名前にするよう示唆し，なおこれに従わず受理を求めるときには，不適法として受理を許否してもやむを得ないとした。
　命名権も親権の一部か否かは直接は論じられていないが，子どもの健全な発育を助長することが親権の基本にあることを考えれば，社会通念に照らして子の不利益にならないように命名することが親権の内容と考えるべきであろう。

RESEARCH in DEPTH！

▶養親の一方が死亡して単独親権者となった者と離縁した。この場合実父母の親権が復活するか，後見が開始するか，どちらであろうか。死亡した養親との間で死後離縁がなされていたらどうなるであろうか。
▶親が親権にもとづき子どもに教育を受けさせることと，憲法26条の子どもに教育を受けさせる義務との関係を考えよう。
▶親権者の代理権は，身分行為にも及ぶであろうか。

Ⅳ 後 見

> **THEME**
>
> 後 見 制 度
>
> 1 未成年後見
> 2 成年後見制度
> 3 任 意 後 見

　従来能力補充の制度として，未成年者に親権者がいないかもしくは親権行使ができないときのための未成年後見制度と，精神的能力を喪失もしくは減退した病者を対象にした禁治産制度とがあり，両者を合わせて「後見」（民法838条以下）として規定されていたが，2000年4月より禁治産制度に代えて成年後見制度が施行されることになった。　成年後見制度は知的能力の減退した高齢者だけではなく，知的障害を持つ人を広く保護対象とし，本人の能力を否定して保護するのではなく，できるかぎり本人の能力を活用し，補充的に後見するもので，能力の程度などにより，三つの類型を用意し，自己決定権の尊重，ノーマライゼーションなどを理念としている。

　さらに将来の能力減退に合わせて，事前に後見を委託する「任意後見制度」も新設された。形式上は特別法（「任意後見契約に関する法律」）ではあるが，本来は自己決定の理念から，後見制度の中心に位置すべきものである。

　親族編での規定様式も変化している。これまでは後見開始原因として未成年と禁治産とを併置し，それぞれの要件の他，両者に共通する，後見人の資格，後見監督人，後見事務の内容，終了原因などが順次規定されていたが，改正法

では未成年後見についての規定（838〜842, 848, 849, 857, 867, 872条），成年後見についての規定（843, 849条の2, 858, 859条の2, 859条の3），単に後見とのみ規定するもの，新設の保佐および補助に関する規定（876〜876条の10）とに分けている。後見とのみあるものは，未成年，成年の両者に適用されるものである（ここでは成年後見の項で説明する）。

　未成年後見に関する条文の改正は，従来後見と欠かれていた部分を未成年後見と書き換えたものであり，実質的変更ではない。なお諸外国では成年後見の改正，新設に合わせ，未成年後見も実質的見直しに着手している国があり，わが国も検討を要する。

1　未成年後見

　未成年者に親権者がいないとき，または親権者が財産管理権を有しないときに開始し（838条1号），後見人は以下の二つの方法で決定される。その1は最後に親権を行う者が，遺言で指定する，指定後見人である。ただし管理権（824条）を持たない者は指定できないので，父母による共同親権の場合において，一方が管理権を持たない場合は，他方が指定できる（839条）。

　その2は後見人が指定されなかった場合，または欠けた場合に，家庭裁判所が選任する選定後見人である。親族その他の利害関係人の他に，未成年者本人にも請求権を与えている（840条）。

　親権を行使していた父または母が，親権もしくは管理権を辞し，または失ったことで後見人を選任する必要が生じたときは，遅滞なく家庭裁判所に請求しなければならない（841条）。新設成年後見では複数後見人制を導入したが，未成年後見人は従来どおり，1人だけである（842条；⇨COLUMN「未成年後見に後見人2名が従事した場合の効力」，表「禁治産制度と成年後見制度の比較」118頁）。

　辞任，解任，欠格については成年後見と同じである（⇨成年後見の項，114頁）。

　未成年後見監督人についても，従来どおり後見人を指定しうる者が，遺言で指定することができ（848条），この指定がない場合，必要があれば，家庭裁判所は未成年被後見人自身，その親族もしくは未成年後見人の請求によって，ま

たは職権で，監督人を選任することができる（849条）。
　未成年後見人の事務は，原則として親権者の権利義務と同一である。監護教育，居所指定，懲戒，職業許可についての権利義務を負う。ただし後見監督人がついている場合は，以下の一定の事由については，後見監督人の同意を得なければならない。

1. 親権者が定めた教育の方針および居所を変更すること。
2. 懲戒場に入れること（ただし現実性のない条文であることにつき80頁参照）。
3. 営業を許可し，その許可を取り消し，または営業を制限すること。

　未成年後見人の財産管理上の事務については成年後見の項で扱う。

COLUMN

未成年後見に後見人2名が従事した場合の効力

　＜背景にある問題点＞
　成年後見法は複数後見人が可能となった（859条の2）が，未成年後見は意思の統一，責任帰属の不明確化を避ける等の理由で1人のみである（842条）。
　そこで知的障害を持つ未成年者が後見開始の審判を受けたとき，未成年後見人と成年後見人の並存がありうるかという問題が生ずる余地がある。
　なお842条に反して事実上2人の後見人が財産の管理をしてきたが，本人が成年に達した後，後見人のなした行為を無権代理として効力を否定できるかが争われた事案がある。
　養親たる祖父が死亡した後，孫が養親から相続した土地を実父母2名が子の法定代理人として売買したものである。最高裁は以下のように判示した。
　「2名以上のものが後見人として未成年者を代理してした法律行為は，無権代理に該当し，本人が成人に達した後追認しない限り無効である。しかし本件で実父母両名の関与により子の利益が損なわれたわけではなく，子も両名が財産管理をしてきたことを，成年に達した後，事実上承認していたなどの事情があるときは，両名がした無権代理行為の追認を

> 拒絶することは，信義則上許されない（最判平成3・3・22判時1384号49頁）。

2　成年後見制度

　改正法は成年後見にのみ適用される条項が従来よりも増加している。これまでと比較して要保護者の類型が細分化され，能力の必要性と程度に応じて選択しうるようになったからである。

　新成年後見制度は従来の禁治産と準禁治産に代え，後見・保佐・補助の3類型をもうけた。とくに新設の補助の制度は，本人（被補助人）の意思が重視され，開始の審判にも，また代理権付与にも本人の同意を必要としている。

(1)　成年後見（狭義）

①　後見人の選任

　成年後見は，ほぼ従来の禁治産に相当し，精神上の障害により事理を弁識する能力を欠く常況にある者（8条）に対し，審判により開始する（838条2項）。審判において家庭裁判所は職権で，成年後見人を選任する。

　成年後見人は1人とは限らない。すでに選任されていてもさらに必要がある場合，あるいは本人，親族，その他の利害関係人，成年後見人の請求により，選任することができる（843条2項，3項）。法文上は「成年被後見人」と記されている本人が，後見人の選任に際して意思を表明できることは，自己決定権尊重の表れである。

　改正前は後見人は1人でなければならなかった（旧843条）が，改正後は複数後見人が可能となった。その趣旨は，後見人の任務が財産管理だけではなく，本人の身上に配慮する義務（858条）にも及んでいることから，例えば財産管理のみを司法書士に託し，身上看護面を家族が行なうなど，後見人間で任務の分配をする必要性も配慮したものである。

　成年後見人を選任するには，本人の心身の状態，生活および財産の状況，後見人となる者の職業，経歴，本人との利害関係の有無，本人の意見，その他いっ

さいの事情を考慮しなければならない（843条4項）。とくに法人が後見人となりうることも明文化されており，その際にはその法人の事業の種類および内容，法人およびその代表者と本人との利害関係の有無なども，考慮事項である。

禁治産制度と異なり高齢社会に対応するため，夫婦の一方が保護を要する状態では，他方も高齢となっていることが多い現実から，配偶者法定（必要的）後見制度を廃止した。もちろん配偶者が適任者である場合には，後見人となりうる。

② **後見人の辞任・解任・欠格**

後見人は正当な事由があるときは家庭裁判所の許可（審判）を経て，辞任することができる（844条）。その際あらたに後見人を選任する必要が生じたときは，家庭裁判所に選任を請求しなければならない（845条）。

後見人に不正な行為，著しい不行跡，その他後見の任務に適しない事由があるときは，家庭裁判所は，後見監督人，本人，もしくは親族あるいは検察官の請求によって，または職権で，後見人を解任することができる（846条）。

後見人になることができない者（欠格事由）は以下の通りである。

1. 未成年者。 2. 家庭裁判所で法定代理人，保佐人，補助人となることを免ぜられた者。 3. 破産者。 4. 被後見人に対して訴訟をし，またはした者，およびその配偶者ならびに直系血族。 5. 行方の知れない者。

③ **後見監督人**

家庭裁判所は，本人，その親族もしくは成年後見人の請求により，または職権により，必要があると認めたときは，成年後見監督人を選任することができる（849条の2）。

後見監督人の欠格事由は，そもそも後見人を監督する職務である以上，後見人となり得ない者（846条，852条）のほか，後見人の配偶者，直系血族および兄弟姉妹である（850条）。

後見監督人の職務は，後見人の監督（851条1号）のほか，後見人が欠けた場合，遅滞なくその選任を家庭裁判所に請求すること（同条2号），急迫の事情がある場合に，必要な処分をすること（同条3号），後見人と被後見人（本人）と

の利益が相反する場合に，被後見人を代表すること（同条4号）である。

成年後見監督人の主たる職務は，後見人の監督であるから，家庭裁判所が職権でも選任できるとした点は，本人保護の要請によるものである。しかしさらに本人保護の理念を追求するならば，監督人の設置を必要的措置とすべきか否か，人員の確保，費用の問題などとあわせ，今後の課題である。

④ **後見人の事務**

第1の仕事は財産管理である。まずは被後見人の財産の調査（1カ月以内）をし，目録の調整（853条1項）をしなければならないが，後見監督人がいる場合は，監督人の立ち会いのもとで行わなければ効力がない（同条2項）。本来目録調整が終わらないうちは，後見人の事務を開始するわけにはいかないが，緊急の場合はやむをえないので，「急迫の必要がある行為」はなし得るものとし，ただし善意の第三者に対抗しえないとした（854条）。

後見人が被後見人に対し，債権債務を持っている場合は，後見監督人があれば，申し出なければならない。債権を持っていることを知りながら申し出なかった場合は，その債権を失う（855条）。被後見人が相続，包括遺贈などで財産を取得した場合も，後見事務開始に至る財産調査，目録調整に関する853条から855条の規定が適用される（856条）。

実質的に後見事務が開始すると，後見人は被後見人の財産を管理し，財産に関する法律行為について被後見人を代表することになる（859条）。利益相反行為については親権規定が準用される（860条）。

被後見人の生活費等および財産管理のためにかかる費用をあらかじめ予定しなければならず，さらに後見事務のために必要な費用は被後見人の財産の中から支弁すること（861条）が明文化された。誰もが適切な後見人を見出せるとは言い難いことから，862条の報酬の規定と相まって，後見人確保に利する改正と考えられる。

成年後見人の職務の遂行においては，成年被後見人の生活，療養看護及び財産の管理につき成年被後見人の意思を尊重し，その心身の状態及び生活の状況に配慮しなければならない（858条）と規定する。同条の「療養看護」の意味に

ついては，後見人に現実の介護行為を行うことを指しているのではない。後見人には介護行為の法的義務はないと解釈すべきである（もちろん介護行為をしてはならないということではない）。

複数後見人がいる場合，家庭裁判所は職権で，数人の成年後見人が，共同して，又は事務を分掌して，その権限を行使するようにした（859条の2）。家庭裁判所は職権でこれを取り消すことができ（同条2項），第三者の意思表示は，その1人に対してすれば足りる（同条3項）。

居住用不動産（建物又はその敷地）の処分については売却，賃貸，賃貸借の解除又は抵当権の設定その他これらに準ずる処分をする際には，家庭裁判所の許可を得なければならない（859条の3）とした。

居住用不動産の処分には特別の配慮が必要であり，諸外国でも（たとえばフランス，ドイツなど）同様の処置がなされている。

⑤ 後見事務の監督

後見事務の監督については，未成年，成年ともに適用される条文に規定されている。「後見監督人又は家庭裁判所は，いつでも，後見人に対し後見の事務の報告もしくは財産の目録の提出を求め，又は後見の事務もしくは被後見人の財産の状況を調整することができる」（863条1項）。

さらに「家庭裁判所は，後見監督人，被後見人，もしくはその親族その他の利害関係人の請求によって，または職権で，被後見人の財産の管理その他後見人の事務について必要な処分を命ずることができる」（863条2項）とされる。

(2) 保　　　佐
① 保佐の開始と保佐人

保佐の制度は「精神上の障害により事理を弁識する能力が著しく不十分な者」（11条）に対する保護の制度として新設された。かつては準禁治産制度として「心神耗弱者及ヒ浪費者ハ準禁治産者トシテ之ニ保佐人ヲ附スルコトヲ得」（旧11条）とされていたところを，準禁治産の用語と概念を改正すると同時に，心神耗弱の用語も障害者保護の現状に合わないとして，新設条文となった（⇒COLUMN「心神喪失・心神耗弱（コウジャク）はなぜ使われなかったか」）。

浪費者であることを開始要件からはずしたことも特質ではあるが，浪費行動が保佐制度の保護の対象となる程度の障害から発生しているものであれば，申立事由となりうる。

保佐は保佐開始の審判によって開始する（876条）。保佐人は保佐開始の審判の時に，職権で選任される（876条の2第1項）。保佐人の選任，辞任，解任，欠格については，後見人の規定（843条2項～4項，844条から847条）が準用される（876条の2第2項）。保佐監督人についても同様である（876条の3）。

② **保佐人の代理権**

保佐人は家庭裁判所の審判によって，特定の法律行為について被保佐人を代理する権限が与えられる（876条の4第1項）。しかし本人以外の請求によって代理権が付与される場合は，本人保護の観点から，本人の同意がなければならない（同条2項）。

本人の自己決定権尊重については，保佐人は本人の意思を尊重し，かつ心身の状態や生活の状況に配慮しなければならないとして，保佐人の職務についての明文をおいた（876条の5第1項）。

(3) **補　助**

従来の禁治産・準禁治産制度は，基本的に重程度か，それに準ずる程度の障害者を対象とするものであった。しかし現実にはそれほど重い障害ではなく，日常生活には支障がないけれども，たとえば取引行為や，介護契約を締結するなどの法律行為では保護や援助を受けることを希望している人がいる。

そうした場合の措置として新設されたのが「補助」制度である。補助の対象となるのは「精神上の障害により事理を弁識する能力が不十分なる者」（14条）とされているが，後述のように本人が申立権者になり，本人に同意見，取消権があり，さらに代理権の付与には本人の同意がなければならないと，本人の意思が最大限に尊重されている。

本人が保護を求めて補助制度の申立てをする以上，これを拒むことには問題があり，したがって14条の「事理を弁別する能力が不十分」の定義は，かなり広く弾力的に解されることになる。つまり補助制度の適用範囲，有用範囲は運

用次第で広範なものとなり，広義の成年後見制度の三類型の中では，画期的であり社会的要請のある制度であるといってもいいであろう。

① 補助人・補助監督人

補助も後見，保佐と同様審判によって開始し（876条の6），補助人はその審判の際に，職権で選任される（876条の7第1項）。選任については後見人選任規定などが準用される（同条第2項）。

本人との利益相反行為については，補助監督人がいる場合以外は，臨時補佐人を選任するよう，家庭裁判所に請求しなければならない（同条3項）。

補助監督人は，家庭裁判所が必要があると認めるときに選任するもので，請求しうるのは，本人，親族，補助人であり，職権による場合もある（876条の8）。

② 補助人の代理権

家庭裁判所は，補助申立権者（14条1項。本人，配偶者，四親等内の親族），補助人，もしくは補助監督人の請求で，特定の法律行為について，補助人に代理権を付与することができる（876条の9，1項）。

「特定の法律行為」には何が入るか，明文の規定はない。財産上の法律行為は当然含まれるが，身上監護については，何らかの財産行為に関連する場合に限定するのか否か，明確ではないが，日常的な預貯金の管理行為や，介護契約，医療施設への入所，介護認定の申請等，今後一般的に必要性が高まるであろうと思われる行為が含まれるのは当然である。

ただし民法16条には，特定行為をなすには補助人の同意を得なければならないと規定してあり，その同意を要する行為は，「保佐」制度の中で被保佐人が保佐人の同意を得なければならないとして規定された行為の範囲を越えてはならないとされている。

COLUMN

心神喪失・心神耗弱（コウジャク）はなぜ使われなかったか

心神喪失・心神耗弱は，具体的内容が必ずしも明らかではない。現行刑法にも刑の減免事由として使われている（刑法39条）が，その具体的

> 適用には問題も多い。犯罪者に責任能力があるかどうかの鑑定結果が鑑定者によって異なることもよくある。判定はＩＱなどを使って医学的に判定されるが、そうした観点での判断に疑問が呈されている。成年後見法改正の論議に際しては、判定基準の問題もさることながら、そもそも民法上の保護制度としてどのような保護が与えられるか（法効果）を考えるべきであるとして、能力の相対評価ではなく、不足能力の補充を旨とする制度にしたことも、これらの用語の使用が使われなかった要因の1つである。

3　任　意　後　見

任意後見制度は、成年後見と同時に新設された制度である。

(1)　制度新設の必要性と意義

高齢社会では、誰しも自分の将来につき、判断能力がなくなったり、弱くなったりした場合のことが心配である。そこで自分で判断し、処理できるうちに、財産管理などにつき、委任契約をして、代理行為をしてもらおうと思う人も多いはずである。しかし民法上の委任契約については、本人が意思能力を喪失した場合には、代理権が消滅するという考え方と、存続するという考え方とで従来学説が分かれるところであった。

さらに存続するとしても、本人が意思能力を喪失した後では、代理人がはたして本人の意向どおりに行為を行うかどうか、権限濫用がないかなどにつき、本人が確認したりチェックしたりはできない。そこで新たな制度として、代理人に委任した業務が正当に行使されているかのチェック機構を制度化することが要請されていた。

また諸外国では、同様の問題に対処して、公的機関の監督についての法律（たとえばイギリス、アメリカ、カナダのケベック州など）を立法化するなどの対策を講じてきていたこともあり、わが国でも本人保護の観点から、成年後見についての審議会の中で、代理権の継続と監督制度などについて検討され、最終的に特別法「任意後見契約に関する法律」として立法化された。

(2) 任意後見の方式

① 任意後見契約とは

任意後見契約は「委任者（本人）が，受任者に対し，精神上の障害により事理を弁識する能力が不十分な状況における自己の生活，療養看護及び財産の管理に関する事務の全部又は一部を委託し，その委託に係る事務について代理権を付与する委任契約」（任意後見契約に関する法律2条1号）である。

② 効力発生要件

この契約が効力を生ずるのは，任意後見監督人が選任されたときからである。それまでは任意後見の効力は発生しない。その理由は，任意後見制度の存在意義でもある，後見人の権限濫用を阻止するためであり，監督人の任務の重要性のゆえんがここにある。そこで任意後見契約が成立してから任意後見監督人が選任されるまでの間，後見人となる者を「任意後見受任者」といい，任意後見監督人が選任された後に初めて「任意後見人」と呼ぶことになる（同法2条3号，4号）。

なお任意後見契約は公正証書によってしなければならない（同法3条）。代理権授与行為が確実になされたことと，その内容が正確に登記されることで，契約の確実性が証明されることになる。

③ 解除

任意後見契約は本質は委任契約であるから，解除の自由に関する651条が原則として適用される。しかし当事者の意思による解除であることを明白にするために，任意後見監督人の選任前の解除については，公証人の認証を受けた書面によることが必要とされている（同法9条1項）。

任意後見監督人の選任後における任意後見契約の解除については，本人または任意後見人は，正当な事由がある場合にかぎり，家庭裁判所の許可を得てなし得る（同条2項）。

(3) 任意後見監督人

任意後見契約を締結し，これを登記（「後見登記等に関する法律」5条）した後に，精神上の障害によって，弁識能力が不十分な状態になった場合，本人，配

偶者，四親等内の親族または任意後見人の請求により，家庭裁判所が任意後見監督人を選任する。しかし以下の場合には選任されない。

1. 本人が未成年者である場合。
2. 本人がすでに法定後見の三類型の後見，保佐，補助のいずれかに服している場合で，その後見，保佐，補助を継続した方が本人の利益のためになると認められたとき。
3. 任意後見受任者が，民法846条に掲げる後見人の解任事由にあたる者であるとき，本人に対して訴訟をするか，あるいはした者，その配偶者と直系血族であるとき，不正な行為等任意後見人の任務に適しない事由がある者であるとき（任意後見契約法4条1項）。

上記2に関連して，法定後見よりも任意後見を優先すべきと判断され，任意後見監督人を選任する場合には，それぞれ後見，保佐，補助の開始の審判を取り消さなければならない（同条2項）。

任意後見の特質は，本人の意向に沿っていること，すなわち自己決定の尊重である。そこで任意後見監督人の選任が本人以外の者の請求によりなされるときは，あらかじめ本人の同意がなければならない（同条3項）。また本人の意思の尊重は，任意後見人の仕事（法文上は「事務」という）遂行上の注意として，「本人の意思を尊重し，かつ，その心身の状態および生活の状況に配慮しなければならない」（同法6条）と明文化されている。

任意後見監督人の資格については，規定はない。ただし任意後見人を監督する行為の実効性を考慮して，任意後見受任者または任意後見人の，配偶者，直系血族，兄弟姉妹は任意後見監督人とはなり得ない（同法5条）。

任意後見監督人の職務は，
1. 任意後見人の事務を監督すること，
2. その事務について家庭裁判所に定期的に報告すること，
3. 急迫の事情がある場合，任意後見人の代理権の範囲で，必要な処分をすること，
4. 任意後見人またはその代表するものと本人との利益が相反する行為に

ついて本人を代表すること（同法7条1項）である。

さらに監督行為を行う上で，いつでも任意後見人に対し，その事務の報告を求めたり，任意後見人の事務または本人の財産の状況を調査することができる（同条2項）。

家庭裁判所は，必要と認めるときは，任意後見監督人に対し，任意後見人の事務に関する報告を求め，任意後見人の事務もしくは本人の財産の状況の調査を命じ，その他任意後見監督人の職務について必要な処分を命ずることができる（同条3項）。

その他任意後見監督人の権利義務，辞任，解任，欠格事由，報酬，費用負担については，民法の関連規定が準用されている（同条4項）。また任意後見人に不正な行為などがあったときは，家庭裁判所は任意後見監督人，本人，その親族または検察官の請求により，任意後見人を解任することができる（同法8条）。

(4) 法定後見（後見・保佐・補助）との関係

任意後見制度は，本人の自己決定が尊重されることを旨とし，任意後見契約が登記されている場合は，原則として任意後見が優先し，本人の利益のために特に必要があると認めるときにかぎって，法定後見開始の審判をすることになる（同法10条1項）。

法定後見へと移す必要があるときは，任意後見受任者，任意後見人または任意後見監督人は，後見開始の審判を請求することができる（同条2項）。

後見開始の審判がなされた場合は，すでに任意後見監督人が選任されて契約の効力が発生していても，契約は終了する（同条3項）。

(5) 任意後見人の代理権消滅

任意後見契約が成立するためには登記を必要とするが，その登記は「後見登記等に関する法律」（平成11年法律第151号）により，後見登記ファイルに第5条所定の事項を記録することになる。この登記は，取引の相手方も登記事項証明書（任意後見契約法10条1項）の提示を求めて見ることができる。

そこで代理権が消滅した後も終了の登記がなされない状態の間に，登記を信

頼して取引をした者を保護する必要性が生じ，代理権の消滅は，登記をしなければ，善意の第三者に対抗しえない（同法11条）とした。

禁治産制度と成年後見制度の比較

	旧規定（2000年3月31日まで）	新規定（2000年4月1日施行）
制定方式	後見（民838～）─┬─禁治産 　　　　　　　　├─準禁治産※ 　　　　　　　　└─未成年 ※準禁治産は保佐人	成年後見─┬─後見 　　　　　├─保佐 　　　　　└─補助 未成年後見
制度の趣旨	禁治産・準禁治産―財産管理 未成年―親権者に代る存在	禁治産制度の問題点の是正
禁治産制度の問題点	○確一的で柔軟性に欠ける（宣言により法律行為能力を否定。取消審判確定まで法律上無能力） ○能力評価につき，現時の医学的見識と異なる（人間の能力は日々刻々変動し，回復もありうるとするのが精神医学の知見） ○財産権のみの保護では人間性の保護に欠ける ○名称が人格否定的，(準禁治産についての「心神耗弱」も同様の問題あり) ○公示手段として戸籍に記載することが国民感情と齟齬 ○必要的配偶者後見が高齢社会の実情に合わない（ともに高齢層であることが通常）	⇒ ○ノーマライゼーション 　（能力を完全否定せず，不足部分の補充） 　○身上配慮義務の法定化―複数後見人制の導入 ○自己決定権の尊重 　○本人による申立も万能。 　○該当法律行為の同意・取消権など，代理権付与への同意権を本人に認める 　○能力減退前に自己決定する方策 　（任意後見制度の創設） ○高齢社会への対応 　○有資産者のみならず，要保護者に適用 　○「補助」制度の新設

補助・保佐・後見の制度と任意後見制度の対応関係

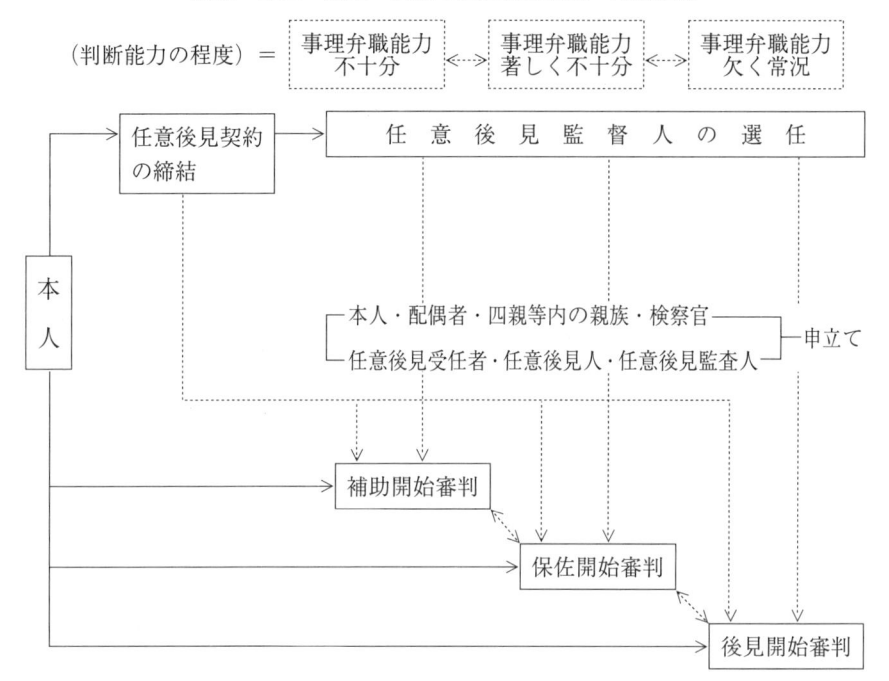

（判断能力の程度）＝ 事理弁職能力不十分 ⇔ 事理弁職能力著しく不十分 ⇔ 事理弁職能力欠く常況

本人 → 任意後見契約の締結 → 任意後見監督人の選任

申立て：本人・配偶者・四親等内の親族・検察官／任意後見受任者・任意後見人・任意後見監査人

→ 補助開始審判
→ 保佐開始審判
→ 後見開始審判

RESEARCH in DEPTH !

▶法人が後見人になるケースとして，具体的に想定しうる場合をあげてみよう。自治体の社会福祉協議会が個人の後見人になるとしたら，どんな点が問題になるだろうか。

▶身上監護と財産管理にそれぞれ1人ずつ，複数の後見人が選定された。金銭の支出をともなう身上監護事項で，両後見人間の意見が合わない場合，どちらの決定が優先されるであろうか。

▶任意後見において，任意後見人と本人の利益相反の場合に，任意後見監督人が本人の居住用不動産を処分するには，家庭裁判所の許可を得る必要があるであろうか。成年後見の場合の859条の3と比較しつつ検討しよう。

▶後見人・保佐人・補助人・親族者の同意は，法効果にどのような影響を与えるであろうか。

Ⅴ 扶　　　養

> **THEME**
>
> ## 扶養の意味
>
> 1　なぜ法律が問題にするか
> 2　私的扶養と公的扶助

1　なぜ法律が問題にするか

　人間は自らの責任で衣食住を賄う手段を得て生きている。しかし，たとえば乳幼児はもちろん，未だ成長過程にある子ども，病気・障害等で労働のできない人に，「自力で生きよ」ということは不合理である。彼らは他者の力によらなければならない要保護者だからである。

　この場合一般的には関わりのある者，周囲の者が権利義務の意識など持たずに，人間として当然の行為として，情愛をもって，養い，援助している。これで問題なく解決できれば，法律の関わる余地はない。ところが深い情愛を持っていても，周囲の者に援助する資力がないときに，あるいは遠縁の者しかいないときに，強制的に援助するよう命ずることができるであろうか。場合によっては国や自治体等，家族や親族の範囲を超えたところで負担を負わなければならない場合もある。

　このように日常の，情緒的レベルで解決できないときのために，ある種の規範が必要となり，わが国の現行法では，民法第4編第6章「扶養」において，一定の身分関係のある者に扶養を義務づけているのである。

2　私的扶養と公的扶助

　人間が生きていく以上，どの時代，どの地域でも自力で生きながら得ない人間が出てくるのは必然である。したがって人が人の面倒を見るということは，時代を超え，地域を超えて存在し，そのための規範も，それぞれに存在していた。地域社会で支えた実例は，世界中で古くも，また現在も存在している。

　しかし現在多くの場合，国や公共団体が行う公的財源での救済は，財政上の制約もあり，また自力で生きている多くの者との均衡上も，量的にも十分なものとはなりえず，またその性格も，個人レベルでの扶養の補充と位置づけられている。つまり家族や親族などの援助が多ければ，公機関は関わりを求められず，逆に核家族化や少子化で私的援助や扶養が困難になればなるだけ，国などの機関の機能が要請されることになり，まさに両者の綱引き状態である。これが「私的扶養と公的扶助」の問題である。

　公的扶助の中核ともいうべき生活保護法は，民法上の扶養義務者による扶養や他の法の適用（医療保護や所得による税の特別措置など）を優先し，それでもなお必要な場合にのみ，最終的生活保障として適用されている。

　つまり民法の扶養原則は，家族や親族の中の相互扶助機能はどこまでかという，家族の本質に関わる問題でありながら，現実的側面では政策的配慮も無視しえない状況もあり，私法と公法，あるいは社会法のせめぎあう場面でもある。

COLUMN

江戸時代の扶養──公的扶養機能がない社会状況

　　江戸本所元町に住んでいた鍛冶屋伝八の子権太郎は，11歳の頃，別の鍛冶屋のもとに弟子奉公に出たが，父伝八が老いて病気となったので主人に頼んで父の家に戻り父を看取った。その後母も歩行不能となり，さらに目の病気となったおじも引き取って，自分の人生や楽しみをさておいて，二人の世話をした。ひたすら母やおじにつかえたとして，後に権太郎は褒美銀を受けた。現代社会における公と私の役割分担を考える素材の一つである。

　　　　　菅野則子「江戸時代庶民の養育」（奥山他編『扶養と相続』より）。

> **THEME**
>
> ## 民法上の扶養制度
>
> 1　扶養の権利と義務の発生
> 2　扶養義務の種類
> 3　扶養の当事者
> 4　扶養の順位・程度・方法
> 5　事情の変更
> 6　過去の扶養料・立て替え扶養料

1　扶養の権利と義務の発生

　私的扶養の当事者には，さまざまな関係性が考えられる。本質的に無条件に義務性が強いのは，子どもを養育する親の義務である。親となった以上，子どもを育てることは放棄しえない絶対的義務である。

　しかし子どもが何歳になるまでその義務が続くか，という議論は妥当ではない。大人として扱われる年齢は社会構造によって異なる。わが国は先進国の中でも成人年齢が遅く，したがって法的にも20歳に満たないものを未成年として，成人とは異なる扱いをする場面があるが，未成年者がすべて親に扶養される対象ではない。また大学を卒業するまで親が経済的負担を負うケースが一般化しているが，これを法的責任とすることができないことも論をまたない。

　民法上の扶養義務は，法律が履行を強制しうる最低限の義務である。しかし現行民法は扶養の権利義務の発生要件を規定してはいない。一定の親族的身分関係がある場合に，要扶養者（扶養を受けることを必要としている者）の需要と，義務者の扶養可能状態があることで発生する。具体的には要扶養者から義務者に請求し，両者の協議がまとまらないとき，調停を行い，これが不調あるいは不能のときに，申立てにもとづいて家庭裁判所が審判を行って，ここではじめて権利義務の当事者が特定され，具体的権利義務の内容が確定する。

　扶養の権利義務は，法定の親族関係をもとにした身分的権利義務であり，一

身専属権である。また生存を目的とすることから，処分することはできない(881条)。したがって相殺に適さず，譲渡もできず，当事者のいずれかの死亡によって消滅する（896条ただし書）。

2　扶養義務の種類

　民法が規定する扶養義務は，夫婦（752条），直系血族・兄弟姉妹（877条1項），さらに特別の事情がある場合は三親等内の親族（同条2項）に及ぶ。

　この中には2種類の異なる性質のものが含まれているという考え方がある。一つは夫婦が相互に扶養し合い，親が未成熟の子を養う，本来家族として生活を共にする者の必然的義務で，扶養することが身分関係の本質的不可欠的要素となっているものである。これを"生活保持義務"とよぶ。

　これに対し，親と成人した子，祖父母と孫，兄弟姉妹など，保持義務以外の関係の扶養義務は，本来生活の単位を異にする親族が，偶発的，一時的，例外的に負うもので，これを"生活扶助義務"とよぶ。

　一般的にはこの二つの義務は性質が異なり，保持義務は自分と同程度の生活を相手にもさせる義務であり，他方扶助義務は義務者が自分の相応な生活をして，なお余裕がある場合にのみ，経済的に扶助する義務と説明されている。

　保持義務は夫婦と未成熟の子で形成される家族が社会の基本的核であり，絶対的扶養関係として他と区別される必要があるとするもので，その法的根拠を752条と877条1項におく。審判例によれば親権の有無に関わらず，親であることに由来するとされる(通説)。他方扶助義務は877条2項以下が根拠となるというもので，現在も家庭裁判所の審判では，保持と扶助とに分ける立場に依拠している。

　ただしこの説に対しては，両者の差は本質的なものではなく，相対的，量的差にすぎないのではないか，あるいは，この二つの義務の間に無限の，多様な扶養義務があるのではないかとする説も有力に主張されている。

3　扶養の当事者

民法上扶養義務を負うものとして，法文は以下のように規定する。

1　夫婦間は相互に負う（752条，760条）。

　　婚姻の効果として，夫婦共同生活の本質に依拠する義務であり，生活保持義務である。婚姻費用分担義務の根拠となる。

2　直系血族・兄弟姉妹（877条1項）。

　　親子，祖父母と孫などが相互に負う。実親子と養親子を問わない。嫡出・非嫡出も問わない。

　　兄弟姉妹については，全血（父母ともに同じ場合），半血（父母の一方だけが共通）ともに含まれ，養子と養親の実親，同一の養親の養子どうしも含まれる。

3　特別の事情あるときは，三親等内の親族。

　　叔父叔母，甥姪等の傍系，配偶者の親や，兄弟姉妹の配偶者等も入る。

私的扶養から公的扶助へ移行すべき社会状況ではあるが現行法上は親族扶養義務を課さねばならない場面も存する。ただし，特別な事情は限定的に解されなければならない。単に三親等内の親族が扶養能力を有するとの一事をもってこの要件を満たすものと解することはできない，とする審判例もある。他方で以下のような事例もある。

＜事例＞

精神障害により独力で生計を営むことができなくなった者に，音信不通の養子と面識のない姪がいる場合，どちらに扶養義務があるであろうか。姪に民法877条2項の扶養義務を負わせてまで，本人の保護者に選任する特別の事情は認められない（平成12年新潟家裁佐渡支部審判家月52巻8号53頁）とした審判例がある。

4　扶養の順位・程度・方法

扶養をする義務のあるものが複数いて，誰がすべきか，また扶養を受ける権利のあるものが複数いる場合に，扶養を受ける順序はどうするか，さらにどの程度の扶養をどのようにすべきか，こうしたことに当事者間で協議がまとまら

ないときは，家庭裁判所がいっさいの事情を考慮して定める（878条，879条）。

扶養関係は当事者間の過去の人間関係なども関わるので，本来は協議で決めることが望ましい。しかし当事者間で決めることができないときのための規範である扶養条項について，何らの基準がなく，家庭裁判所に広く裁量権を与えていることは法的安定性の観点からも問題であるが，以下の基準が考えられる。

一般的に保持義務関係と扶助義務関係があれば，保持義務関係が先順位となる。未成熟子に実親と養親がいれば養親が，数度の養子縁組があれば新しい養親が先順位の義務者となる。要扶養者が数人いれば，義務者との過去の扶養関係や過去の財産給付の状況などが加味されて決定される。扶養の程度についても同様である。

家庭裁判所が行う扶養料の算定は裁量によるが，一般に生活保護決定の際の保護基準や，各都道府県の標準家計費，労働科学研究所の「総合消費単位」等の資料が取り込まれている。

扶養方法は引き取り扶養と金銭給付が考えられるが，引き取り扶養は心理的関係等も関わるので，協議が調った場合以外は，金銭給付が原則となる。食料等の給付や建物の無償貸与等も金銭給付の一態様である。扶養料は月払いの定期金が原則である。

なお扶養権利者，義務者とも資力などの事情が変化することがある。そこで協議または審判があった後に事情の変更が生じた場合には，家庭裁判所はその協議または審判の変更または取消しができるとした（880条）。

事情変更にあたる場合として，当事者の病気，失業，就職，財産取得などや，物価の変動などの社会的変化などもあげられる。

5　過去の扶養料・立替扶養料

扶養とは，現在困窮状態にある人の生活を支援することであり，過去の扶養ということは，本来は論理矛盾のはずである。しかしたとえば生活に困窮している隣人を見かねて，食料費などを提供していた場合，過去の分は扶養義務者に求償できないことになると不当な結果になる。他方親族が要扶養状態にあっ

たことを知らずにいた間に蓄積した多額の過去の扶養料をさかのぼって請求されるのも，義務者の負担が大きいものになる。

そこで現在は，義務者に苛酷なことにならない範囲で過去の扶養料も請求できると解されている。その手続は，訴訟ではなく審判で行なわれ，いっさいの事情を考慮して決定される。

前述の隣人（扶養義務のない第三者）はどのような救済を受けられるであろうか。義務者の履行事務の管理として，事務管理（702条）が成立し，また本来義務者が出費すべきであった分について，不当利得（703条）による求償もできる。この場合は求償請求の通常訴訟として，地裁に提訴することになる。

―― ＜非義務者がした扶養料＞ ――――――――――――――――
　　事務管理・不当利得の費用求償――通常訴訟。
　　877条1項，2項該当の範囲内――審判
　　扶養義務者間の順序調整――審判。
　　民事執行法151条の2　第4号による執行申立て――通常訴訟
―――――――――――――――――――――――――――――

原則として協議の前提として，あるいは分担決定の申立てとともになされる立替料の求償は，審判で行われる。これとは逆に立替扶養料を金銭債権として独立して求償する場合は，訴訟手続による。

―― 【ケース】 ――――――――――――――――――――――
　扶養義務者が数人いる場合，その間の調整はどうするか。
　事例を見てみよう。
　母と兄夫婦（現に母を扶養）の折り合いが悪い状況で，妹が母に同情し，兄夫婦の意に反して母を引き取り，扶養し始めた。
　妹は兄に不当利得返還請求（母の生活費と監護費用の半額）をした。
　一・二審ともに妹敗訴（愛情から自発的に扶養したもので，兄に代わってする意識なし）した。
　しかし最高裁では妹勝訴となった。兄は全面的に義務を免れ，費用を出す義務もなく，妹だけが全費用を負担しなければならないとすると，冷淡なものは常に義務を免れ，情の深い者が常に損をする（最判昭和26・2・13民集5巻3号47頁）との判旨である。
―――――――――――――――――――――――――――――

RESEARCH in DEPTH！

▶高齢となった親に対し，すでに独立して生計を営んでいる子どもたちは扶養義務を負うであろうか。親のない場合と，経済力はあるが介護が必要な場合とで，それぞれどのような義務内容となるであろうか。

▶親の，未成熟の子に対する扶養義務の根拠を，877条以外におく説について検討しよう。

▶親，祖父母，兄弟が家族で経営していた会社が倒産し，結婚して家業から離れていた娘だけがその夫の収入を得て，平均的生活資力を持つ。しかしその資力は親，祖父母，兄弟全員を養うには不足である。この場合の扶養の順位，程度はどのように考えられるだろうか。

第2編 相続法

I 序　　論

> **THEME**
>
> ## 相続とは何か
>
> 1　制度としての相続──慣習との違い
> 2　社会構造と相続法制──体制・家族観による違い

1　制度としての相続──慣習との違い

　歴史的にさまざまな地域でさまざまな民族が社会を形成してきたが，いかなる社会であろうと例外なく，人は死に至り，社会は次世代に受け継がれていく。それぞれの地域の特性に応じ，地域や民族に適合する独自な方法で思想・慣習・文化などが受け継がれてきた。

　財産承継の方法もその中の一つの現象である。民族学や文化人類学などの学問分野では，こうした慣習や風習上の財産承継，すなわち相続慣行の調査や分析が行われてきた。しかし国家法として定める相続は制度であり，慣習と合致するとは限らない。

　ある地域で伝統的慣習が一般に受け入れられていることから，国家法がこれを是認し，その国の相続制度とすることはある。しかし制度の策定（立法）にあたっては，慣習に左右されるだけとは限らない。一定の政策的配慮にもとづいて，旧慣行を立ち切るための立法もある。

　第二次大戦後の民法改正（昭和22年）まで施行されていた明治民法では，戸主に属する財産（家督）は次の代の戸主に承継された（家督財産以外の財産につき，遺産相続も行なわれてはいたが，附随的なものであった）。男女不平等のみな

らず，長幼の序も徹底していた。新民法はこの旧制度を是正し，法の下の平等，個人の尊厳を理念として制定された（⇨第1編　親族法4頁）。

　しかし制度が改変されても，人びとの意識が即座に変わるものではない。民法改正から半世紀以上経過した現在でもなお長男を特別扱いする状況が払拭されたとは言いがたい。その理由は種々考えられ，国民意識が旧来のままであることも確かに否定はできない。しかし理由はそれだけではない。

　農業，中小企業など経営資産と家計が実質的に混在することもある経営体では，民法の分割相続の意義を活用しきれないままの状況が残っている部分もある。さらに都市部では親世代の老齢化に伴い，子の1人がその家族ともども親の老後の世話をし，親亡き後はそのまま親の家に住み続けるケースも少なくない。不動産が主たる遺産の場合には，実質的に単独相続の結果となっていることもある。長子単独相続を是とする価値感の背景にあるのが，現行の戸籍筆頭者制度と墓地制度であり，扶養法や夫婦財産法制の不備であることは，第1編に書いたところである（⇨5頁）。

　民法の諸氏均分相続制（⇨196頁）は，これを可能にする夫婦財産制や扶養法の充実を抜きにしては，形式的均分・実質的不平等となり，結果的には法制度と国民意識のギャップにつながることになる。

　相続は財産の承継（⇨Ⅲ相続の効力163頁）ではあるが，純粋な財産行為とは異なる場面が多々存在する。家族の生活が組み込まれて発生する財産関係であることから生ずる特殊性を考慮する必要がある。

2　社会構造と相続法制——体制・家族観による違い

　相続が制度であるということは，時代により国により財産承継の原理が違うことを意味する。純粋な社会主義社会があるとすれば個人の私有財産という概念自体存在しないから，人の死亡では財産の変動は生じないことになる。現在ではたとえ社会主義を標榜していても一切の私有財産を認めないとする国・地域は存在しない。したがって世界中どこであっても，人の死は，死者の財産の承継をめぐる問題を発生させることになる。

封建社会での財産の所有権は，家族に対する支配権と合致し，この権限が男性家長に属することが多く，これが家父長制である。したがって家父長制下での財産承継は，家長としての地位の承継でもあり，その承継原理は嫡出男性長子によるとするものが一般的であった。

わが国の明治民法（⇨第1編COLUMN『民法旧規定』6頁）においてとられた家督相続でも，戸主の持つ財産は，その地位とともに原則として長男子に承継された。これは「家」を継承することが本旨であったことから，戸主に財産上の権利義務を集中させ，結果的に財産の拡散を防いで家の存続を保つ政策にもとづくものであった。

これとは違って家長の支配する家産が家族の生計に不可欠で，家長の死により個人資産として処分されては，残された家族の生活が困窮することが想定される場合，当初からこれを個人の財産から除外し，相続財産ではなく，したがって家長が死亡しても家族が生活に困ることはないようにと考えられた制度もある。アメリカ合衆国のホーム・ステッドに端を発する家族財産制度であり，現在は地中海域ラテン系諸国の一部や中南米諸国などに見受けられる。家族の生活の財産的基盤を作っていた財産は，相続による個人的承継原理によらず，残された家族の生活維持のために機能させようとする政策的配慮によるものである。

換言すると，福祉的財政が充分ではない国家・地域では，独力で生活しえない状態になった個々人の保護は，家族に頼るしかなく，そのため家族の連帯性・一体性を政策的にも保護推進せざるを得ないからである。さらに近時は，届出などの形式性よりも実質を判断して家族の一員としての権利義務を確定し（⇨親族法編8頁「新しい事実婚問題とは何か」），あるいは遺産の中での実質的家族財産の比率を高めるなどが，立法的に制度化されている国もある（⇨COLUMN「日常の糧を産み出す農地は相続対象外—中米「コスタリカ」の男女平等政策—」）。

このように相続制度は婚姻観，家族観のみならず政治体制や経済状況，思想や文化を含め，国家の家族状況すべてと深く結びついていることが明らかにな

る。違憲論争となっている非嫡出子の相続分差別（⇨81頁）は，婚姻家族保護の名の元に婚姻外の子の相続分を少なくする制度であり，これは逆に相続制度を使って家族や婚姻に対する一定の価値観を作り上げている例でもあり，逆にこの法規定のあり方が疑問視されているということは，社会観・家族観の転換期ともいえるのである。

　家族観をはかる最も顕著な基準は家族の一体性である。家族の団体としての性質を堅固なものとし，国家政策としてもこれを維持する場合と，家族は個人の集合体とみなす場合とでは，財産の承継の仕方はおのずと異なる。歴史的には男系の家存続が何より重視された家制度は前者の例であるように，相続は家族法史の観点からすると財産だけの問題ではない。

COLUMN

**日常の糧を産み出す農地は相続対象外
　　──中米「コスタリカ」の男女平等政策**

　男性優位で知られるラテンアメリカ地域では，各国が1984年の女性差別撤廃条約批准後，女性（妻）保護のための法整備に取り組んだ。

　中米のコスタリカでは，社会開発政策として所有農地を持たない農民家族に国が農地を分与することにしたが，その登記名義人を形式的に一家の長である夫にはしないことにした。夫が勝手に処分することを未然に防ぐその方法とは，①法律婚夫婦の場合は夫婦共同名義（他方が勝手に処分できない共有形態），②事実婚夫婦の場合は女性の名義，③それ以外の家族形態の場合は実際に農耕に従事する者の名義，としたのである。

　アメリカや日本であればさしづめ男性側から「法の下の平等」に反すると異議が唱えられそうな法律であるが，女性と子どもの生活維持を実質的に担保するには，生活のための財産は形式上名義人の相続の対象であってはならないとする政策をとる必要があったのである。

> **THEME**
>
> **相続の意義**
>
> 　　1　相続の根拠
> 　　2　現行相続法の基本構造

1　相続の根拠
(1) 現代的根拠諸説

相続制度の存在理由が社会構造や社会の機能などにより異なることは，前述のとおりである。明治民法にみられるごとく，家の財産を次世代に継承するためには，嫡出の男子による単独相続でなければならなかったし，他家に入る女子の相続は，慎重に，きわめて制限的にする必要があったことからもわかるように，時代背景を抜きに一般的，抽象的に相続の根拠を論ずることは無意味である。

現行法の相続に限定して，存在根拠についての諸説はほぼ三点に集約し得る。第1は遺族の生活保障である。とくに被相続人の所得や資力で生計を維持してきた家族にとっては，相続がなければ死活問題である。第2は被相続人の意思の表明である遺言が存在しない場合に法定相続が発生する法制度の構成から，法定相続のあり様も意思を推測した結果とする考えである。

第3に相続人の潜在的持分の顕在化とする説もある。名義上被相続人の財産であっても，配偶者や子の協力によって蓄積したものであるから，相続人には実質的に持分があるとする考え方である。その他にも被相続人の行った経済行為が，死亡後も包括的に継続することで，取引の安全を保障することを挙げる説もある。

(2) 絶対的根拠はない

以上の相続根拠についての諸学説は，ある場面ではそれぞれ妥当することもある。しかしそれぞれが，すべてに通用するわけではない。生活保障説は，た

とえば夫が無所得の妻と未成熟の子を残して，壮年期に死亡したような場合には，確かに根拠となりうる。しかし現在のような平均寿命の長い高齢社会で，高齢で死亡する場合には，配偶者はともかくとして，子どもの生活を保障する必要性はすでにない。さらに法定相続人（⇨147頁）がいる場合に，相続人以外で扶養を受けていたものの生活保障は，この説ではカバーしきれない場合も出てくる。

　他方，意思説にも難点がある。通常は家族に残すのが被相続人の意思であることが多いであろうが，別居状態が長期に継続していても，離婚訴訟中であっても，死亡時に法律上の配偶者である者は，原則的に相続人となることから，意思説では説明できない場面がある。

　潜在的持分説は，確かに配偶者相続権についてはその意味が強い。ただし前述のようにこれも本来は夫婦財産の問題であるところを，わが国の夫婦財産制が死亡時の処理を規定していないので，その代替という意味での機能として評価しうるというにすぎない。その他の場面では，たとえば子の貢献をいかに計るのか，非常に問題がある。財産蓄積に積極的貢献があったのであれば，寄与分（⇨200頁）やその他の相続債権となる。あるいは子というものは存在するだけで労働意欲を湧かせる存在だから，生きているだけで貢献しているとする意見もあるが，むしろこれは前の意思説の根拠にはなれ，潜在的持分の根拠とするわけにはいかない。

(3) 高齢社会の相続を考える──老後資産の価値観の変化

　成年後見制度が立法化され，老後の生活も本人の指向や判断が重視すべきことが普及してきた現在，相続も新しい考え方を迫られている。民法は人の死後の財産の行方を規定するが，死は生きている人間の生活の継続として発生する。寿命の伸びや医学技術の進展により，老後の生活は格段に長くなった。したがって生活にかかる費用も増加することになる。

　統計によれば，国民各世代の所有資産額のもっとも多いのが高齢者層との結果が出ている。老後は子どもに迷惑をかけられないとして，自らの老後の資金のために貯蓄をする人が増加しているという。かつては「老親扶養」とは子の

中の誰が親を金銭的に扶養するかという問題であった。しかし現在では扶養問題は金銭ではなく，身体的介護に重点がおかれるようになってきている。

　高齢者自身にとっても，老後のために金銭的準備はできても，心身の衰えはままならず，最も心配なことである。他方子どもにとっても，介護は片手間ではできず仕事を辞め，あるいは親の介護のために子ども世帯が崩壊するなどの現象もみられることとなる。こうした家庭内介護の悲劇をなくするために，介護保険制度が導入されたが，これで老後の心配がすべて解決したとは言いがたい。したがって負担の重い介護を担った者に財産を譲ろうと考え，周囲もかくあるべきと思う意識が芽生え始めることになる。

　現行法の均分相続は，かつての長男子単独相続を廃止し，子は皆平等とする理念を法制度化したものである。しかし形式的平等だけが表面化している場面もある。兄弟の1人だけが親の介護をし，自分の生活を犠牲にするほどに苦労したのち，親が死亡したような場合，現行法上は寄与分として（⇨200頁），特別に相続分を上積みすることができることになった。ただし寄与分は財産的貢献であるから，介護の負担が十分配慮されるとは限らない。わが国の法制度の体系上，相続と扶養は直結するものとは考えられていないことから，相続で扶養を考慮しようとすれば，無理が出てくるのも事実なのである。

　他方，所有不動産を担保に融資の他資産管理や老後の世話等を行政や地域団体などに委託し，夫婦とも死亡後は残余資産を当該団体に寄付する措置が取り入れられはじめたが（⇨COLUMN「なかなか進まない『リバースモーゲージ』の普及），この方式が浸透するには，「子孫に美田を残さず」とする意識の変化が必要である。

　財産は子の代に残すためにあるのではない。自分と配偶者の生きている間の必要のためにある。だから自己資産を使って有意義に生きたい。さらにできることなら子に迷惑をかけない生き方をしたい，と考える高齢者が増えてきているのである。ただし問題は，夫婦が同時に死亡することが難しい点にある。そこで，夫の死後は妻にすべての財産を残したいとして遺言をする人が増えてきている。これが現代の遺言の増加現象の一因でもあろう。

かつての相続の根拠として主張された諸説の多くは，現在なお機能する場面があることも当然ながら，他方介護と連結した処理が急速に浸透していることも事実であり，その背景には死後の財産処理よりも生きている間の財産活用こそ重要とする意識の変革があることは否定できない。

　成年後見制度の新設も，こうした変化への対応であった。これからは本人亡きあとの残された財産としての相続だけではなく，生きている間の資産管理の問題と関連して検討していかなければならない。

COLUMN

なかなか進まない「リバースモーゲージ」の普及

　高齢者の資産管理の一環として，現に住んでいる自宅や宅地を担保にして，住んでいる市などの自治体から融資を受ける契約をし，元利は死亡などで契約が終了したときに，この不動産を処分することで返済するというシステムを，かなりの自治体が取り入れている。これがリバースモーゲージである。

　ところが今，このリバースモーゲージが行き詰まっており，利用者がほとんどいない自治体が少なくない。

　その理由の1つは，不動産の価値が下落して，担保割れの危険性があるからである。扱うのが自治体である以上，担保割れが生じたからといって，居住している高齢者を追い出すとか立ち退かせることには，人道的に問題がある。

　そこで担保割れの際に担保を処分するのではなく，銀行などの民間金融機関を介在させず，自治体が直接貸付ける方式の導入を推進させるべきという主張もある（武蔵野市の直接金融方式が典型例）。しかしこれも，不動産資産を持つ人と持たない人との格差の問題も発生する。アメリカではリバースモーゲージに公的保険を組み入れているという。わが国でもこうした処置を一考することが必要であろう。

2　現行相続法の基本構造

(1)　財産のみの承継

　会社の社長が死亡した場合を例にとってみよう。病気や事故など偶発的現象で死亡した場合にも会社としての業務が中断，切断されるのでは，継続的営業活動は難しく，社会構造が複雑になるほど社会的弊害も大きいことから，社長の死亡が会社自体の存続に影響を及ぼさないことは言うまでもない。

　しかし社長の個人資産はどうなるであろうか。死亡と同時に持ち主の存在しない財産となってしまうことは，資本主義社会では混乱をまねくだけである。そこで民法は人の死亡に伴う効果として，財産の承継ルールを決めている。

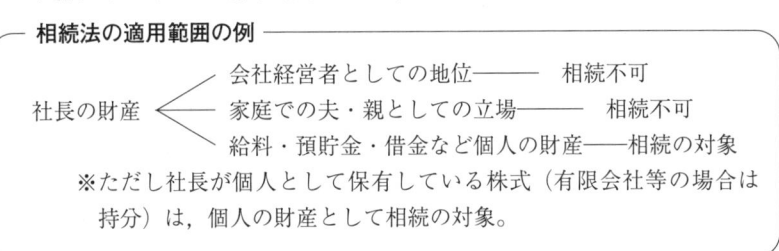

```
─ 相続法の適用範囲の例 ─────────────────
                  ┌ 会社経営者としての地位──── 相続不可
    社長の財産 ───┤ 家庭での夫・親としての立場── 相続不可
                  └ 給料・預貯金・借金など個人の財産──相続の対象
    ※ただし社長が個人として保有している株式（有限会社等の場合は
      持分）は，個人の財産として相続の対象。
```

　この場合社長という立場ではなく，個人としての財産だけがそっくりそのまま相続の対象となるので，一般に相続を「自然人の財産法上の地位の承継」と定義している。しかし「地位」という用語は紛らわしい。財産法に関わる権利義務を，一括して承継することを意味するにすぎない。なお個々の財産が数人に分割されて相続されるのは，遺産分割（⇨185頁以下）の問題であり，相続と同時に遺産は包括的に一個の財産と観念される。死亡して財産を承継させる者を被相続人，財産を受ける立場の者を相続人という。

(2)　法定相続と遺言による相続

　どちらが基本原則か　　被相続人が生前遺言を残していた場合，本人の意思の表明である遺言が原則的には優先し，遺言がない場合に，法律上の規定に従って当然に行われる相続が法定相続である。

　自己の固有の財産であれば，死亡に至るまでは基本的に自由な処分が可能である。死亡という事態になっても，財産の本来の所有者である被相続人の意向

があればこれに従って処理されることが望ましく，したがってわが国の法体制も遺言があれば遺言優先，遺言がない場合に法定相続とされている（902条，964条）。

ただしこの規定形式だけをもって，どちらが基本的制度かを論ずることはできない。遺産の一定の割合については，遺言でも処分できない「遺留分」制度（1028条～1044条）があり，遺留分制度の意義，さらには相続の根拠と合わせて検討すべき問題である（277頁参照）。

どちらが基本原則であるかの論争は，現実には「相続させる」と書かれた遺言書の解釈（188頁）や特別受益およびその持戻しの認定（199頁），遺留分減殺請求（282頁）をどこまで認めるか，さらには不倫な関係になる相手方への遺贈がどこまで認められるかという問題でも表面化する。しかもその根底には，相続法は家族法か，財産法かの基本的問題がかかわってくる。わが国の相続法は，ローマ法を遠源とするパンデクテン法学由来のドイツ法と，教会法・アルマン法を継承するフランス法とを踏習するものであるが，両法と異なり「家族的自治」ともいうべき『日本的なもの』（オッコー・ベーレンツ，河上正二訳『歴史の中の民法』日本評論社2001年より）が介在しているとの見解に表現されているような特質を持つ。その是非を検討することが，上記の個々のテーマの解釈に直接関連してくることになる。

(3) 相続以外の財産移転

相続と関連し，また類似機能をもつ制度がある。死を契機に相手方に財産を移転する遺贈（⇨259頁）は原則的に相続と同じ扱いを受け，生前の契約による贈与は，実際には相続の前渡しであることが多い。

その他に法律上は相続とは別個の制度でありながら，深く関わりのあるのが夫婦の財産の取扱いである。わが国の夫婦財産制は原則として別産，どちらのものとも明らかでない場合は共有である（⇨50頁）。死亡以外で夫婦関係が解消されるのは離婚であるが，この場合通常は財産分与により財産関係の処理がなされる。財産分与に慰謝料的要素を含むか否かは論争のある点ではあるが，現在実務ではほぼ二分することにし，いずれにしても実質的な夫婦の財産全体

が考慮されることになっている。

　ところが死亡の場合には，相続開始とともに被相続人の財産であれば当然相続財産となり，相続に先立って夫婦の財産の処理がなされることがない。したがって実質的な内助の功が配偶者相続権で処理しきれない状況もある。諸外国では死亡の場合にも，夫婦財産の処理をし，その残りを相続財産とする立法例が多いが，わが国ではすべてが相続財産となりかねない。そのうえ共働き夫婦の賃金収入を出し合って購入した不動産や車などですら，夫の単独名義にする習慣もあることから，夫婦財産制度で積み残された問題が，相続法制で表面化しているともいえる。単なる相続法制度の問題にとどまらず，これも家族の形態，意義，機能の変化と合わせながら相続の実質を考えなければならない問題である。

COLUMN

生前贈与・死因贈与・遺贈──それぞれどう違う？

	生前贈与	死因贈与	遺贈
法的性質	贈与契約	贈与契約	遺言
相手方（譲り受ける人）の承諾	必要 （双務契約）	必要 （双務契約）	不要 単独行為
効力発生（譲り受ける）の時期	生きている間，いつでもよい	贈与者の死亡時	被相続人死亡時
税制の取扱い	贈与税☆	相続税	相続税
方式	（契約書）なくても有効	原則として遺贈規定の準用（遺贈に特有な規定は除く）	遺言

　死因贈与と遺贈は，前者は契約であり，後者は遺言による単独行為である点で，法律上はまったく異なる制度である。しかし遺贈規定の準用があることから遺贈に近い取扱いが必要なこともある（262頁参照）。

　☆相続時清算課税方式では別途処理される。

> **THEME**
>
> **相続の開始**
>
> 1 開始原因としての死
> 2 開始の場所

1 開始原因としての死

相続は被相続人の死亡によって開始する（882条）。かつて明治民法時には，生前に戸主の地位を譲る隠居という制度があり，その他国籍喪失や去家，入夫婚姻も，家督相続の原因であった。家督相続制度を廃止した現在では，相続は財産相続だけであり，したがって開始原因も死亡だけである。法律上の死亡には通常の死のほか，失踪宣告による死（31条）もあり，これも当然相続原因である。

(1) 通常の死の問題

一般に死は，死亡診断書の記載によりその時期が確定され，これが死亡届に添付され，これにもとづいて戸籍簿への記載がなされる。したがって戸籍は死亡を証明するものである。ただし死亡診断書，死亡届，戸籍の記載のいずれかの段階で誤記，偽造変造などがある場合は，反証を挙げることでこの記載を覆すことができる。

かつて相続開始の原因たる死をめぐる問題は，戦死者の扱いをめぐるものが大半であった。死体がなくとも死亡の蓋然性がきわめて高い場合に，官公庁の戸籍簿への記載により，死亡したとされる（認定死亡，戸86条3項）手続である。現代でも事故や自然災害などで，死体の見つからない死亡が発生する余地はあるが，官公庁の判断のみでの死亡の推定は，手続的にも問題が多い。

(2) 脳死の死の時期

現在新たに発生しているのが，先端医療技術との関連で生じる死の問題である。わが国では心臓移植の必要性から1997年に臓器移植法が成立した。心臓移

植は移植以外には助かるすべがない人を救うため，もはや生命体として機能できなくなった肉体から心臓を取り出して，必要とする人に移植する技術である。ただし死亡した後では心臓も機能しなくなるので，取り出す心臓は生きた心臓でなければならない。

　この相矛盾した命題に対処して，法律は脳死という概念を持ち出し，脳死と判断された場合は移植可能とした。しかしはたして脳死は死なのかどうか，医学上も，また社会的にも賛否両論があり，結局法律では，脳死は死だとは断言しないまま，臓器提供の場合だけ脳死を死とみなすことにした。しかも法文上は「遺体」という言葉は使われず，「脳死した者の身体」（臓器移植法6条）と表現し，また臓器提供者として［脳死者］になるか否かの判断が本人や家族の意思表示に委ねられることとなった。

　すなわちここでは死の判断は客観的なものではないことになる。臓器移植法は法律としての問題性が多く，制定から3年後の2000年10月を目途に見直しが図られることになっていたが，この点についての修正は未だなされていない。あいまいな死の判定の表現が多く，相続関係に与える波紋は大きい。脳死の判定の信頼性を含め，脳死の社会的評価が高まる努力がなされ，国民的合意が得られる改正作業でなければ，相続法上も新たな問題を作り出すことになりかねない。

(3) 失踪宣告

　不在者の生死が7年以上明らかでないとき，または沈没した船に乗っていた者などの生死が1年以上明らかでない場合，家庭裁判所に請求することで，失踪宣告の手続がとられる（30条）。失踪宣告が出されると，失踪期間満了時，または危機終了時に死亡したとみなされ（31条），この場合も相続が開始する。失踪宣告が取り消されると，先の宣告は失効するので，すでに相続が開始している場合，相続した者は現に利益を受ける限度で返還し（32条2項），取消前に善意で行った行為については，効力に変更がない（同条1項）。

(4) 同時死亡の推定

　相続人は被相続人の死亡時に存在していなければならないが，相続人と被相

続人が同じ危難によって死亡した場合，その死亡の前後が確定できない状況が発生した場合，相続権の確定は困難となる。そこで昭和37年の法改正により，死亡した数人の中で，死亡の順序が明らかでないときは，同時に死亡したものとみなし（32条の2），同時死亡と推定された者相互の間では，相続は発生しないこととした。ただし代襲相続は発生する余地はある（⇨148頁）。

2 開始の場所

　相続は被相続人の住所において開始する（883条）。相続をめぐる裁判管轄が，被相続人の住所地であることを明言したものである。なお，住所とは人の生活の本拠（21条）である。被相続人の住所と相続財産の存在する場所，共同相続人の住所等，それぞれに異なるような場合に，どの地の裁判所で当該事件を取り扱うかを決めたものである。

　ちなみに主として日本で生活している外国人が，本国で死亡し，財産が本国にも日本にもあるなど，外国との関係が関わる場合は，国際私法の領域として，まずは法例で処理される。法例25条によると，相続は被相続人の本国法による，と規定されているので，第一次的には被相続人の本国の法律に従うことになる。ただしその本国法に相続は住所地の法に従う（住所地主義）とあれば，再度日本法が適用されることになり，住所地の裁判所が管轄権を持つことになる。

　なお関連して相続を扱う裁判所については，平成16年施行の人事訴訟法（⇨21頁）によっても，従来と異ならず，遺産分割は審判事項であり家裁の専権事項であるが，遺産分割の前提問題等遺産分割関連訴訟事件は従来通り地裁の管轄のままである。

COLUMN
「脳死」と言われて，10カ月生き続けた子ども
　1999年2月20日の新聞は，脳死とされた後10カ月間心臓が動き続けた乳児がいると報じた。医師の下した脳死判定がはたして死であるのかが論争されているとき，医学的常識を覆すセンセーショナルな報道であっ

た。
　現行臓器移植法では，みずから提供の意思表示のできない子どもからは移植できないことになっているので，この事件は移植を前提とせずに脳死状態と判断したというにすぎない。しかし大人は脳死後1，2週間で心停止し，子どもでも長くても30日以上心臓が動いたケースは前例がないというのが医学界の常識であっただけに，各方面に与えた影響は大きかった。
　相続との関係を考えてみよう。確かに災害や事故等の場合，死の時刻が特定されない場合があり，想定される期間の終りをもって死亡時刻とされる場合もある。しかし脳死状態が長期にわたり，摘出までの時間が長ければその間の財産変動もそれだけ大きくなり，死の時期を人為的に決めうることにもつながる。その結果，相続自体をコントロールすることがないとはいえないことにもなる。脳死が，他の死亡時，不明の事故死等と異なる点である。脳死移植の是非は，科学万能でも，政策的決定だけでもない。国民がそれで納得するか，が重要な要素となる。

Ⅱ 相続人

> **THEME**
>
> **相続人の種類と範囲**
>
> 1 血族相続人と配偶者相続人
> 2 同時存在の原則と胎児

❖関連条文——886条～890条

1 血族相続人と配偶者相続人

相続人には法定血族であることによる血族相続人と，配偶者としての立場による配偶者相続人との2種類ある。

(1) 血族相続人

(a) 第一順位

血族相続人の第一順位は，被相続人の子である（887条1項）。次頁の図で被相続人A死亡の場合，Aの子Bが相続人となる。子Bが相続開始以前に死亡しているか，相続欠格や廃除により相続権を失っている場合は，その子Cが代襲して相続する（同条2項）。さらにその子が相続権を失った場合は，さらにその子Dが相続する（同条3項）。AをDまでが相続する際，それぞれの立場の名称は下図のようになる。

```
代襲相続 (1)    A          ＝被相続人
(名称)         │
               B（Aの子）  ＝被代襲者
               │
               C（Bの子）  ＝代襲者
               │
               D（Cの子）  ＝再代襲者
```

孫以下の直系卑属（C，D）が相続するのは代襲する場合だけで，自分固有の相続権はない。昭和22年の改正では，第一順位の相続人は「直系卑属」となっていた。しかし被相続人の子全部が，被相続人より先に死亡した場合，孫は自分固有の相続権と，代襲相続とどちらで相続するかにより，相続分が異なることが発生する。そこで代襲相続は親の相続権から派生するのか，孫自身の権利かで，学説上論争があった。

この問題を解決すべく昭和37年に法改正をし，第一順位の相続人は「子」とされることになった。そこでAの子B・Cが2人ともAより先に死亡した場合，Bの子D・Eと，Cの子F・G・Hの代襲相続は下記のようになる。

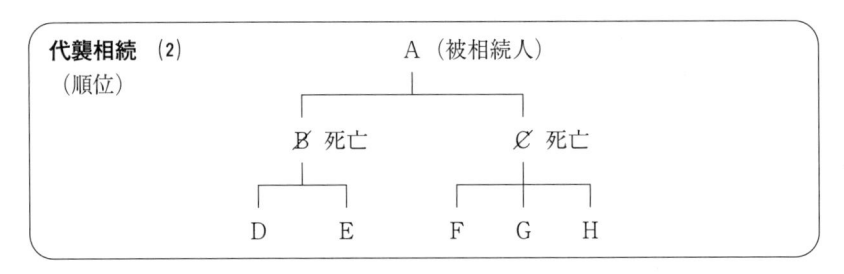

```
代襲相続 (2)            A（被相続人）
　（順位）         ┌─────┴─────┐
                   B 死亡          C 死亡
                ┌──┴──┐        ┌──┼──┐
                D     E        F   G   H
```

ちなみにD，EはBを代襲し，F，G，HはCを代襲するので，相続分については，D，EはBの株を2分の1ずつ分け，F，G，HはCの株を3ぶん1ずつ分けることから株分け方式と称されている。これに対し同じ代襲者の立場にあるDからHまでが平等に分ける方式を頭分けと称することもある。現行法は株分け方式である（⇨相続分196頁）。

子が数人いる場合，男女の別，実子・養子の別はなく平等である。

(b) **第二順位**

血族相続人の第二順位は直系尊属である（889条1項1号）。親等の異なる尊属がいる場合は，親等の近いものが優先する（889条1項ただし書）。たとえば，父母と祖父母がいれば，父母が相続人となる。父と母との間に男女の差別はない。母のみが生存している場合であっても，祖父母の世代は相続人とはならない。

尊属が相続人となる場合に代襲はありえない。

(c) 第三順位

血族相続人の第三順位は兄弟姉妹である（同条同項2号）。兄弟姉妹の子にも代襲相続が認められるが，再代襲はない。つまり兄弟姉妹の場合代襲できるのは甥，姪までである。

前述の昭和37年の改正に際して，第一順位の相続人は「子」とされたことから，兄弟姉妹の場合も無制限に代襲が認められると，被相続人をほとんど知らないのに財産を承継するケースも発生し，「笑う相続人」として問題となった。そこで昭和55年に，上記のように再代襲はないと改正することになったのである。子の場合との違いがここにある。

(2) 配偶者相続人

配偶者相続権の根拠　明治民法では家の財産を男系嫡子に承継することが相続の一次的目的であったから，原則として配偶者には相続権がなかった。家制度を廃止した現行法では，相続は個人財産の承継であり，配偶者は常に相続人となる。他に血族相続人がいる場合は，この者と共同して相続人となる。

配偶者相続権の立法趣旨は，財産の潜在的持ち分の清算と，被相続人死亡後の生活保障と説かれている。近時，配偶者に全財産を相続させようとする遺言が増加しているが，個人財産承継の趣旨が徹底してきたこととともに，老齢期も夫婦だけの所帯が増加し，生活スタイルが変化してきた現れでもある。現代社会における配偶者相続権の重要性を示唆している。

ただし本来持分の清算は夫婦財産制で解決すべきであり，根本的にはわが国の夫婦財産法制の見直しが必要であろう。生活保障の趣旨を徹底すれば，たとえば長期別居中で扶養関係のない場合にも，法律上の配偶者であれば相続権があるとする根拠にはなりえないはずであり，婚姻制度全体で検討すべきである。

> **COLUMN**
>
> **配偶者の相続税はなぜ軽減されているのか？**
>
> 　相続で得た利益に税金が課せられるのは，税政策の要請であり，民法上に根拠があるものではない。したがって国家財政との関係で税法が変わり，税率が変更することもある。しかし配偶者の相続税負担を軽くする政策は一貫して採用されてきている。なぜであろうか。
>
> 　就労の結果であれ相続の結果であれ，あるいは預貯金の利息であれ，そもそも所得がある以上，すべての所得には税金が課せられるのが原則である。
>
> 　しかし相続に関して税が課せられるのは，遺産が世代間移転する場合であって，配偶者間では同一世代間の移転であり，また遺産の維持形成に対する貢献や，配偶者自身の生活保障等が考慮されて，配偶者が取得した財産のうち1億6,000万円または法定相続分のいずれか多い額までは，税を課さないことにした（相続税法19条の2）のである。本来夫婦財産制で処理すべき問題が相続に持ち込まされた現状の是正という側面もある。

(3) 事実婚配偶者

　相続は財産関係の処分であり，画一的処理が必要とされることから，相続権は戸籍上確定できる法律上の妻に限定されている。内縁配偶者は，他に相続人がいない場合には特別縁故者（⇨227頁）となりうるが，相続人がいる場合は，相続権では救済されない（遺族年金の受給権等で法律上の妻より事実婚配偶者が認定される場合もある点につき171頁参照）。

　なお，事実婚夫婦の共有居住用不動産につき，一方の死亡後は他方が単独で使用する同意が推認できるとして，相続人からの不当利得の返還請求を否定した判決がある（最判平成10・2・26民集52巻1号255頁）。従前からの内縁配偶者の居住の保護を旨としたものではあるが，登記のない実質的共有不動産でも同様に解されるのか，登記名義人である相続人が第三者に譲渡した場合，登記のない事実婚配偶者と第三者とのいずれをより保護すべきか等の問題は残っている。

2　同時存在の原則と胎児

(1)　同時存在の原則

相続は被相続人の死によって相続が開始すると同時に，（観念的に相続開始の瞬間に）財産が相続人に移る制度である。したがって相続開始の瞬間に相続人は権利能力のあるものとして存在していなければならない。これを相続における同時存在の原則という。

(2)　胎児の出生の擬制

相続開始の時点ではまだ生まれていない例外的状況として，胎児の問題がある。たとえば子どもが3人おり，4番目の子はあと数日で生まれるという状態で，父親が死亡したとする。同時存在の原則からすれば，上3人の子には相続権があり，4番目の子は生まれるのが数日早ければ相続権があったものの，数日遅かったために相続権がないということになる。

同じ父の子でありながら，偶然的要素の強い理由で相続権の有無が左右されることは妥当ではない。そこで民法は「胎児は，相続については，既に生まれたものとみなす」(886条1項)とし，さらに「胎児が死体で生まれたときは，これを適用しない」(同条2項)とした。

この条文の解釈をめぐり，学説上二つの相異なる見解がある。第1は胎児には相続能力はなく，生きて生まれたときに，相続開始の時点に遡って相続能力が認められる（停止条件説）とするもの。第2は胎児そのものに相続能力があると擬制され，死産だったときに，相続開始時に遡及して，相続能力を失う（解除条件説）とするものである。

胎児の能力をめぐる判例は，大正時代に停止条件説を採用した判決が下されて以来出ていないが，解除条件説の方が胎児中にも潜在的相続権があることになり，母を代理人として訴訟に参加しうるという，胎児側のメリットはある。

なお胎児の始期をいつとするか，新しい問題が生じている点は，今後の生命倫理全体の枠組みの中で考えていかなければならない。

さらに関連して，夫の死後凍結精子で懐胎した子を夫の子と認めよとの訴があり，最高裁はこれを認めなかった (74頁)。夫の死後に胎児となったのであるからそもそも886条の適用の余地はないものの，新しい生命倫理の課題である。

```
╭─────── THEME ───────────────────────────╮
│                                         │
│  代襲相続                                │
│                                         │
│   1  代襲相続はなぜ必要か                │
│   2  妻の代襲問題とは何か                │
│                                         │
╰─────────────────────────────────────────╯
```

❖関連条文──887条

1 代襲相続はなぜ必要か

(1) 代襲相続の意義

代襲相続という言葉自体は，すでに血族相続人（⇨147頁）の項で出てきた。被相続人より先に相続人である子，兄弟姉妹が死亡，または廃除や欠格のために相続権を失った場合に，本来の相続人の直系卑属（兄弟姉妹の場合は子）が，相続人に代わって相続することである。

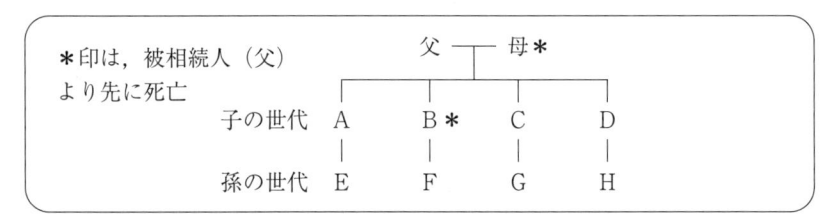

```
┌─────────────────────────────────────────┐
│                    父─┬─母＊            │
│ ＊印は，被相続人（父）  │                │
│  より先に死亡       ┌──┼──┬──┐         │
│                     │  │  │  │         │
│   子の世代    A   B＊  C   D            │
│               │   │   │   │            │
│   孫の世代    E   F   G   H            │
└─────────────────────────────────────────┘
```

上図で子の世代のうちBだけがその父（孫よりみた祖父）より先に死亡している場合，父の財産が同時存在の原則により，A，C，Dのみが相続するとしたら，Bの子であるFにとって，他の孫が親を通して祖父の財産を承継し得たのに，同じ孫ながら相続財産の恩恵にあずからないのは不平等であると思うであろう。旧来の家的志向も否定し得ないものの，このような心情的側面をも考慮して置かれている制度である。

(2) 代襲相続の要件

(a) 被代襲者（代襲される者）

被相続人の子と兄弟姉妹だけである。親，配偶者には代襲相続はない。

代襲が発生するのは，相続人の死亡，欠格，廃除の三つの場合だけである。昭和37年の改正までは，「死亡」以外には「その相続権を失ったとき」となっていたので，相続放棄も代襲原因となるかどうかが問題であった。現在では法文上欠格と廃除に限定されたので，たとえば配偶者がなく，相続人である子が全員放棄をした場合は，孫が代襲するのではなく，第二順位である尊属が相続することになる。

　昭和37年の改正前は，現行の「相続開始以前」という文言が，「相続開始前」となっていた。同年に新設された同時死亡の推定規定（32条の2 ⇨144頁）に合わせて上述のように改正されたものである。

(b) **代襲者（代襲する者）**

① 被相続人の子（相続人）の子，再代襲の場合はさらにその子　ただしその子は被相続人の直系卑属でなければならない（887条2項ただし書）。たとえば下の(a)図で被相続人の子のうちAが実子，Bが養子であり，さらにその子のうちDは縁組前に産まれた子であるときは，Dは被相続人の直系卑属ではなく，代襲者とはならない。

　なおここでいうその者の子には，代襲原因である欠格・廃除後に生まれた子であっても，相続開始のときに存在していれば含まれると解されている。

② 兄弟姉妹の子　この場合は再代襲はない。下の(b)図で被相続人に配偶者も子も尊属もいない場合，Aより先にBが死亡していればCは代襲できるが，Cも先に死亡していても，Dは相続できないことになる。

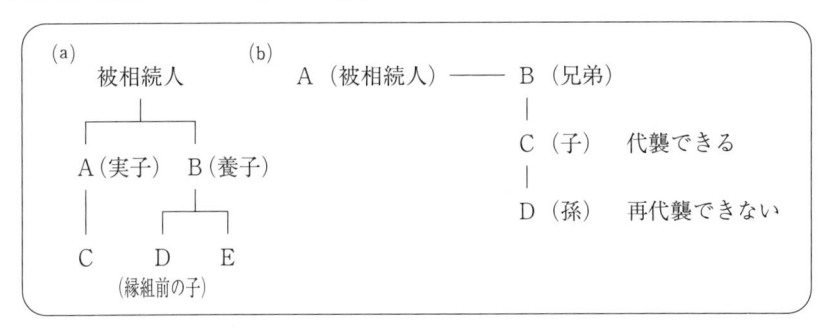

```
(a)                    (b)
    被相続人              A（被相続人）――― B（兄弟）
   ┌──┴──┐                │
 A（実子） B（養子）         C（子）　代襲できる
   │    ┌──┴──┐            │
   C    D    E             D（孫）　再代襲できない
      （縁組前の子）
```

2　妻の代襲問題とは何か
(1)　農家の嫁の相続権
(a)　子がいないと相続なし
　親と息子世代が共に農業や家内工業などを営むケースで，後継者であるはずの息子が親よりも先に死亡した場合，息子の妻が，夫の死後も家業や家事労働のほか，親の介護も担う例は現代でも未だ存在している。こうした状況で親が死亡した場合，息子夫婦に子どもがいれば，子が父を代襲して祖父母を相続することができるが，子がいない場合には，息子の妻は一切の相続権を有しないことになる。

(b)　特別縁故者制度
　それでは妻の立場が不憫であるとして，昭和37年の改正時以来，妻にも代襲相続を認めるべきかが議論されてきた。結局同年の改正では，特別縁故者制度（⇨227頁）は新設されたが，この制度は相続人が他にいない場合にだけ機能するもので，夫の兄弟姉妹などがいる場合には，妻の救済になるものではなかった。

(c)　寄与分制度
　その後昭和55年の改正でも，妻の貢献にどのように報いるかが論争となったが，寄与分（⇨200頁）の創設という結果で終わった。実はこの寄与分制度は，特別縁故者とはまったく逆に，相続人の間で，とくに被相続人の財産蓄積に寄与した者にのみ適用されるものである。夫が生きていれば夫の相続分に妻の寄与分を含めることも可能であるが，夫死後の妻は相続人ではないことから，これも妻の保護にはならなかったのである。

(2)　介護をめぐる現代的問題
(a)　介護の重圧
　昭和37年改正にしろ55年改正にしろ，その議論の主たる対象は，農家など家業に従事するの長男の嫁であった。しかし現在はむしろ，介護問題がクローズ・アップされている。介護の負担の重さに反し，相続権がないことで財産的に報われないことを不合理として，「妻の相続権」問題などと称されて，社会

問題ともなっている。

　高齢社会に入り，介護はますます重圧となり，職業を辞めて介護に従事するケースや，介護する側の家庭崩壊の例なども珍しくはない。そこで介護を社会化する必要性が唱えられ，家庭内での，家族のみによる介護から，社会全体が支える制度の構築として，平成12年から介護保険制度が導入された。

(b)　介護の非法的側面

　介護保険制度は，システム上も運用上も課題が多いが，理念としては，介護を社会化するべきであるとした点と，介護が金銭的に評価しうる労働であると位置づけた点は意義がある。

　そもそも介護の問題は，法律問題としてより，社会的問題として喚起される側面が多い。たとえば女性だけが介護を負担している現状，とくに夫の親の世話を妻（親からみていわゆる嫁）が看ることが当然視されていることへの感情的わだかまり等々である。したがって家庭内では金銭的に解決することが必ずしも最良の処理ではないことは，誰もが考えるところであった。

　介護には必然的に機械では代替できない部分が残り，介護者と被介護者との心情的交流が，介護の質を決めるほど重要な要素である。そこでもし介護を金銭的報酬ではかった場合，金銭欲しさの介護を生むことにはならないかという危惧論，さらには介護を担う立場にある人びとの間からも，報酬を支払っているのだから負担の重さや苦情を口にすべきではない，などといわれるのは心外とする声も出るにいたった。

(3)　介護の法的評価

(a)　次善策としての金銭評価

　それでは，これを法律的にみた場合，どのような解決ができるであろうか。心情的側面を法的に処理することはきわめて困難である。そこで次善策として介護労働を金銭的に評価することが考えられた。その一は契約的構成である。しかし同居している親子の間での契約は馴染みにくく，普及しにくいという難点がある。また事務管理法理により介護者の努力に報いる方法もあるが，いずれにしても裁判を経なければならない。

家庭裁判所の審判例の中には，妻が夫の親の介護をした場合，相続人である夫の補助者とみなし，妻の介護を夫の寄与として考慮しようとするものも現われている。しかし前述のように夫が先に死亡し，子どもがいないケースでは，他に夫の兄弟などの相続人がいれば，寄与分制度は活用できない。

(b) **配偶者の代襲は妥当か**

そこで農村問題だけではなく，介護を通しても，やはり妻にも夫を代襲して相続することが必要とする意見が出てくることになる。しかし立法化するのであれば，すべての配偶者に代襲を認めなければならない。たとえば配偶者と死別した者が再婚した後，元配偶者の親の相続財産を承継する意義はほとんどない。

そもそも代襲の原理は血の承継であり，上下ではなく対等な関係である夫婦にこれを持ち込むことには賛成できない。むしろ一方で介護保険制度を国民生活に適合するように修正しつつ，介護の社会化をより促進し，他方で被介護者の側にも，能力のある間に遺言や任意後見制度を活用して，負担を負う者の権利を思いやる意識が要求されることになろう。

RESEARCH in DEPTH！

▶父を殺そうとして刑を受けた息子は，祖父より先に父が死亡した場合，祖父を代襲相続できるか。
▶直系卑属が承継する代襲相続は，結局血の承継であって，現代的意義は少ないので，なくすべきであるという意見をどのように考えるか。

> **THEME**
>
> 相続の権利を剥奪する制度
>
> 1 相続欠格
> 2 相続人の廃除

❖関連条文──891条〜895条

> **Overall View**
> 　親の財産欲しさに親を殺した者に，親を相続する権利はあるだろうか。殺人罪として刑に処されても，相続権を失わないとしたのでは，あまりに不合理である。
> 　そこで法は一定行為を列挙し，これに当てはまる場合に，相続権を奪うことにした。どのような場合に，どのような剥奪制度があるのだろうか。

1　相 続 欠 格

(1)　欠格制度の意義

被相続人に対して一定の非行をした相続人から，当然に相続権を剥奪する制度である（891条）。次項の廃除との違いは，非行の程度の違いであるが，その存在理由については，財産秩序を違法に乱したこと（特に1号，2号），あるいは被相続人との信頼関係を不当に破ったこと（3号，4号，5号）への制裁と説明されている。

(2)　相続欠格にあたる場合

①　故意に被相続人または相続について先順位もしくは同順位にある者を死に至らせ，または至らせようとしたために，刑に処せられたもの（1号）。未遂であっても故意がある以上，これに該当するが，過失の場合は該当しない。

なお「刑に処せられた」の文言は，刑の執行猶予の場合について，問題を残すが，執行猶予期間満了の場合は欠格に該当しないと解されている（⇨刑法27条）。

② 被相続人の殺害されたことを知っても，これを告発も告訴もしなかった者。ただし物事を正当に判断する能力がないとき，または殺害者が自己の配偶者または直系血族であったときは除外される（2号。⇨刑法「親告罪」参照）。

③ 詐欺または強迫によって，被相続人が相続に関する遺言をし，これを取り消し，またはこれを変更することを妨げた者（3号）。

④ 詐欺または強迫によって，被相続人に相続に関する遺言をさせ，これを取り消させ，またはこれを変更させた者（4号）。

⑤ 相続に関する被相続人の遺言書を偽造し，変造し，破棄しまたは隠匿した者（5号）。

なお遺言書の偽造，変造に関する判例では，外見上偽造，変造となる場合でも，遺言者の意思を実現させるため，方式の具備した有効な遺言書にさせるために，押印する行為は偽造，変造にあたらないとしたものがある（最判昭和56・4・3民集35巻3号431頁）。

(3) 欠格となる場合の故意は何をさすか。

相続欠格に該当するには，故意で891条各号に規定した行為をしたことと，さらにその相続について，不当な利益を得ようとする目的で上の行為を行ったことも要件とするかが問題である。1号から4号までは目的意思が無くとも欠格となるが，特に5号についてはこれまでは「二重の故意」の問題として，学説の分れるところであった。

しかし平成9年に最高裁が，遺言書の破棄・隠匿に関する事件で，不当な目的でないときは，欠格にあたらないとした（最判平成9・1・28判時1594号53頁）ことで，二重の故意が必要であることが判例上確定した。

(4) 欠格の効果

① 欠格原因に該当する場合は，当然に相続権が剥奪される。家庭裁判所への請求は必要はない（次節の廃除とは異なる）。受遺能力も失う（965条による891条の準用）。

欠格原因が相続開始前に発生すれば，発生したその時に，また相続開始後に発生した場合は，相続開始時にさかのぼって相続権を失う。

② 欠格は被相続人と相続人中の特定の者との関係であるから，その効果は相対的である。たとえば息子が父の相続に際して，父を殺そうとしたのであれば，父との関係で相続欠格となり，その後に母の相続があったとしても，母との関係では欠格者ではない。

このように，ある特定の者に対しての相続権剥奪であるから，欠格者をその子が代襲することは可能である。

③ 欠格者を被相続人自身が許すことは可能だろうか。次節廃除については取消（894条）の規定があるが欠格にはこの点についての規定は存在しない。かつて判例は，相続の効果は確定的であり，また規定がないことをも根拠として，許すことができない。すなわち「宥恕（ゆうじょ）しえない」としていた。通説も一旦欠格になると，もはや回復の余地はないと解している。

しかし受遺能力がなくとも生前贈与を受けることができ，またそもそも相続の根拠として被相続人の意思の推測もあると考えるなら，被相続人の自由意思で許すことを可能にする途も残しておくべきとする学説もある。

2　相続人の廃除

(1)　廃除とはなにか

廃除制度の意義　欠格は一定の重大な不正行為を行った場合，当然に相続権を失うものであったが，被相続人がある特定の者に対し，欠格には該当しないが相続させたくないと思う状況はある。このような場合のために遺言があり，さらにこの者以外の者に贈与あるいは遺贈させることで，特定の人間に相続させない方法をとり得る。

ところが直系卑属・尊属および配偶者には遺留分制度（1028条。⇨277頁）があり，遺言や遺贈によっても，遺留分権者が減殺請求権を行使する限り，完全に相続させないとすることはできない。そこで，被相続人の意思で，遺留分をも否定する制度として設置されたのが廃除である。

なお遺留分がない者には廃除する必要がないので，兄弟姉妹は廃除されない。兄弟姉妹に相続させたくなければ，その趣旨の遺言を残すか，他の者に贈与または遺贈すればよいことになる。

虐待，重大な侮辱，著しい非行それぞれの認定については，被相続人の内心のみならず客観性が必要である。判例では相続人の行為が相続的協同関係を破壊する程度に客観的に重大なものであることを要するとしている（東京高決平成8・9・2家月49巻2号153頁）。

(2) **廃除の原因と手続**

(a) **廃除の原因**（892条）

廃除される場合とは，遺留分を有する推定相続人に以下の原因があったときである。

① 被相続人に対して，虐待をし，重大な侮辱を加えたとき。
② その他の著しい非行があったとき。

(b) **廃除の方法**

廃除は被相続人自身が生前に家庭裁判所に請求する方法と（892条），遺言で廃除の意思表示をする方法（893条）とがある（⇨資料編「推定相続人廃除届」）。遺言の場合は遺言を執行する者が請求することになる。

どちらの場合も，請求を受けた家庭裁判所は，廃除に該当するかどうかを判断することになるが，その基準は当該家庭の社会的立場や，被相続人側の責任の程度なども加味され，一律ではない。

(c) **廃除の効果**

廃除の審判が確定したときから，被廃除者は相続権を失う。遺言による審判の場合は，相続開始に遡って相続権を失う（893条後段）。なお廃除の効果が相対的，一身専属的であることは，欠格と同じである。

廃除の請求があり，その審判が確定する前に相続が開始したときは，家庭裁判所は遺産管理人の選任など，必要な処置を講ずることになる（895条）。

(d) **廃除の取消**

廃除は被相続人の意思を尊重した制度であるから，被相続人が廃除したこと

を取り消そうと思えば，いつでも，とくに理由を示すことなく取り消すことができる（894条1項）。ただしその手続も家庭裁判所への請求であり，審判によって確定する。取消によって廃除の効果は消滅し，相続人の地位を回復する。

RESEARCH in DEPTH !

- ▶891条2号の規定は，どのような根拠で制定されたのであろうか。夫が子どもに殺された場合に，妻（母）がこれを告発しないことが，無理もないことと是認されるであろうか。同号の現代社会での存在意義についても論じよう。
- ▶詐欺または強迫によって遺言がなされ，その後遺言者自身が96条によって取り消した場合，891条4号に該当して相続欠格となるであろうか。
- ▶欠格者が事実上相続し，その相続財産を第三者に譲渡した。後で真正相続人から返還請求された場合，第三者は返さなければならないだろうか。
- ▶父が非嫡出子を廃除し，その後その非嫡出子を養子にした場合，廃除された子は養子としての相続権を有するであろうか。

Ⅲ　相続の効力

> **THEME**
>
> **相続財産となるもの**
>
> 1　「一身専属」とは何か
> 2　相続財産の範囲
> 3　祭祀財産

❖関連条文──896条〜914条，884条〜885条

> **Overall View**
>
> 　亡くなった被相続人の財産すべてが相続財産となるのであろうか。死亡したことで獲得された財産や将来発生する予定であった財産権等はどうであろうか。
> 　明らかに相続財産であるもの，また明らかに相続財産とならないものは定義づけられる。ここでは相続財産かどうかが問題になるものを主として取り上げて考えてみよう。

相続財産の確定はいかにするか　　相続が開始すると，法定相続人は被相続人の一身専属以外の財産上の一切の権利義務を承継する（896条）ことになる。ここで問題となるのが「一身に属するもの」には何が含まれるかと，「財産上の権利義務」には何が入るかの2点である。

前者は、一般的には当人の意思にもとづいて行われる法律行為であっても、一身専属として相続の対象にならないのでは不合理な結果が生じるような場面であり、後者は一般的には身分行為から派生する権利義務であっても、専ら財産行為を目的とし、あるいは財産行為に直結して行われる法律行為は身分行為とはいえないとする考え方から、財産上の権利義務の範疇に入るか否かが論点となるが、通常は両者裏腹の関係にある。

これまで判例上争われた事例では、占有権、慰謝料請求権、即死の場合の損害賠償請求権、無権代理行為、遺族年金、死亡退職金、生命保険金請求権などがある。理論的には相続性を否定せざるを得ない場面での、現実的解決策として肯定するための理論構成が問題となり、判例と学説との相違や、税務、金融等の実務の扱いが異なる観点でなされていることの整合性などが問題となる。

1 「一身専属」とは何か
(1) 「一切の権利義務」の意味

相続人は相続開始のときから、「……被相続人の財産に属した一切の権利義務を承継する。ただし、被相続人の一身に専属したものは、この限りでない」（896条）と、民法は規定している。

この「一切の権利義務の承継」は、一般に包括承継と説明されている。つまり一身に属したもの以外のすべての権利義務を、まとめて承継するということである。個々の財産を全部引き継ぐのではなく、ちょうど被相続人と入れ替わるように、財産についての立場を引き継ぐことである。

このように説明するとあたかも明治民法時代の戸主の地位の承継と同じかのように感じられるが、当然ながら明治民法の戸主としての立場である地位の承継はない。あくまでも財産権だけである。したがって物権、債権はもとより、債務、売り主としての担保責任などの負債も、たとえば悪意の第三者として生じた財産上のマイナスの効果なども含まれる。そして除外されるのが、次の一身専属権である。

(2) 承継されない権利――「一身に属するもの」の意味

896条は，承継されない例外として，「一身に属したもの」と規定しているので，文理解釈的には，何が一身に属するかが問題になりそうである。しかしたとえば，被相続人だけに帰属する権利でありながら，相続が認められているもの（慰謝料請求権，168頁等）もある。したがって一身専属であるかどうかで，相続財産に含まれるか否かを決定することはできない。

同条のただし書きの意味は，たとえば配偶者たる事実から生じる夫婦間の義務のように，明らかに承継されないものを例として示したもので，具体的に問題となりそうな権利は，個別に（たとえ一身専属的であろうとも）相続財産となるかどうかを検討してみなければならない。

2 相続財産の範囲

上で説明したように，原則として被相続人に属したものすべてから，一身専属であるものを除いたものが，相続財産ということになる。しかしなかには，はたして一身専属かどうかが不明確，あるいは境界線上にあるものもある。そこで，相続財産になるのかが問題となりそうなケースを個々に考えてみよう。

(1) 占有権は相続できるか

本来占有は，事実的支配権であり，被相続人の死亡によって，現実の占有が消滅したのであるから，占有権も消滅し，したがって相続しないと考えるのが理論的には自然である。旧民法では被相続人の占有状況（自主か他主か，瑕疵の有無とその態様，平穏・公然の是否，善意・悪意の別等）が相続人に承継されるべきことが明言されていた（旧民法192条）。現行法ではこの規定は存在しないが，相続人が被相続人の占有を承継し得ないとすることは不合理である。判例も，学説も，占有権の相続を認めている（最判昭和44・10・30民集23巻10号1881頁）。

なぜこれが問題か――承継した占有権の性質　相続人Bは占有物を現実に自分の管理下におくことができたとする。Bの占有している権利とは，被相続人Aから承継した占有権であろうか，それとも自分固有の占有であろうか。

被相続人Aの占有が悪意のものであった場合，相続人が善意無過失で占有を開始しても，あくまでも悪意の占有の承継とみなされるのであれば，自己の善意無過失の取得時効は，容易に完成しないことになる。

そこで最高裁判所は，相続人は自分の占有だけを主張することも，被相続人の占有に自分の占有を合わせて主張することもできるとした（最判昭和37・5・18民集16巻5号1073頁）。また判例は相続人に所有の意思がある場合は，「新権原」により自主占有にいたったとみなすことができるともした（185条。最判昭和46・11・30民集25巻8号1437頁）。

なお被相続人と同居していた相続人の相続開始後の占有についての例として，相続開始から遺産分割終了までの間，使用貸借契約の成立が推認されるとした最高裁判決がある（遺産の共有⇨184頁。COLUMN「父所有家屋に無償で同居していた子は，父死亡後は他の相続人（兄弟）に家賃を払うべき？」参照）。

(2) **生命侵害（死亡）による損害賠償請求権**

(a) **財産的損害賠償請求権**

交通事故の例を想定してみよう。通常，運転者の過失により事故となり，相手が障害を負った場合，相手方である被害者は損害賠償を請求することができる。しかしこの被害者が即死した場合，被害者は死亡の瞬間に法的能力を喪失し，したがって損害賠償請求権を取得することもないことになる。これでよいだろうか。

〈重傷なら賠償があり，即死ならなしは不合理〉

即死ではなく重傷の場合は，事故により本人が損害賠償請求権を取得し，数秒後であれ数時間後であれ，その後に死亡した場合には，相続人が請求権を相続により承継することになる。しかし重傷より重い被害を受けた即死の場合に上のケースのように損害賠償を受けられないとすることは不都合である。

判例もこの問題では揺れ動き，当初は相続を否定していたが，その後即死の場合にも傷害を受けた瞬間と死の間には，観念的に間隔があるとして相続を肯定する判決が出て（大判大正15・2・16民集5巻150頁）以来，現在にいたっている。

Ⅲ 相続の効力

〈即死でも相続できる説〉

学説は判例の立場と同様，時間的間隔で相続性を根拠付けるもののほか，死亡は傷害の極限概念であるとするもの（極限概念説），被害者たる死者は損害賠償権の範囲内で観念的に法的人格が存続しているとするもの（人格存続説），相続人が被害者たる被相続人の地位を承継することで，相続人が損害賠償請求権を原始的に取得するとするもの（法的地位承継説）等，いずれも相続性を根拠として賠償を認める説がある。

〈相続法理を使わず被害者救済する説〉

即死の場合の損害賠償を相続すると考えることは，実利性はあっても理論的には矛盾である。そこで相続すること自体を否定する説も主張されている。相続でなければ遺族固有の権利と構成することになるが，その内容については諸説ある。扶養請求権の侵害とするもの，被害者の逸失利益を遺産として取得するはずの利益の喪失分とするものなどである。

相続否定説は，「死の時点で死者に属していなかったものには相続もない」とする論理一貫性で共通する。具体的利点は，法定相続人以外で被害者に扶養されていた者，生活をともにしていた者などがいた場合に，この人々が固有の請求権を持つことができる点にある。

〈死の時期決定は難しい——死は瞬間ではなく期間〉

かつては死の時期が問題となるのは，死後に死亡推定時刻をめぐってのものであった。しかし今は，死を迎えようとしている人を目前にして，死か死でないかが論争されている。臓器移植法は脳死（心臓は動いているが脳幹部は不可逆的に機能しない状態）を死であるとみなすことから出発した立法である（⇨142頁参照）。同法の立法および法改正をめぐる論争から分ったことは，医学的にも死の時は確定的には決定できないということである。

こうしてみると，即死といえども被害の瞬間と死の間には，観念的に間隔があるとする前述大正15年判決以来の判例の立場は，新しい医学的見地からも，是認しうる共通の基盤にたっているともいえよう。いわゆる死そのものに一定の間隔があり，死の始期から死の終期までを死の期間とすれば，観念的といわ

ずとも、死者が請求権を獲得すると考えてしかるべきである。

法定相続人以外の者を救済しうる説は魅力的である。しかし相続を否定しなくとも、事実上の家族には、扶養の権利の侵害として固有の請求権を認めることができる。事実婚の増加（⇨第1編8頁）現象および、法定相続の厳格性の問題と関わることでもある。

(b) **慰謝料請求権**
〈「残念」と叫べば慰謝料請求か〉

慰謝料とはそもそも精神的損害を受けた場合に発生するものである。そこで被害を受けたものが慰謝料請求の意思表示をした後に死亡した場合は、請求権が相続され、意思表示がなかった場合は、請求権自体存在しなかったのだから、相続も当然ないとするのが、理論的帰結である。

しかし意思表示というのも偶然的要素が大きい。そこで当初判例はこの不合理さの解消のため、「残念・残念」と叫んだことが慰謝料請求の意思表示になるとし、しかしまた「助けてくれ」と言っただけでは請求の意思表示にならないなどと、意思表示に固執する見解を展開していた。

とはいえこの論理が現実的でないことは、財産的損害賠償の際の、重傷の後の死亡と即死との比較でも明らかなように、最も重い損害のときほど賠償を受けられないという不合理な結果を招く。

この判例法理に対し学説は、特別な事情がない限り当然に相続すると主張してきたが、最高裁は昭和42年に判例を変更して、被害者は損害の発生と同時に慰謝料請求権を取得し、請求権を放棄するなどの特別の事情がない限り、請求の意思表示などの格別の行為をすることなく行使できると判示した（最判昭和42・11・1民集21巻9号2249頁）。

〈精神的慰謝料も財産侵害と同じでよいか〉

慰謝料請求の相続性に関しては、学説は賛否に分れる。慰謝料の本質から、一身専属性を否定しえないからである。とくに即死の場合には、上述の死の一定期間を想定してみても、何らの請求の意思表示がないのに相続人が本人の慰謝料を請求するのは、結果の妥当性を求めた法技巧にすぎるといわざるを得な

い。もはや本人の慰謝料とは言いがたい。

　むしろ遺族がその固有の慰謝料を請求するほうが法理論上も素直である。ただし問題は，生命侵害に対する固有の慰謝料請求権を持つのは，父母，配偶者，子に限定されており（711条），たとえば祖父母や兄弟姉妹などが除外されていることである。

　しかし祖父母や兄弟姉妹は先位相続人がいる場合は，必ずしも相続人になるとは限らず（889条），また逆に法定相続人以外の同居の親族に，甚大な苦痛を受けたとして，711条の類推適用を認めた判決（最判昭和49・12・17民集28巻10号2040頁）も出ていることから，字義どおり慰謝料はそれぞれに固有のものと考えても問題はないであろう。むしろ被害の大きさに応じて，即死以外の場合には，相続と遺族固有の慰謝料の両者を合算して請求することも可能であり（最判昭和33・8・5民集12巻12号1901頁），結果的には妥当な結論が見出せよう。

(3) 無 権 代 理

　息子が，父所有の不動産を勝手に処分した後で父が死亡した場合（A例）と，父に勝手に自分の物を処分されたがその父が死亡した場合（B例）との双方ともそれぞれ父の相続により，本人と無権代理人の地位が息子に帰着することになる。この場合の無権代理行為の効力はどうであろうか。

(a) 無権代理人が本人を相続する場合（A例）

　かつて旧法時代の家督相続に関して，判例は本人と代理人との資格が同一人に帰するにいたった以上は，本人が法律行為をしたのと同じ（大判昭和2・3・22民集6巻106頁）とした。現行法でもこの原理は踏襲されている。無権代理人が本人の共同相続人の1人であったが，他の相続人が放棄したことにより，単独で本人を相続した事例でも，最高裁は大審院の判例法理を踏襲して（最判昭和40・6・18民集19巻4号986頁），無権代理行為を有効とした。本人として追認を拒絶したり，無権代理人の資格として損害賠償の責めを負うのは，相手方に不利益を与える行為であり，許されないからである。

　なお本人を共同相続した者のうちの1人が無権代理人である場合には，この無権代理行為を追認するためには共同相続人全員でしなければならないことか

ら，追認がない以上，無権代理人の相続分だけが当然有効になるものではないとする判決（最判平成5・1・21民集47巻1号265頁）がある。

また本人が無権代理行為の追認を拒絶した後，無権代理人が本人を相続したケースでも，無権代理行為は有効にはならないとされた（最判平成10・7・17判時1650号77頁）。

(b) 本人が無権代理人を相続する場合（B例）

無権代理人が本人を相続した場合に無権代理行為の効力は変らないとする根拠を，判例と一部の学説は，相続によって本人自らがその法律行為をしたのと同一の法律上の地位につくからと説明する。あるいはほぼ同じ趣旨ではあるが「相続は人格の承継」であるからとするものもある。これらの説によれば，本人が無権代理人を相続する場合であっても同様に，無権代理行為は有効と解すべきである。

ところがA例と異なりB例の場合は，たとえ相続であっても無権利者の行為を本人が無条件に責任をとらなければならないとするのは不当であるとする考え方もある。そこで「信義則」を根拠に無権代理行為を否定することが信義則に反しない場合には，無権代理行為が当然に有効になるとは限らないとする判例も現れた（最判昭和37・4・20民集16巻4号955頁）。

それでは無権代理人である被相続人が負っていた債務はどのようになるのであろうか。判例は相続人である本人が追認を拒絶できる場合といえど，債務を免れることはできないと判示した（最判昭和48・7・3民集27巻7号751頁）。つまり無権代理行為の結果生じた債務そのものは，A例でもB例でも変ることがなく相続の対象であり，本人は無権代理人の債務を承継するというものである。

COLUMN
父が出金した子ども名義の預金や不動産は誰のもの？

亡き父は生前，配偶者や子どもの名義で預金していた。1,000万円まで預金保険機構で保護されると聞いたので，銀行の倒産に備え，家族名義に分散したのである。

また長男一家と同居するため二世帯住宅を自己資金で建てたが，土地と建物を登記する際，自分が死ぬと相続税がかかると思い，全部長男名義で登記した。父が死亡して相続が開始した場合，預金や不動産は名義上の者の所有でとなるであろうか，それとも父の相続財産となるのであろうか。

　遺産分割の前提として相続財産の確定が行われる必要があり，本来父の出資であるものは登記のいかんを問わず父の遺産となる。その後二世帯住宅を建てた趣旨などを考慮して分割が行われることになる。しかし問題は真実の立証が困難な場合と，金融機関や第三者が関わった場合に，無用に混乱を招きがちなことである。むしろ遺言制度の合理的活用を考えた方がよいと思われる。

(4) その他の権利義務

(a) 遺族年金・死亡退職金・生命保険金請求権

　この三種は遺産ではなく，相続とは別個の扱いを受ける。遺族年金については，厚生年金，共済年金などの特殊法人ごとに，年金受給権者の規定を置いている。総じてその者の収入により生計を維持していた者が受給権者となっている（たとえば，厚生年金法58条など）。しかし重婚的内縁がある場合に，法律婚の妻と，被相続人と生活をともにしていた内縁の妻との間で，受給権をめぐって権利関係が不明確となり，双方で按分して受給すべしとする審判例も出ている。有責配偶者からの離婚請求が，例外的に認められるにすぎない（⇨第1編「離婚」48頁参照）現状では，困難な問題でもある。

　死亡退職金についても，個々の法人の規定に，受給権者，順位などの定めがある場合は相続財産とはならない。受給権者である遺族固有の権利（最判昭和55・11・27民集34巻6号815頁）となる。特殊法人規定にない場合でも，相続財産ではないとする判例がある。財団法人理事長の死亡退職金が妻に支払われたが，これは相続人代表としてではなく，妻個人に支払われたものであるとして，他の相続人からの遺産分割の請求を否定したものである（最判昭和62・3・3判時1232号103頁）。

以下に判例に表われた具体的事例を見ていこう。

> 【ケース1】——保険金請求権が相続財産に含まれるか否かが争点
> 　自動車販売会社従業員XはA観光会社従業員Bに対し，月賦で自動車を売った。ところがBは代金の3分の1弱を支払ったところで，交通事故により死亡した。Bの相続人Cは限定承認をし，Bの財産を清算した上で，Xには未払い金残金の一割程度を支払った。
> 　A観光会社は従業員およびその家族を被保険者として，団体交通事故障害保険契約をD保険会社との間で締結しており，Bもこれに加入していた。この保険契約では個別的な保険金受取人の指定は行っておらず，約款に「受取人の指定がないときは被保険者の相続人に支払う」と記載されていた。Cはこの保険金請求権は相続財産には含まれないとして清算を行ったものである。その後Cは死亡したので，保険会社はCの相続人であるYらに保険金を支払った。
> 　Xは「保険金請求権はBの相続財産に属する。Cはこの保険金で相続債権者に弁済しない限り，相続債務の責任は免れない」として，Cの相続人Yら4名に，自動車代金の残額と利息の支払を求めたものである。

本件で最高裁は「受取人の指定がないときは被保険者の相続人に支払う」との約款は，保険金受取人を相続人と指定したのと同然。……そして，その保険金請求権は，保険契約の効力発生と同時に相続人たるべき者の固有の財産となり，遺産からは離脱すると判示した。

保険金に関する判例法理をまとめると，受取人が被相続人自身であれば相続財産であり，被相続人が保険者となって保険料を負担し，家族等が受取人になる場合は，民法上第三者のためにする契約となり，受取人固有の権利となる。受取人欄に「相続人」と書かれている場合は相続人が固有の権利として取得する。共同相続の場合，取得する保険金の割合は特段の事情のない限り，相続分の割合によるとされている。

なお会社が保険料負担する契約の場合，会社が受取人となり，その金額を死亡退職金として遺族に支払うことが多い。死亡退職金の受取人が法定相続と異なる順位で内規等により定められている場合や，執行機関によって決定される場合は遺族固有の財産となり，定めがない場合は相続財産となるとする判例がある（最判昭和62・3・3判時1232号103頁）。

> 【ケース2】──生命保険金の相続財産性が争点（直接的には遺留分減殺の事例）
> 　Aは自らを被保険者とする保険契約を締結し、これとは別に会社の団体保険契約（Aを被保険者とし、保険料もAが負担）にも入っている。両保険とも当初妻であるXを死亡保険金受取人としていたが、AXの関係が不和となり、Aはこれら保険金の受取人を父であるYに変更した。Aが死亡したので、XはYに対し、保険金受取人変更が権利濫用により無効であること、およびXが保険金支払い請求権を有することの確認を求めて、さらに保険金受取人変更は死因贈与契約であり、これに遺留分減殺の意思表示をするので、遺留分相当額の保険金支払い請求権を有すると訴えた。

　本件で最高裁は自己を被保険者とする生命保険契約の契約者が死亡保険金の受取人を変更する行為は、民法1031条に規定する遺贈または贈与に当たらない。なぜなら死亡保険金請求権は指定された受取人が自己固有の権利として取得するのであって、被保険者から承継取得するものではないからである。したがって相続財産ではない（最判平成14・11・5判時1804号17頁）と判示した。
　ちなみに本判決では遺留分についての判断はなされなかったが、学説は減殺対象となるとする見解が多い（COLUMN「生命保険金と遺留分減殺請求」参照）。

　生命保険金請求権は一般的には契約の内容によって発生するので、相続ではないと考えられる。しかし場合によっては持ち戻し（⇨198頁）の対象とされる場合もある。被保険者が死亡した場合、受取人をどのように設定（契約）しているかで違いが出てくる。状況に分けてみてみよう。
　① 受取人として相続人の名前が記載されている場合　被保険者死亡と同時に、受取人として記載された者に保険金請求権が発生する。これは受取人の固有の財産である（大判昭11・5・13民集15巻877頁）。
　② 受取人として「被保険者死亡の場合はその相続人」と記載されている場合　記載されたその相続人の固有財産となる。遺産ではない（最判昭40・2・2民集19巻1号1頁）。この場合この相続人が放棄しても保険金請求権は失わない。「指定がない場合は相続人に払う」という約款がある場合も、相続人が直接取得した相続人の固有の権利である（最判昭48・6・29民集27巻6号737頁）。

③　受取人と指定された者が死亡し，再指定しないまま被保険者が死亡した場合　商法はこの場合の措置として，受取人と指定された者の相続人が受取人となると規定する（商法676条2項）。ただし相続原理によるのではなく指定された者の相続人が受取人の権利を原始的に取得するものである。したがって複数の相続人がいる場合その割合は，相続分ではなく，427条（数人の債権者ある場合の債権の割合は平等）により平等とされる（最判平成4・3・13民集46巻3号188頁）。

COLUMN

生命保険金と遺留分減殺請求

肯定説（諸説）の根拠
1．受取人指定行為は実質的には遺贈と同視すべき財産無償処分と認められる。
2．生命保険は積立預金の性質を持っているから遺贈，または贈与類似の無償処分と解される。
3．契約者が受取人を指定しないで死亡すれば相続財産の一部となり，遺言によった場合は遺贈に属することとの均衡を考えれば，現実の買戻し価格の限度で遺留分算定の基礎に加算すべきである。

否定説の根拠
1．受取人固有の権利である生命保険金請求権を遺留分規定で侵害することは形式的に無理がある。
2．生命保険金の相続性を否定しながら遺留分算定の基礎財産に含めるのは論理矛盾である。

ちなみに税制上は生命保険金，死亡退職金とも課税対象（相続税法3条，7～9条）とされている。

ただし課税の種類は，保険料負担者の違いにより異なる点に注意が必要である（以下の表参照）。

保険料負担者	被保険者	生命保険金受取人	税金の種類
相続人	被相続人	相続人	所得税
被相続人	被相続人	相続人	相続税
第三者	被相続人	相続人	贈与税

(b) 借家権・身元保証債務・財産分与請求権など

　借家権が相続の対象であることは問題ない。相続人がいない場合については，昭和41年の借家法改正により，内縁の妻等の居住権保護規定を新設した（同7条ノ2・借地借家法36条）ことで一応の解決がはかられることにはなった。

　しかし相続人がいる場合にはまだ問題が残る。判例に現れたものでは，借家権を持つ内縁の夫が死亡した後，内縁の妻，事実上の養子に家主から明渡請求があった場合と，内縁の妻に対して内縁の夫の相続人からの明渡請求があった場合がある。前者の場合，判例は内縁の夫の相続人が承継した借家権を援用して家主に対抗できるとし（最判昭和42・2・21民集21巻1号155頁），後者の場合は相続人がこの家屋を使用しなければならない差し迫った必要がないのに明渡請求するのは権利濫用であるとして，内縁の妻と子を保護した（最判昭和39・10・13民集18巻8号1578頁）。財産権である貸借権の法理の貫徹よりも，居住者の保護を重視したものであるが，住宅事情の社会的背景に左右された面もあり，判例法理の時代的背景も考える必要があろう。

　身元保証債務については一般的に相続性が否定される。通常の保証債務であれば原則として相続の対象になるが，身元保証の場合は一身専属性が強く，その他限度額や期間などの定めが明確でない「包括的信用保証」なども，当事者間の信頼関係を基礎に成立するので，特段の自由のない限り相続の対象にならない（大判昭和2・7・4民集6号436頁）とする。

　財産分与請求権の相続性については，財産分与請求権の性質から分析しなければならない。以下のケースで考えてみよう。

　【ケース】　夫Aと妻Bは離婚の協議をし，AはBに対して1,000万円の財産分与をすることで協議が成立した。しかしその支払いが行われる前にAは急死したので，Aの相続が開始した。Aの相続人はAB間の子CとD（いずれも成人）である。
　BはC，Dに対して，AのBに対する財産分与義務をC，Dが相続したとして財産分与請求の審判を申し立てた。認められるであろうか。

このようなケースで審判例は財産分与義務の相続を結論としては肯定するものが多い。その根拠は財産分与義務中の清算的要素は，財産権であることによる。しかし扶養的要素については見解の分かれる点である。判例によると，配偶者相続権の根拠は潜在的持分の取戻しと生活保障にあるが，離婚の場合にもその必要性があること，財産分与請求を認めても相続人に過大な義務を負わせることにならない（放棄・限定承認などがあるから）こと，扶養義務の相続は条文上（881条）否定されていないこと，を根拠として認めている。

3 祭祀財産

(1) 祭祀財産の特殊性

民法は系譜，祭具および墳墓などの祭祀財産は，相続とは別に，慣習に従って承継することを規定し（897条），さらに「被相続人の指定に従つて祖先の祭祀を主宰すべき者があるときは，その者」が承継することもある。しかし「被相続人の指定」についての方式が法定化されているわけでもなく，全体として具体的内容が明確とはいえない規定様式となっている。

(2) 慣習とは何か

指定がなければ，当該の地域，あるいは当事者の出身地等の慣習による。審判例にみえる慣習をめぐる事例では，改正民法施行以降でありながら，家制度下の慣習によるべきかどうかで争われたものがある。生前から被相続人と親しく接し，亡き後は墓地を管理し，供養を続けている者からの申立てがあり，明治民法下であれば家督相続人に該当するので当然に祭祀等を承継すべきであるとして遺骨を保管している者に対し，申立者への遺骨引渡を命じた審判例などである。

(3) 家庭裁判所の決定

指定がなく，慣習も明らかでないときは家庭裁判所が審判で決定することになる（897条2項）。決定基準については，血縁や親等の序列のみならず，被相続人との親密度，生活の共同性，墓地・位牌等を管理するに至った経緯，利害関係人全員の生活状況や意思などが総合的に評価されるとしている（東京高決

平成 6・8・19 判時1584号112頁）。

　祭祀承継者は法定相続人であるとは限らない。永年共同生活関係にあったとして，妹を排して内縁の妻に決定したもの，独立して生計をともにしていなかった長男・二男を排して家業の農業を継ぎ生計をともにしていた二女に承継させたもの，葬儀に際しては長男として喪主を務めたが，生前は別居し交流もなかったとして，この長男を排し，生前被相続人の看病をし，実際に法要をしている二男を祭祀承継者とした事例などがみられる。

(4) 祭祀承継と遺産分割との関係

　祭祀承継者は祭祀承継に伴う法的権利義務を負うであろうか。判例は祭祀をいとなむ法律上の義務も，他の相続人がこれに協力すべき法律上の義務もないという。すなわち897条は祭祀を行うものが遺産中祭祀に関係する物の所有権を承継することを定めているだけであり，遺産中から祭祀料を控除する必要はないとする（東京高決昭和28・9・4判時14号16頁）。あるいは受遺者が祭祀主宰者に指定されたからといって，これを負担付遺贈（⇨261頁）とすることはできないとしたものもある。遺骨・遺骸も原則として祭祀を主宰すべき者に帰属するとされる（最判平1・7・18家月41巻10号128頁）が，祭祀承継者は1人とは限らず，後妻と先妻の子とがともに指定された事例（前掲東京高決平成6・8・19）もある。

COLUMN

ゴルフ場の会員権は相続財産か

　預託金会員制ゴルフクラブの会員が死亡した。そこでこの会員の相続人は本人が会員資格を失ったのだから，ゴルフ場経営会社に対して入会保証金の返還を求めた。しかし会社から拒否されたので，訴訟を提起したが，最高裁は原則として相続の対象ではないとする判断を下した。

　いわゆる「ゴルフ場会員権」というものには，施設の優先的利用権，年会費納入義務，退会時の預託金保証金返還請求権などを内容とする債権的法律関係（会員契約上の地位）と，ゴルフ場施設を利用する「会員たる資格」の部分とがあり，後者の会員たる資格は一身専属的で相続の

対象とはならない。前者の契約上の地位については，会則上預託金の返還を求めることができると規定されていない限り，相続人は預託金返還請求できないとされた（最判平成9・12・16判夕964号95頁）。

ゴルフ上の財産的価値は，経済状況にも左右され変動が激しい。当然相続されるものばかりではないので，よく会則を確認することが必要となる。

RESEARCH in DEPTH!

▶無権代理に関する昭和40年の最高裁判例は，大審院判決を踏襲しているが，相続制度が大きく変更したにもかかわらず，明治民法下での判例が先例として踏襲されることに問題はないであろうか。

▶借家に住む内縁の妻の，夫亡き後の保護につき，賃借権の援用や権利濫用では理論的に限界があるとして，居住権説や家族生活共同体説がある。それぞれ根拠を整理してみよう。

III 相続の効力　179

> **THEME**
>
> 遺産分割
>
> 1　相続財産の共有と管理
> 2　分割の基準・種類
> 3　分割の方法・効力

✤ 関連条文──898条, 899条, 906条～914条

> **Overall View**
>
> 遺産分割が行われるまでは, 相続財産はどのような状態に置かれ, 誰がどのように管理するのか──遺産共有の性質。
>
> 分割は, 実際にはどのように行われ, 分割した後はどのような問題が発生するか。

1　相続財産の共有と管理

(1)　相続財産共有の意味

(a)　共有か合有か──分割前の処分の可否が争点

　民法は「相続人が数人あるときは, 相続財産は, その共有に属する」(898条) と規定している。相続人が数人いるばあい, 分割後は各相続人がそれぞれ承継するが, 分割するまでの間は「共有」であるという意味である。

　そこでこの「共有」という言葉の意味をめぐり, かつては合有説, 共有説, 折衷説と, さまざまに議論されてきた。とくに昭和22年の改正までは, 持分の処分が認められない合有説も支持を得ていた。合有説によれば, 遺産共有は民法上の組合財産の共有 (668条) と同じ性質, すなわち合有であり, したがって遺産分割があるまでは, 持分の処分ができないものと考えられていた。

ところが戦後の民法改正で，遺産分割の遡及効によっても，第三者の権利を害することができないと規定された（909条）ことから，合有説は理論的に矛盾をきたすことになり，戦前から現在までの判例の立場，すなわち249条以下の共有と同じ性質とする考え方を支持する学説が多い。

(b) **物権法上の共有と同じか――相続の特有性**

遺産分割が終了するまでは，共同相続人の共有に属する（898条）と規定されている。本来共有であれば共有物の分割請求も，持分譲渡も自由（物権法上の共有に関する249条以下）のはずであるが，遺産分割は遺産の性質と相続人の事情を考えて行うようにと定められている（906条）。さらに共同相続人の一人が第三者に譲渡した場合，他の相続人は価額・費用を償還して譲り受けることもできる（905条）。実質的に共有物の持分処分の取消である。

そこで遺産の共有とは物権法上の共有と異なり，持分処分の制約を受けた共有，すなわち合有ではないかとの見解が生じる余地がある。この見解を合有説と称し，基本的に民法の規定する共有とする立場を共有説と称する。

合有説を採った場合，遺産分割の遡及効によっても「第三者の権利を害することができない（909条）」との文言と抵触することになる。持分処分が不可能であれば，そもそも第三者の関わる余地がないからである。

もっとも合有説においては第三者の権利を害することができないと規定した909条の意味は，積極的に処分を認めたというよりも，例外的に第三者を害することが生じた場合の，第三者保護のための規定と考えられている。

このように考えると，合有的制約のある共有とするのが適当とすると思われるが，相続財産は組合ではないから，相続財産を合有登記することは不可能であり，結局，共有的に考えることが適当ということに帰着する。判例は共有説を採るが，下級審のなかには合目的的に捉えるものもある。要は共有に拠りつつも，いかに持分処分を制約するか（合有的に判断するか）が問題である。

共有と合有の最大の差異は持分の処分ができるかどうかにある。合有では共同所有者間には共同の目的があり，各自はそれぞれ持分は持つが，それは潜在的に帰属するだけで，各自が自由に処分はできないとする。判例の中にも個々

の相続財産上の権利は確定的ではなく，浮動的・潜在的権利である（東京高判昭和45・3・30家月23巻1号65頁）として，協議による分割が一次的処理である相続の趣旨からも，合目的的に考えるべきとする下級審決定もある。

(2) **遺産分割までの管理**

(a) **共有規定の（類推）適用とその限界**

相続が開始すると同時に遺産は共同相続人の共有状態（遺産共有）となり，遺産分割が確定することによって相続人各自の単独所有となり，これが相続開始にさかのぼって効力を生ずることになる。相続開始から遺産分割までの期間がどの程度かは個々の場合によって異なるが，いずれにしても相続開始と同時に遺産分割が行われることは，通常はありえないことであり，したがって分割前の相続財産の管理が問題となる。しかしこれについて，法文上の明文規定はない。そこで前述のように合有的処理が適当であるとはいっても，法文上は共有物の管理規定が（類推）適用されることになる。

共有物管理規定によれば，保存行為は共同相続人各自が単独で行うことができ（252条ただし書き），管理行為は相続分に従い多数決で決定し（252条），処分行為は全員の同意が必要となる（251条）。問題は遺産に関する行為のうち何が保存行為であり，管理行為にあたり，あるいは処分行為となるかであり，具体的事例としては単独処分が可能か，遺産分割前に分割請求ができるか，などとして現れる。以下に判例に現われたケースを探ってみよう。

(b) **遺産分割前の相続分譲渡と課題**

遺産分割前に相続分が譲渡されることは現実にはよくあることである。例えば相続人はＡ，Ｂ，Ｃ３人，相続財産は甲，乙，丙３箇所の不動産であるとして，Ａが甲不動産を第三者Ｄに譲渡し，Ｄが登記を経た。その後遺産分割により甲不動産はＢが取得することになった場合，Ａ，Ｂ，Ｄの権利関係はそれぞれどのようになるであろうか。遺産分割と登記のテーマで論じられる問題である（192頁参照）。しかし前提として分割前の持分権の処分を分割までの一定期間待つことを法律は要求すべきではないかとの遺産分割の本質に根ざした基本的課題がある。また民法上の理解と課税関係の扱いにも隔たりがある。例えば

課税はいつの時点を基準になされるのであろうか。遺産分割が行われるまでは譲渡対象の資産は確定していないのである。譲渡所得課税を留保し，最終的に譲り受けた土地の課税に修正することがよさそうだが，その根拠はどこにあるのか，租税法上修正するには条文上の根拠がないだけではなく，手続上の障害もあって，譲渡時点での課税関係の更正の請求実務的には困難とのことである。

このように現実社会は民法理論どおりに動かない。その現実を民法がどのように理論付けるかが問題となるゆえんである。さらに以下では問題となるものを個別に見ていこう。

(c) 金銭債権・現金の共同相続

最も一般的な例が銀行預金である。被相続人名義の口座から，分割前に共同相続人各自の持分に応じた金額を払い戻すことができるであろうか。

判例は共有説をとることから，金銭債権については当然に分割されるという結論になりそうである。平成3年最高裁判決は，相続人の1人が持ち分につき預金の払戻し請求をした場合，他の相続人の同意書を求めることは不要（最判平成3・4・19民集45巻4号477頁）と判示した。可分債権として各相続人に当然に帰属することを根拠とする。しかしその後も，現実には相続人間の公平さを期するには，金銭債権を遺産分割から除外すると当事者の意向に反するなどの事情で，遺産分割の対象とする審判例もある。

なお審判では全員の合意あるときには遺産分割に含めることが可能とするのが通例である。その場合持分以上を承継した者が債務者に対抗するには，何らかの通知をする必要があるであろうか（対抗要件の必要性）。判例は467条の対抗要件を要するとする。その理由は，債務者には審判結果が公示されないことにある。相続人の範囲は，一応戸籍で公証されているから分割帰属は債務者にもわかる（ただしわからない場合もある。その場合は債務者にとって不利となる）が，審判結果は当然には外部には出ないからである。債務者に酷であることは，取引の安定性を害することであり，これも利益関係者の法的立場を検討するひとつの要請であると考えられている。

金融機関の扱いも一様ではない。共同相続人の同意が無い限り支払いを拒絶

する例も多い。当然分割である以上，各共同相続人の持分の払い戻しに応じてしかるべきであり，郵便貯金払い戻し請求事件では持分払い戻しを認め，これを拒否した国が敗訴した例もある。だからこそ実務としてはトラブルに巻き込まれないために全員の同意を証明する書類の提示がない以上は払い戻しを拒否するのであり，法理と実務の齟齬ともいえよう。こうした事情から金融機関の板ばさみを配慮した判例もある（払い戻さないことに合理性ありとする）。

　結局理論的には当然分割でも，実際の運用上，不都合が生ずる場合があり，その解決策として何が配慮されるべきかの検討が肝心である。ちなみに一定期間据置きをし，分割払戻しをしない条件で預入する定額郵便貯金については，据置期間の間は遺産分割の対象となると判示した事例がある（福岡高決平成17・12・28家月58巻7号59頁）。

　なお金銭債権の性質が直接争われたものではないが，相続人の1人Aが金融機関から全額の払い戻しを受けたのに対し，他の相続人BがAに対し，自己の法定相続分について不当利得にもとづく返還請求をした事案がある。Bの請求に対しAは，「金融機関のAに対する払い戻しは債権の準占有者に対する弁済に当るので，金融機関に対するXの債権は消滅しておらず，Bには損害が発生していない」と主張したものである。最高裁はこのようなAの主張は信義則違反であると判示した（最判平成16・10・26，判時1881号64頁）が，遺産の特性を考慮しても，まさに信義則理論の生きる場合であるといえよう。

　現金については，動産としての側面もあり，一種の債権としての性質も有する。金銭を管理している共同相続人の1人に対する，他の相続人からの支払い請求を否定した判例があり（最判平成4・4・10家月44巻8号16頁），共有とは矛盾する判決ではある。遺産管理人名義で管理，あるいは預金されている以上，遺産分割の対象となり得，このように解することが分割時に他の遺産の中で最も調整しやすいという現金の性格から，分割を円滑の行う実質的解決策でもあろう。

　共同相続財産の管理に関し遺産である建物を単独使用している相続人に対し，他の相続人からの不当利得返還請求が認められるかが争われた判例については，

下のCOLUMN「父所有家屋に無償で同居していた子は，父死亡後は他の相続人（兄弟）に家賃を払うべきか」にある通り，契約当事者の地位の承継の一事例である。

COLUMN

父所有家屋に無償で同居していた子は，
父死亡後は他の相続人（兄弟）に家賃を払うべきか

父と息子達のうちの1人が同居生活をしていたが，父が死亡し，息子1人が引き続き父の家に住んでいた。生前父は無償で同居していることに対し，何も言ってはいなかった。

ところが，被相続人である父の死亡により，同居していない他の兄弟（共同相続人）から，この家屋が遺産であるとして，不当利得にもとづく賃料相当額の支払いを求められた。

これは相続開始後も使用貸借契約が存在するとみなしうるかどうかが争われた事例である。最高裁は，「……特段の事情がない限り，被相続人と同居の相続人の間に，死亡後も，遺産分割により所有関係が最終的に確定するまでの間は，引き続き無償で使用させる合意があったと推認されるので，……他の相続人が貸主となり，同居の相続人を借主とした使用貸借関係が存続しうる」と判示した（最判平成8・12・17民集50巻10号2778頁）。

(d) 債務の共同相続

可分債務の具体的問題は，相続債権者は各相続人に対し，全額分の履行請求ができるかとして発生する。法定相続分に応じて債務負担すると考えるのが判例の立場である。この考え方によれば，債権者は各相続人の分割負担分にしか請求し得ず，相続人中に無資力者がいる場合は，その者の負担分は弁済を受けられないことになる。そこで債務者の死亡という予期せぬ出来ごとにより債権者にリスクを負わせることが不当であるとして全員に対し全額請求しうるとする学説もある。

連帯債務の相続の場合はどのように解すべきであろうか。右頁の表は夫が友

人とともに1000万円の連帯債務を負い，その後死亡した場合，相続人である妻と2人の子がどのように債務を負担するかを示したものである。判例は，連帯債務といえど，可分債務と同様分割承継されるとし，妻と子Ａ，Ｂはそれぞれの相続分の限度で，父の友人と連帯して責任を負うものと判示した（最判昭和34・6・19民集13巻6号757頁）。しかしそれでは連帯債務の担保力が弱まり，さらに友人の側にも相続が発生した場合には複雑な関係になり，債権者を害することになるとの批判もあるところである。しかしかといって各相続人が全額につき連帯債務を承継すると債権者の関わり知らぬ偶然の事情（父の死）により債権者に過大な担保を提供することになる。相続人と債権者のどちらを優先すべきかが問われることになる。なお，債務の弁済と共同相続人間内部の求償は別問題であるから，連帯債務承継説においても自己の相続分を超えて弁済した者は他の共同相続人に求償しうることは当然である。

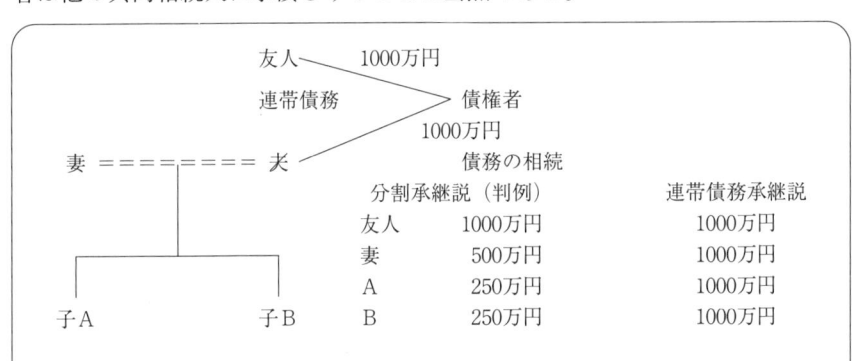

```
            友人 ――――― 1000万円
                  連帯債務 ＼
                            ＼
              連帯債務      → 債権者
                            ／
                         1000万円
   妻 ＝＝＝＝＝＝＝＝ 夫        債務の相続
      │                   分割承継説（判例）      連帯債務承継説
      │                   友人  1000万円          1000万円
      │                   妻    500万円           1000万円
      │                   Ａ    250万円           1000万円
   ┌──┴──┐              Ｂ    250万円           1000万円
   子Ａ    子Ｂ

   判例；各相続人は自己の法定相続分に応じた分割債務を負い，各自その範囲
   において，本来の債務者と共に連帯債務を負うとする［上記昭和34年最判］。
```

2 分割の基準・方法・種類

(1) 遺産分割の意義

遺産分割とは共有関係にある相続財産を各相続人に分配し，以後各相続人の固有財産にすることである。遺産分割の対象となる財産はいつの時点を基準にするかについては後述のように問題となるものも多いが，家裁の審判例の多く

は相続開始時の相続財産ではなく，遺産分割時に存在する財産であるとして処理している。

具体的には株式の配当や利息，賃貸不動産の賃料など相続開始以降にあらたに生じた財産もある，逆に滅失したり減少したもの，他に形を変えたもの（売却した場合は，物がなくなり売却代金が残る），債権が残る場合（壊されて損害賠償請求権となるなど）などがある。原則的にこれらすべてが分割対象財産であるとされている。遺産分割手続きの開始からの全プロセスが遺産分割作業であり，協議書作成時や調停・審判終了を以って遺産分割が成立する。

遺言があれば，検認から始まる遺言にもとづく処理をする。遺言の有無にかかわらず具体的相続分を決定し，不動産移転登記を経て（未登記のままの場合もある），各財産の取得者を特定（確定）する作業が遺産分割である。

したがって相続財産の確定，相続人確定，特別受益・寄与分の確定等すべてこの作業の中に入る。通常は遺産分割終了後，遺留分を侵害されたものから減殺請求がなされるが，遺産分割手続きの中で遺留分について，ともに処理することもある。相続財産につき所有権紛争がある場合等，前提問題の処理が長引けば，すべて終わるまでは遺産分割未了である。ちなみに前述のように人事訴訟法成立によっても遺産分割前提訴訟事件の家庭裁判所への移管は行なわれなかったので，従来通り，前提問題は原則として通常裁判所の管轄である（後述「遺産分割の前提問題」参照）。

遺産分割協議書の作成は遺産分割完了の要件ではない。しかし分割終了後，登記あるいは預金の払い戻し等に際しては分割協議書の提示が求められることから，作成が必須と考えるべきである。分割協議書には一定の様式があるわけではない。しかし少なくとも遺産の内容と相続人が確定される形で記載されており，全員が協議に同意した旨の記載と署名押印が必要である。

> **COLUMN**
>
> **遺産分割協議書**
>
> 　平成○年○月○日，被相続人○○○○の相続につき，相続人全員は，以下のとおり遺産分割することに同意する。
> 　1．妻○○○○および長男○○○○は，以下の遺産をそれぞれ2分の1取得する。
> 　　　　土地　○○市○○町○丁目○番地
> 　　　　宅地　○○平方メートル
> 　2．長女○○は，以下の預金を取得する。
> 　　　　○○銀行○○支店　○○○名義　定期預金　○○○円
> 　3．長男○○○は，以下の株式を取得する。
> 　　　　株式会社○○○の株式　○○○株
>
> 　　　　　　　　　　　　　　　　　平成○年○月○日
> 　　　　　　　　　　　　　　　　　○○市○○町○丁目○番
> 　　　　　　　　　　　　　　　　　相続人　　○○○○　㊞
> 　　　　　　　　　　　　　　　　　○○市○○町○丁目○番
> 　　　　　　　　　　　　　　　　　相続人　　○○○○　㊞
> 　　　　　　　　　　　　　　　　　○○市○○町○丁目○番
> 　　　　　　　　　　　　　　　　　相続人　　○○○○　㊞

(2) 基準・方法

　906条には，遺産分割は遺産の性質と，相続人側の事情を考えて行うようにと定められている。相続人の中にもさまざまな職業があり，置かれた状況も異なる場合が多い。そこでどの財産を，誰に分配するのが適当かを，合理的に判断して決定するようにという趣旨である。

　とくに昭和55年の法改正で，職業以外に，年齢と心身の状態および生活の状況が追加されたことは，遺産分割が形式的平等原理だけではないことを示したものである。したがって裁判所での審判時のみならず，当事者間の協議においても，この原則が意味を持つこととなる。

具体的分割方法として，現物を分け合うこと（現物給付）で当事者が皆納得できれば，最も簡便な方法である。しかし公平に分け合うことができる場合ばかりではないので，その場合は差額分を金銭で埋め合わせる（補償または代償分割）か，相続財産を売却して代金を分け合う（換価分割），あるいはこれらを組み合わせた方法で分割することになる。

どの方法が適当かは，各相続人の「……年齢，職業，心身の状態及び生活の状況その他一切の事情……」(906条) を考慮して決定することになる。なお審判で換価処分を行う場合には家庭裁判所が必要ありと認めた場合に限り（家事審判法15条の4），さらに家事審判規則 (108条・109条) に従うことになる。

審判で相続分の変更をすることが可能かについては異論のあるところであるが，財産権としての相続分を規定する法文の位置付けから，否定に解す説が有力である。

(3) 遺言による分割の指定または禁止

被相続人は遺言で分割方法を定め，もしくは定めることを第三者に委託 (908条) することができる。ところで遺言で相続内容を指定してある場合，それが分割方法の指定か相続分の指定 (902条) か，あるいは遺贈 (964条) か，判断が難しいことがある。

「相続させる」遺言の解釈　とくに問題となるのが遺言に「相続させる」と書いてある場合である。遺言に○○（特定の財産）を△△（特定の人）に相続させると書いてある場合，この遺言の内容は，遺産分割の方法を指定したものか，遺贈か，さらにその場合所有権移転の効果を生じさせるためには，審判あるいは他の何らかの行為が必要か，について実務上も学説も論争があった。

最高裁は「遺贈と解すべき特段の事情がない限り，遺産の分割の方法を定めたものである。」(最判平成3・4・19民集45巻4号477頁) と判示し，その後の判例もこれを踏襲して，実務上は一応の基準ができたことになる。しかし判例理論は現実には必ずしも合理的解決にいたっていない場合もありそうである。以下に実例をみてみよう。

【ケース】　X会社の社長であった父死亡後，長男が社長，次男が副社長となって事業を行っていた。社屋がある土地の所有権は母（Xの妻）の名義である。ところがそのうち母と長男の仲が悪くなり，母は会社のこの土地を「次男に相続させる」という遺言を残して死亡した。長男は次男を会社から追放しようとして，会社として次男を相手取って占有妨害禁止の訴訟を起こした。そこで次男は土地明渡請求の反訴を起こした。
　どちらの言い分がとおるかは，母の残した「相続させる」の遺言の効力をどのように判断するかにより異なる（最判平成3・9・12を簡略化したもの）。

　「相続させる」とある場合の最高裁の法理は，前述のように原則として遺産分割方法の指定と解するものである。相続させる遺言のみで権利移転効果が生じ，それ以上の協議や審判を要しないことから，「遺産分割効果説」とも称される。しかし判例法理に対しては分割方法の指定であってもなお，分割協議もしくは審判を必要とするもの，同様に分割方法の指定ではあるが相続分の指定を伴なわないとするもの，遺贈と解すべきとするもの等，学説の批判が多出している。たとえば相続分の指定も含むとすれば，負債がある場合には指定されたものは負債の相当額も負うことになる。一般に相続させると書き残した者の意図を考えるならば，負債まで負わせるつもりはないであろう。

(4)　分割の種類
　分割は，いつでも協議で行うことができる（907条）。ただし前述の遺言による指示がない場合に限る。遺言による指定もしくは指定の委託が「指定分割」であり，当事者の協議による方法が「協議分割」である。
　協議で分割する場合は当事者の自由な話合いによるが，協議の結果が債権者を害するものである場合は，取り消されることがある（詐害行為，424条）。たとえば相続人の中に，連帯保証人として保証債務の履行を迫られている者がいる場合，この者の持ち分をゼロとする分割協議をし，この者が破産宣告の申立てをした事例では，裁判所はこれを詐害行為と認定した（最判平成11・6・11判時1682号54頁）。

協議が整わないときは，裁判所に分割の請求をすることになる（907条2項）。これが裁判分割であるが，遺産分割は乙類事項（⇨親族法編20頁）であることから，申立てがあれば調停分割，調停が不成立の場合，分割審判が行われる。これが審判分割である（⇨資料編「遺産分割審判調停申立書」）。

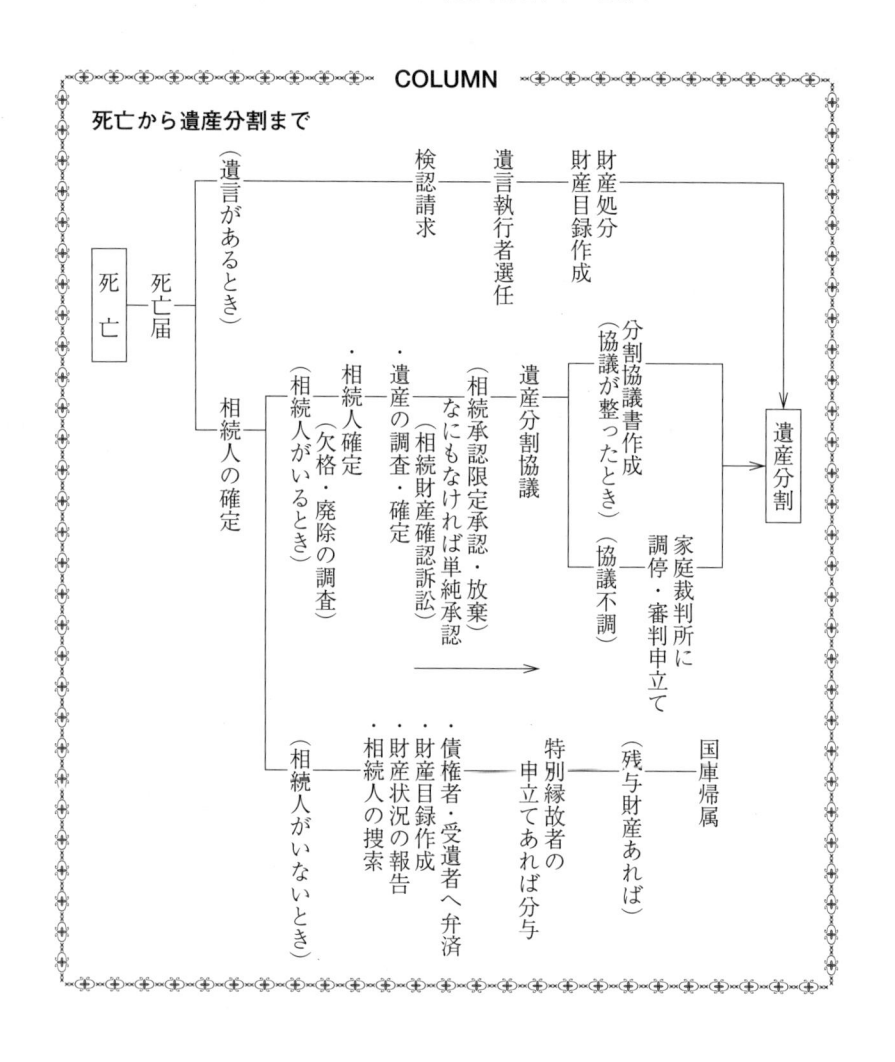

COLUMN

死亡から遺産分割まで

死亡 — 死亡届
 ├─（遺言があるとき）— 検認請求 — 遺言執行者選任 — 財産目録作成 — 財産処分 ─────────┐
 ├─ 相続人の確定   │
 │   ├─（相続人確定）   │
 │   │   ・欠格・廃除の調査   │
 │   ├─ 遺産の調査・確定   │
 │   │   ・相続承認限定承認・放棄（なにもなければ単純承認）   │
 │   │   ・相続財産確認訴訟   │
 │   ├─ 遺産分割協議 — 分割協議書作成（協議が整ったとき）────────────────┤
 │   │   └─（協議不調）— 家庭裁判所に調停・審判申立 ───────┤→ 遺産分割
 │   │   └─（残与財産あれば）— 国庫帰属
 │   └─（相続人がいるとき）   │
 └─（相続人がいないとき）— 相続人の捜索 — 財産状況の報告 — 財産目録作成 — 債権者・受遺者へ弁済 — 特別縁故者の申立てあれば分与

3　分割の審判と効力
(1)　遺産分割の前提問題

　遺産分割は家裁で処理する非訟事件である（昭和22年の改正以前は家裁ではなく通常裁判所の管轄であった）。しかし遺産分割を行うにはその前提として，遺言の評価（遺言の有効性），遺産の範囲，相続人資格の有無などに争いがある場合も多い。これらを遺産分割の前提問題という。

　これらは実体的権利義務に関わる問題であるから，通常裁判所での訴訟事項である。しかしあらゆるケースで，前提問題をすべて訴訟で解決してからでなければ，審判に着手できないのというのでは，時間もかかり訴訟手続上も不合理なことも発生する。前提問題を審判手続のなかでも行いうるとすべきかどうかをめぐる論争は長く続いていたが，最高裁は審判のなかで前提問題を扱うことができることを明言した（最大決昭和41・3・2民集20巻3号360頁）。ただし審判には既判力はないので，不服がある場合は訴訟を提起できる。つまり訴訟で争う権利を奪ってはいないからこそ，実体的権利義務でありながら審判で判断が下されてもよいとされたのである。もっとも現実には訴訟での解決がなければ審判が進まないケースが多いことも事実である。

COLUMN

家事審判の違憲性問題とは

　上記昭和41年の最高裁大法廷決定は，非公開で行われる遺産分割事件が憲法32条・82条に違反するとして争われた違憲訴訟であった。最高裁は遺産分割審判の性質は非訟事件だから，公開法廷における対審手続をとらなくてもよいと決定を下した。

　遺産分割の前提となる権利関係の存否については，本来訴訟事項として扱わなければならないが，審判手続で審理判断されても，別に民事訴訟を提起でき，その結果民事判決によって権利の存在が否定されれば，分割審判の効力もその限りで失効するので問題はないとしたものである。

　なおその後この判決の具体的争点に関連して，当人の持分は問題とせずに，ある特定の財産が遺産であるかどうかの確認を求める訴えが可能

> かどうかが争われた事件で，遺産分割の対象となる財産であることを既判力をもって確定することは，原告の意図にもかなった紛争解決方法であると判示し，訴えの利益があるとしたものがある（最判昭和61・3・13民集40巻2号389頁）。

(2) 分割の効力

(a) 分割の遡及効の意味

遺産分割の効力は，相続開始時に遡って生ずると規定されている（909条）。しかし通常は相続開始から遺産分割までは，多かれ少なかれ時間のズレがあり，財産自体にも増減がある。すでに存在していた共有状態を無視して，共有状態での変化がなかったことにするのには無理がある。こうしたことから現行民法は，第三者の権利を害することはできないという文言を追加した（909条ただし書）。

遡及効を文字どおり解釈すると，分割が相続開始時にあったものと擬制して，相続開始と同時にその効果を発生させる（宣言的効力）ことになるが，ただし書きとは必然的に矛盾する。従ってただし書きの趣旨を生かすとすれば，遺産分割の外観を信頼した善意無過失の第三者のみがただし書きによって保護されると解することになる。しかし不動産の売買に際し登記簿を閲覧するのが当然であることから，過失なく信じた第三者はほとんど存在しないことになり，この見解でもただし書きの存在意味が無くなってしまう。そこで多くの学説は，相続開始からの時間の経過に即して，権利関係の変動があった場合にこれと異なる分割がなされた場合は，お互いに交換・譲渡し合って移転を完了させる（移転主義的効力）ことになると解し，判例も同趣旨の見解を示している。

(b) 遺産分割と登記

移転主義に立つ場合の問題は登記との関係で出現する。次のケースで考えてみよう。

> 【ケース】　相続財産である不動産をA・B2人の相続人がBの単独所有とする分割協議をした。しかし協議後Aは，Bの印鑑証明書を悪用して，この不動産をAの単独所有名義で登記をし第三者Cに売却した。真実の所有者Bは登記なしでCに対して権利取得を対抗できるであろうか。

　判例の論理によると，Bは登記がなければ法定相続分を超える権利取得を第三者に対抗できない。つまり相続開始時の共有状態ではA・Bとも二分の一ずつの法定持分があり，遺産分割でBの単独所有にしたときにAの持分をBに移転したことになる。そこでAがさらにCに譲渡したのであるから二重譲渡と同じことになり，177条の対抗問題となり，したがって登記なしには対抗できないとするのである。

　学説の中にはCを保護する根拠を，善意の第三者保護（94条2項）や善意者保護法理などに求めるものがある。これらの説と判例との違いは，判例法理ではCが悪意の場合，Cが登記してしまえばもはやBは権利を主張することができないが，善意者保護法理ではBが保護される点である。

(c)　死後認知の場合

　相続開始後認知によって相続人となった者（⇨81頁）も相続権を有する。しかしすでに遺産分割が終わっている場合には，分割のやり直しをすることになり，いったん確定した権利関係がくつがえるだけでなく，関連した法律関係が複雑なものになる。そこで法律は，他の相続人がすでに分割その他の処分をした場合は，価額のみによる支払請求権を有する（910条）と規定した。

　本来認知の効力は出生時に遡るが，第三者の既得権を害することはできない（784条）。したがってすでに遺産分割が終了していれば，相続権を主張できないことになるはずである。しかしそれでは他の子に比較して非嫡出子の権利が著しく阻害されることになる。そこで共同相続人の既得権と被認知者との保護の兼ね合いをはかって，910条がおかれた。

　910条はなぜ価額による請求を規定するのであろうか。分割後の認知も相続

の開始時に遡及するが，相続時の胎児とは異なり死後認知の場合は予測可能性が少ない。そこで分割の効力を認め，関係者の不測の事態を避けることと，被認知者の相続権との均衡を測るために置かれたのが価額による請求制度である。なお母子関係には認知が発生しない（前述78頁）ことは，今後の課題ではあるが現状では判例のいうところである。遺産分割後相続人であることが判明した場合は，再分割となろう。

> RESEARCH in DEPTH！
> ▶遺産全部を相続させるという遺言があったとして，これに不服な他の相続人はどのような法的手段が考えられるであろうか。
> ▶遺産分割の前提問題として，共同相続人の中に胎児がいる場合，胎児は分割に参加できるであろうか。できるとすればどのような理論構成になるであろうか。その際遺産分割の特性として留意すべき点はどんなことであろうか。
> ▶母が死亡し，遺産分割を終えた後，他にも共同相続人たる子がいることがわかった。この場合910条が類推適用されるであろうか。910条の立法趣旨から考えてみよう（最判昭和54・3・23民集33巻1号294頁参照）。

THEME

相 続 分

1 相続分決定のプロセス
2 法定相続分
3 指定相続分
4 具体的相続分
　① 特別受益の持戻し
　② 寄与分

✣ 関連条文——900条〜905条

Overall View

相続分とはなに？
「相続分」の用語は，条文ごとに意味するところが異なり，3種類ある。
① 共同相続の場合に，各相続人が相続する割合（○分の△）——900条
② ①の割合にもとづいて計算した，具体的相続額——903条・904条の2
③ ①，②の相続分を持つ共同相続人としての地位——905条

1　相続分決定のプロセス

　相続分について，各条項が意味しているところは上のように厳密には三種の意味に分かれる。持分の割合というのもほぼ同意義である。これらはどのようにして決定されるであろうか。まずは法律が定める割合（法定相続分，900条）である。一般に最も多く用いられる用法ではあるが，これは未だ抽象的基準であり，その後の修正・変更がありうるものである。
　その修正の第一が遺言による指定である（指定相続分）。遺言での修正は絶対ではなく，共同相続の場合の一部の相続人について，遺留分規定に反しない範

囲で，権利義務の範囲を変更するものである。

　現行法は基本的に相続人間の平等を理念として法定相続分を規定しているが，相続開始以前に被相続人から多額の財産を得た者がいる場合など，形式的手続では平等性に欠ける場合も出てくる。その調整のために制定されたのが，特別に利益を得た者の特別受益の持戻しと，逆に相続財産増加に貢献した者の寄与分である。これらを参酌して算定されるのが，各自の具体的相続分である。以上の関係を一覧にすると，

・法定相続分＝抽象的相続分（900条，905条）——遺言，遺留分，特別受益，寄与分等により修正されうる。具体的相続分算定の基準。
・指定相続分（＝遺言）があれば法定相続に優先（902条）する。
　　指定相続分は遺言のみによる。遺言の解釈によっては遺贈・遺産分割方法の指定と解されることもある。
・具体的相続分（903条，904条の２）——現実に取得する相続分

　例①；「○○市○○区○○△番地の土地を□□に与える」は遺贈。
　　　　「○銀行の預金は妻に，△市の土地は長男に」は遺産分割方法の指定
　例②；１遺言書中に，相続分の指定，遺贈，遺産分割方法の指定が混在する場合もある。
　　　　「現在居住の家屋と土地は妻に，○○市の不動産は長男と次男が平等の割合で，□銀行の定期預金は長女に，株式は長女が３割と次女が７割とする」
　例③；遺言の解釈の問題
　　　　共同相続人中の一部の者にのみ指定した場合（902条２項）。
　　　　配偶相続と血縁相続との関係の差異を重視するか否かの問題となる。
　　　　子４人のうちの１人のみに２分の１の指定をした場合，指定された子の相続分は子の株のうちの２分の１と考えられる（通説）。

2　法定相続分

　相続分は一次的には900条に定めるところによることになる。相続人には血族相続人と配偶相続人があることは「相続人」の項（⇨147頁以下）ですでにみ

(1) 配偶者と子が相続人の場合

相続分はそれぞれ二分の一。子が複数いる場合は，子の間では平等で，この二分の一を子の数で均分する。非嫡出子の相続分は嫡出子の二分の一。ただしこの部分（900条4号ただし書き）は，かねてから違憲性の疑いがあり（高裁は違憲，最高裁は合憲），民法の一部を改正する法律案要綱では差別規定廃止が提案されている。

(2) 配偶者と直系尊属が相続人の場合

配偶者の相続分は三分の二，直系尊属の相続分は三分の一。同親等の直系尊属が複数いる場合は，三分の一を均分する（900条2号・4号）。

(3) 配偶者と兄弟姉妹が相続人の場合

配偶者の相続分は四分の三，兄弟姉妹の相続分は四分の一。兄弟姉妹が複数いる場合は，四分の一を均分する（同条2号・4号）。ただし，父母の一方のみを同じくする兄弟姉妹の相続分は，父母の双方を同じくする兄弟姉妹の相続分の二分の一（同条4号ただし書き）。

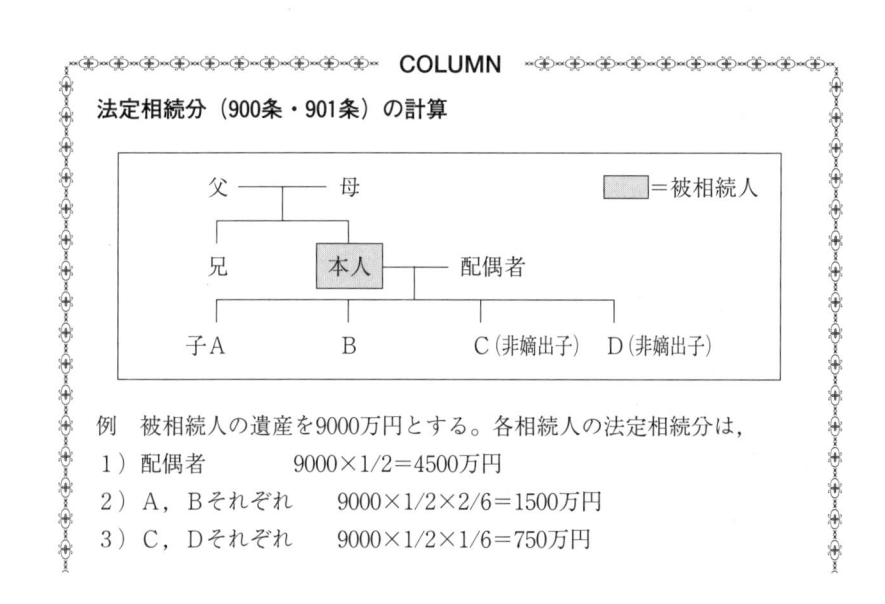

COLUMN

法定相続分（900条・901条）の計算

```
    父―――母              □=被相続人
    ┌──┼──┐
    兄  本人―――配偶者
        ┌──┼──┬──┐
       子A   B   C(非嫡出子) D(非嫡出子)
```

例　被相続人の遺産を9000万円とする。各相続人の法定相続分は，
1）配偶者　　　　　9000×1/2＝4500万円
2）A，Bそれぞれ　　9000×1/2×2/6＝1500万円
3）C，Dそれぞれ　　9000×1/2×1/6＝750万円

> 4）（もしも）子がすべていないとすれば
>   配偶者　　9000×2/3＝6000万円
>   父，母それぞれ　　9000×1/3×1/2＝1500万円
> 5）（もしも）祖父母も子もいないとすれば
>   配偶者　　9000×3/4＝6750万円
>   兄　　　　9000×1/4＝2250万円
> 6）特別受益がAに1000万円，Bに600万円ある場合（子はA・Bのみ）
>   配偶者　　（9000＋1600）×1/2＝5300万円
>   A　　　　（9000＋1600）×1/2×1/2－1000＝1650万円
>   B　　　　（9000＋1600）×1/2×1/2－ 600＝2050万円

3　指定相続分

　被相続人は遺言で相続分の指定，指定の委託をすることができる（902条）。指定相続分とはこの指定をいい，したがって必ず遺言で行わなければならない。次章「遺言」で扱うことにする。

4　具体的相続分

(1)　特別受益の持戻し

(a)　特別受益とは

　共同相続人の中に，被相続人から遺贈を受け，または贈与を受けたものがいる場合は，相続人間の公平をはかって，受けた特別の利益（特別受益）を相続分の前渡しとみなし，これも遺産の一部と考えることにしている。これが特別受益持戻しの制度である。

　とはいえ法律は被相続人の意思をも重視している。たとえ特別受益に該当する場合であっても，法規定と異なる意思を表示した場合，すなわち持戻し免除の意思表示をしている場合，遺留分（⇨277頁）に反しない限りはこの意思が尊重される（903条2項）。

　また遺産の一部とみなすといっても，すでに消費されて現存しないものもある。そこで次のような処理をすることになる。まず特別受益がある場合，被相

続人が相続開始のときに有した財産の価額に，この贈与の価額を加えたものを相続財産とみなし，法定相続分の規定によって算定した相続分の中からこの遺贈または贈与の価額を控除し，その残額をもって相続分とする（903条1項）。

(b) 特別受益の範囲

民法が特別受益として挙げているのは，遺贈，婚姻または養子縁組のための贈与，生計の資本としての贈与，の三つである。子どものうちの1人だけが大学教育を受けた場合の教育費が特別受益になるとした審判例もあるが，一般的に範囲を確定することはできない。具体的に個々のケースで，被相続人の資力や社会的地位，その他の事情で，共同相続人間の公平が欠けていたかどうかが決定基準となる。

相続分の確定等の審判がない場合に，特別受益であることの確認を求める訴えが可能か否かは論争のあるところであるが，判例は確認の利益を欠くとして，不適法とする。つまり「ある財産が特別受益財産に当たるかどうかの確定は，具体的な相続分，遺留分を算定する審判事件や訴訟事件の前提問題として審理されるので，そのような事件と離れて，特別受益かどうかだけを独立に判決によって確認する必要はない」というのが根拠である（最判平12・2・24民集54巻2号523頁，最判平成7・3・7判時1562号50頁）。

生命保険金については，相続性は否定（175頁参照）され，903条1項に規定する遺贈または贈与に係る財産には当たらないとして特別受益とはならないとしつつ，保険金請求権取得のための費用を被相続人が生前支払い，契約者である被相続人の死亡により，受取人である相続人に保険金請求権が発生していることにかんがみて，903条の趣旨に照らし，相続人間の不公平が是認し得ないほど著しい場合には903条の類推適用により，特別受益に準じて持戻しの対象となる（最決平16・10・29家月57巻4号49頁―養老保険の契約による死亡保険金の例）と判示された。同様に被相続人を保険契約者および被保険者とし，共同相続人の1人を受取人とする生命保険契約に基づいて相続人が受領した死亡保険金についても遺産総額に匹敵する利益であり，共同相続人間に生ずる不公平が903条の趣旨に照らし，是認し得ないほど著しいとして，特別受益に準じて持

戻しの対象となるとの例がある（東京高決平17・10・27家月58巻5号94頁）。

また「相続させる」趣旨の遺言により，特定物が相続人の1人に移転した場合も，特定遺贈と類似しているとして，903条1項の類推適用を認めたものがある（広島高岡山支決平17・4・11家月57巻10号86頁）。

死亡退職金も，一般的には生命保険金と同様であるが，生活保障的機能が重視される点で，持戻しを否定した審判例（大阪家審昭53・9・26家月31巻6号33頁）もある。

(c) 特別受益額の評価の仕方

法文は「……被相続人が相続開始の時において有した財産の価額にその贈与の価額を加えたものを相続財産とみなし，」（903条1項）とし，さらに「……受贈者の行為によつて，その目的たる財産が滅失し，又はその価格の増減があつたときでも，相続開始の当時なお原状のままで在るものとみなしてこれを定める。」（904条）と規定している。特別受益額の評価の基準時について，文言どおり読めば，金銭のように価値そのものは変動しないものと，株券や不動産のように増減があるものとでは，不公平な結果が生ずることもありうる。

そこで，学説では物価指数を使って相続開始時の価値に評価換えするとするものや，遺産分割のときの価値に評価換えすべきとするものなどがあるが，判例は，金銭については相続開始時の価値に評価換えするとした（最判昭和51・3・18民集30巻2号111頁）。

(2) 寄　与　分

特別受益とは反対に，プラス財産を提供したなど，遺産の蓄積に貢献した者がいる場合に，他の相続人との間を公平にするため，この者に多くの相続分を付与する制度である。昭和55年の改正で導入された制度であり，同年1月1日以降に相続が開始したものに適用される。

(a) 寄与者となりうる者

共同相続人の中で，被相続人の事業に関する労務の提供または財産上の給付，被相続人の療養看護その他の方法によって，被相続人の財産の維持，または増加に特別の寄与をした者（904条の2）が寄与者である。共同相続人でなければ

ならない。

　たとえば父母と長男夫婦とで農業を行っており，農業収益を父の個人財産として家計を維持しているような場合には，父の相続に際しては，農業に従事していない他の兄弟と比較すると，長男は事業に関する労務の提供を行っていることから，寄与者となりうる。

　しかし，ともに農作業をしている長男の妻は父の相続人ではないので，寄与者にはなり得ない。この点を不都合とみなし，長男の妻を長男の履行補助者や代行者と位置づけて妻の貢献をも評価しようとする審判例も存在する。しかし，もしも長男が父より先に死亡した場合には，子がいて代襲相続がない限り，妻の農作業の労務は寄与とは認定されないことになる。

　農業労働者の相続人の妻のみならず，相続人以外の者がいかに特別な貢献をしようとも，寄与の範疇には入らないことは，特別縁故者（⇨227頁）制度が相続人のいない場合にのみ機能することとあいまって，高齢社会の扶養に関わる現代的な問題を提起している（⇨137頁）。

(b)　**寄与とされる行為態様**

　民法が規定する行為態様は，「事業に関する労務の提供，財産上の給付，被相続人の療養看護」である。上の農業の例のような家業従事のほか，被相続人の事業資金の提供などの給付，療養看護に従事して看護費用の支弁を減少させた行為なども含まれる。

　問題となるのは扶養として提供した財貨が寄与であるか否かである。成人の子が親に対し経済的支援をするのは，法的扶養義務の履行（877条）であり，寄与には値しないとの見解もある。扶養義務自体，相続人たる子に形式的に同等に課せられるものではなく，扶養能力のある者の義務であるが，このことと相続の公平性は異なる観点からの立法ではある。しかし現実には相互に関連性が大きいことも事実であり，今後の課題の一つである。

　ついで夫婦間で，相互の協力が寄与とされるかの問題である。配偶者が血族相続人と同時に相続する際の，配偶者の実質的相続分の認定で，問題が発生している。わが国の夫婦財産制は，夫婦の実質的平等確保には不十分であること

もあり，寄与分に関わる調停・審判申立数が年々増加している。寄与の弾力的認定，さらには上記相続人にのみ限定されている点も含め，立法修正も望まれるところである。

(3) 具体的計算例

具体的相続分は特別受益の持戻しと寄与分を加えて算定されることになる。計算手順を追ってみていこう。

(a) みなし相続財産の算定

相続開始時の相続財産の価額に，特別受益となる贈与の価額を加える。遺贈は相続開始時の遺産に含まれているので，贈与のみが加算の対象である。

寄与分がある場合これを控除する。これがみなし相続財産である。寄与分の認定については，当事者の協議により，協議が整わないときは，家庭裁判所が一切の事情を考慮して（904条の2第2項）定める。

(b) 具体的相続分算定

みなし相続財産に指定または法定相続分率を掛け合わせ，ここから遺贈・贈与の価額を控除し，寄与分があればその価額は加算する。現実に各相続人が取得する相続分は，遺産の評価額を各自の相続分率（具体的相続分の総額a中，各自の相続分bの比率；b÷a）で分けたものとなる。

具体的相続分
＝（被相続人の財産＋特別受益分総額）×その者の相続分―その者の贈与または遺贈の価額

以下に特別受益者がいる場合（具体例①），特別受益額を控除した結果がマイナスとなる場合（具体例②）とについてみていこう。

　具体例①　相続人は妻と子A，B，Cの3人（すべて嫡出子）。遺産総額1億2500万円。遺言には，妻に5000万円遺贈するとある。Aは生前に父から事業資金として2500万円の贈与を得ている。この場合の各自の具体的相続分はいくらか。

III 相続の効力

妻の場合
$$(12500+2500) \times \frac{1}{2} - 5000 = 2500万円$$

Aの場合
$$(12500+2500) \times \frac{1}{6} - 2500 = 0$$

BとCの場合それぞれ
$$(12500+2500) \times \frac{1}{6} = 2500万円$$

注意　＊特別受益と遺贈の違い……特別受益はすでに贈与されているが遺贈は遺産の中から出るから，遺産は持ち戻しなし。

具体例②　①と同じ事例で，Aの生前贈与分が5000万円であった場合。

Aの場合
$$(12500+5000) \times \frac{1}{6} - 5000 = -2250万円$$
生前贈与分を控除した残額がマイナスの場合は返還の必要は無い
$$したがって＝0$$

妻の場合
$$(12500+5000) \times \frac{1}{2} - 5000 = 3750万円$$

B，Cの場合
$$(12500+5000) \times \frac{1}{6} = 29167万円$$

各自の相続分率
妻；92500000分の37500000＝$\frac{15}{37}$
B，C　；92500000分の27500000＝$\frac{11}{37}$
A；0

相続可能額×各自の相続分率
妻，$75000000 \times \frac{15}{37} ≒ 3040万円$
B，C；$75000000 \times \frac{11}{37} ≒ 2230万円$
A；0

なお②の算定方式には上記以外にも方法がある。その差異は，マイナス分を誰が負担するかの見解の相違に由来する。

また算定方式のその他の問題として，債務の相続を遺産分割の対象とするか否かについても争いがある。通説は不可分債務については否定し，共同相続の問題とする。可分債務について判例は，相続分の割合で分割されるとし学説の中には，全相続人に不可分的に責任を負わせる，したがって債権者は全相続人に対し，全額請求できるとする説もある。それぞれの項で扱う。

RESEARCH in DEPTH!

- ▶非嫡出子相続分差別規定の，違憲（東京高決平成5・6・23家月45巻6号104頁）と合憲（最大決平成7・7・5民集49巻7号1789頁）判例の論旨をそれぞれ検討しよう。
- ▶特別受益者の具体的相続分がマイナスになった場合，受益者は相続債務を負担しなくともよいであろうか。学説の見解を整理し，問題点を検討しよう。

> **THEME**
>
> ## 相続回復請求権
>
> 1 相続回復請求権の性質
> 2 回復請求の相手方

✤ 関連条文──884条

> *Overall View*
>
> 　何かの事情で本当は相続人であるはずなのに，相続から除外されている。こんなとき真実の相続人はどうしたらよいであろうか。このときの訴権が相続回復請求権である。どんな要件で請求しうるか，その効果は。さらに第三者はどのように保護されるかなどが課題である。
>
> 　ところでこの権利の性質はいかなるものであろうか。条文はたった1カ条，時効規定だけなので，解釈上見解の相違がある。論争の実益はどこにあるかをおさえよう。

1　相続回復請求権の性質

(1)　相続回復請求権問題の背景

　法律上は真実の相続人（真正相続人）でありながら，その事実が明確ではないため，他の者が相続人となって（表見相続人），相続財産を占有しているという事態が生ずることがある。たとえば戸籍上は相続人であるが戸籍の記載が虚偽の届出の結果なされたものである場合，あるいは相続欠格（⇨157頁）にあたる事実が相続開始時には分からなかった場合などが考えられる。

　こうした場合真正相続人から表見相続人に対して，相続財産の占有を回復するための訴訟を提起する権利を認めたものが相続回復請求の制度である。しか

しこの訴訟の目的は，文言上相続の回復である以上，当該財産がどちらの権限に属するかではなく，どちらが真正相続人かを決定することにある。しかし明治民法下では相続とは家督相続人としての地位の承継であったから，相続人の地位回復も存在の意義があったのであり，現行法とは基盤が異なる。現行884条は，明治民法下での家督相続と，その準用の形で規定された遺産相続規定をそのまま置いたものである。そこで現行法上この請求権が存在する根拠は何かその答えを条文に求めても，相続権を侵害された事実を知ったときから5年，または相続開始のときから20年で時効となる（884条）と規定するのみで，権利そのものの性質について，法文は何も語ってはいない。そこで学説も諸説存在することになる。

(2) 相続回復請求権の性質論争

民法旧規定は相続人としての地位の回復を請求する権利，すなわち形成訴訟と考えられていた。しかし財産相続を定める現行法では財産のみの回復であるから，請求権であることは間違いない。ところがその請求権について，条文上の根拠は存在しない。

唯一の根拠条文である884条は，「相続権を侵害された」と規定している。財産相続以外は存在しない現行法では，相続権侵害とあっても財産権侵害以外には存在し得ないのであるから相続財産中の個々の権利侵害に対する請求と，包括的に1個の請求で主張する相続回復請求とではどんな違いがあるのかが問題となる。

独立権利説は相続回復請求権を，個々の財産の請求権とは別の，独立した特別の請求権とする説である。相続財産中の個々の財産について個別に権利主張し，立証することは困難なので，訴訟の目的物を特定しなくとも，包括的に回復請求できるとしたのである。同説の根拠は相続回復請求制度が相続人としての資格の存否であるとするところにある。しかしなぜ個々の財産の物権的請求権が相続回復請求権に吸収されるのか，吸収される以上なくなるわけではないのに，なぜ物権的請求権を個別に援用できないのか，そもそも給付物を特定しない給付訴訟が存在するのか等々批判がある。

これに対し集合権利説は個々の財産についての物権的請求権の集合体ととらえる。しかしこの説によっても本来時効にかからない個々の物権的請求権を集合させるとなぜ時効消滅するのかの合理的理由はつきにくい。

立法理由等によればこの点につき，本来消滅しない請求権でも，相続関係の安定のために消滅できるようにしたと説明されている。しかしそれではこの制度で利を得るのは表見相続人ということになってしまう不都合さがある。判例も集合権利説に立っているとの見解もあるが，明確に集合権利説によると記した判決は存在しない。

その他相続回復請求権は給付請求権ではなく，表見相続人の占有排除を請求する特殊な訴権であるとする学説もある。

2　回復請求の相手方
(1)　共同相続人

いずれにしても相続回復請求権の行使であれば，884条の規定する時効が適用される。したがって問題は法的性質論よりもいかなる場合に同条の適用があるかである。判例では，自分が真正相続人の相続権を侵害していることを知っているか，真正相続人であると信ずる合理的理由がないときには，侵害されている共同相続人からの侵害排除請求に対し，相続回復請求の時効の援用はできない（相続回復請求ではなく物権的請求権で追及される）とする基準が示された（最大判昭和53・12・20民集32巻9号1674頁）。

同判決は共同相続人の1人を除外して他の相続人が遺産分割をし，登記を経た事案において，除外された1人が相続開始から10年目に自己の持分返還（他の共同相続人が行った所有権移転登記の抹消請求）訴訟を提起した（ただし2年目に遺産分割調停申立てをしている）のに対し，他の共同相続人が884条による消滅時効を主張したものである。原審は884条の時効援用を否定し，以下のように述べた。

「もし時効援用あるとすれば，除外された1人の犠牲の下に，自己の利益を追求せんとする専横な他の共同相続人を利することになる。そもそも共同相続

人間には本条は問題にならない。」

最高裁も結論として原審を支持し，他の共同相続人の884条時効援用を否定した。ただし同条が共同相続人間に適用されることは原則として肯定おり，本件は他の共同相続人の存在を知りながら，自己の持分に属ずると称して占有管理している場合で，相続回復請求が予定している場合にはあたらないとしたのである（制限的肯定）。

また消滅時効を援用するには，相続権侵害の開始時点において，他に共同相続人がいることを知らず，これを知らなかったことに合理的事由があったことを主張立証しなければならない（最判平成11・7・19判時1688号134頁）とされる（具体的事実関係は以下のCOLUMN参照）。

どのような場合に制限されるか。上記最判平成11年は，当該相続権侵害の開始時点において，他の共同相続人がいることを知らず，かつ知らなかったことに合理的理由があったことを立証すべきと判示し，善意（知らなかった）かつ合理的理由がある場合には，共同相続人間においても884条の時効は援用しうるとの判断をしている。

合理的理由あるとして適用肯定された事例として，偽造された遺言書にもとづき，単独相続登記した後に偽造であることが判明したが，当該遺言が真正なものと信ずるに無理からぬ事情がある場合等が挙げられる。

COLUMN
自分たち以外にも共同相続人がいることを知っている者は時効の援用ができるか（平成11年最判）

父Aが所有していた土地が，市の土地区画整理事業の対象地となり，Aの死後市は職権で，この土地の所有権保存登記をした。その際，Aの共同相続人のうち一部のもの（Y等）だけが共有持分権者とされ，本来共同相続人であるはずの者のうち2名（X等）については，登記簿上の権利者から漏れてしまった。

その後登記簿上の権利者となったY等は，この土地を第三者に売却し，その代金を登記簿上の持分割合に応じて分配した。そこで登記簿から漏

れてしまったX等は，売却代金中のX等の相続分に相当する部分の支払いを求めて訴訟を提起したが，Y等はX等の相続回復請求権はAの死後20年で時効消滅したとして争った。

　最高裁は，相続回復請求権の性質を，共同相続人間にも適用されること，しかし他に共同相続人がいること，さらにその共同相続人に相続財産のうちの一部が属することを知りながら，合理的理由もないのにその部分も自分に属すると称し占有している場合は，そもそも相続回復請求の予定されている場合ではないとした。

　この事例では，論点として相続権侵害の合理的事由があるかどうかの基準時は，侵害の開始時点とすること，消滅時効の援用者は他に共同相続人がいることを知らなかった合理的事由の立証責任を負うことが判示された。

(2) 表見相続人から譲り受けた第三者

　表見相続人から譲り受けた第三者に対して，真正相続人が回復の請求をするのは物権的請求権であって，相続回復請求ではないとするのが判例の立場である。単独相続の登記をした共同相続人の一人が，本来の持分を超える部分が他の相続人に属することを知っていたか，単独相続をしたことを信ずるに足る合理的事由がないため，相続回復請求の消滅時効を援用できないときは，この表見相続人から譲り受けた第三者も消滅時効を援用できないと判示した（最判平成7・12・5判時1562号54頁）。

RESEARCH in DEPTH !

▶相続回復請求の制度，誰のための制度か。真正相続人と表見相続人それぞれに保護されるべきものは何かを検討しよう。

▶884条後段「相続開始から20年」の期間制限の法的性質について，請求権の時効ではなく訴権の時効とする説がある。その根拠を探求しよう。

Ⅳ　法定相続の承継

> **THEME**
>
> 相続の承認・放棄
>
> 1　単純承認
> 2　限定承認
> 3　放　　棄

❖ 関連条文──915条〜940条

> *Overall View*
>
> 　相続が発生したら，相続人は必ず相続しなければならないのか。財産の承継を一切拒否する，条件付きで承継するなど，相続する者に決定の自由はあるのか。あるとしたらその態様，条件，方法はどのようなものか。
> 　単純承認・限定承認・放棄それぞれの趣旨（誰のための，何のための）と効果を比較しよう。

1　承認・放棄とは
(1)　相続における選択の自由
　明治民法における家督相続は，「いえ」制度の制約の中で，「家」を承継する者の義務であり，放棄する自由は存在しなかった。しかし現行法の財産相続は個人的現象であり，個人の選択の余地があるものと設定されている。

とくに相続財産には負債も含まれることから，本人の意思に関わりなく多くの負債を背負わされることがあるとすれば，私的自治の原則にも反することである。そこで民法は相続財産を承継（承認）するか拒否（放棄）するかを，本人の決定にゆだねることにした。その選択肢としては三つの方法がある。

第一はすべての相続財産を包括的に承継することで，単純承認という。第二はプラス財産の限度でマイナス財産の責任を負う限定承認，第三は全面的に放棄するものである。それぞれ積極（プラス）財産と消極（マイナス）財産の兼ね合いで，相続人にとって合理的選択ができるように設定されている。ただし負債については債権者の利害との調整もあり，選択の自由とはいえ無条件でないことは当然である。

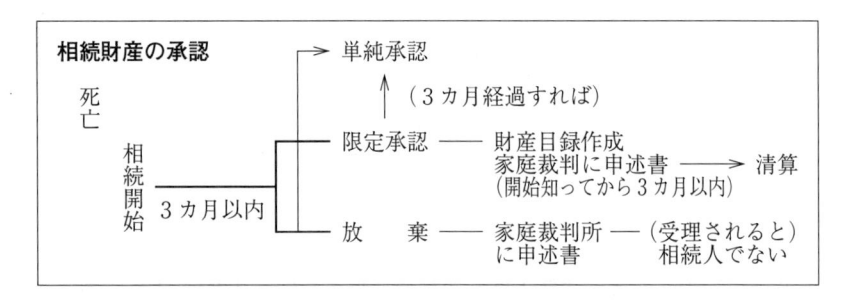

```
相続財産の承認 ──→ 単純承認
                    ↑ （3カ月経過すれば）
  死
  亡
  相               ─ 限定承認 ── 財産目録作成
  続                              家庭裁判に申述書 ──→ 清算
  開  3カ月以内                   （開始知ってから3カ月以内）
  始
                   ─ 放  棄 ── 家庭裁判所 ── （受理されると）
                                  に申述書        相続人でない
```

(2) 熟慮期間

選択の自由に対する制約の一つとして，「……自己のために相続の開始があつたことを知つた時から三箇月以内」（915条1項）に，どれを選ぶかを決めなければならないと定められている。上述のように選択の根拠は，相続財産中のプラス財産とマイナス財産の比率や金額によって判断させることにあるから，相続人が相続財産を調査し，いずれが有利かを熟慮するための期間である。そこで調査が3カ月以上にわたる場合は家庭裁判所に延長請求することができる（915条2項）。

「自己のために相続の開始があつたことを知つた時」という基準は認識のレベルであり，画一的ではない。起算点をどこにするかでこれまでも論争があったが，「特別な事情があれば相続財産の全部もしくは一部の存在を認識した時

または通常これを認識しうべかりし時から」とする最高裁判決で一応の結論が出された（最判昭和59・4・27民集38巻6号698頁。⇨COLUMN「自己のために相続の開始があったことを知ったとき，とはいつ？」）。

相続人が承認も放棄もしないで死亡し，さらに相続が発生した場合は，第二の相続人が自己のために相続の開始があったことを知ったときを起算点とする（916条）。

(3) 相続財産の管理

承認または放棄をするまでの間は，相続人ではあっても相続するか否か未確定状態である。そこでこの間の財産管理につき，民法は自己の固有財産におけると同一の注意を要するとした（918条）。

2 単純承認

(1) 単純承認とはなにか

相続人が被相続人の権利義務を包括的に，無制限に承継すること（920条）である。もっとも単純承認のためには家裁への申述などは必要ではなく，後述のように何もせずに熟慮期間を徒過した場合には，単純承認したものとみなされる（921条2号）ので，相続の類型としては単純承認が原則，放棄や限定承認は例外とする位置付けが成り立ちうる。現実社会では圧倒的に単純承認が行われていることは疑いえない。

(2) 法定単純承認

(a) 処分行為

一定事由があるとき，相続人は単純承認したものとみなされ，限定承認も放棄もできなくなる。その法定事由が921条に列挙されている。第一は相続人が相続財産の全部もしくは一部を処分した場合（1号）である。何が処分かについては，一般的には，法律上の管理・保存行為以外の行為で，財産的処分としての意味がある行為といえよう。たとえば同じく形見分けでも，経済的価値あるものは処分行為であるが，当事者の思入れがあっても財産的にあまり意味がないものであれば処分には該当しないとする判決がある。逆に相続債権を取り

立て，受領した行為（最判昭37・6・21家月14巻10号100頁），被相続人の持つ賃借権の確認訴訟を提起する行為などは処分行為にあたるとするものもある。

また処分行為であっても，相続の開始を知らずに行った場合には，単純承認の法効果は発生しないとする判決もある。単純承認の効果を発生させる処分行為となるには，少なくとも被相続人が死亡した事実を確実に予想しながらあえて処分したことを要するのである（最判昭和42・4・27民集21巻3号741頁）。

(b) **熟慮期間の徒過**

熟慮期間を徒過した場合には，単純承認したものとみなされる（921条2号）。延長された熟慮期間（915条2項）であれば，その期間の徒過である。

COLUMN

自己のために相続の開始があったことを知ったとき，とはいつ？

両親の離婚により，父との日常的交際がとだえていた息子たちは，父の死亡および自分達が相続人である事実を知ったものの，父にはまったく相続財産がないと信じていたため，何らの手続もしなかった。

ところが父の死亡から1年程過ぎたころ，父が生前に負っていた連帯保証債務についての訴訟結果が通達され，相続人である息子たちがその負債を相続することになった。そこで息子たちは即座に相続放棄の申述をしたが，当然ながらすでに3カ月の熟慮期間は過ぎていたので，この放棄の有効性が争われた。

判決は熟慮期間中に限定承認または相続放棄をしなかったのは，相続財産がまったくないと信じていたためであり，またそれまでの被相続人との交際状態など諸般の事情からみて，このように信ずるについて相当な理由があるとして，熟慮期間は相続人が相続財産の全部もしくは一部の存在を認識したとき，または認識できる時から起算するのが相当と判断した。

熟慮期間の進行を阻止する「正当事由」等の例外状況に，当事者の主観的要素が許されるか，学説の論争点でもある。

(c) 隠匿など「悪意的」行為

限定承認または放棄をした後でも，相続財産の全部または一部を隠匿し，私に消費し，悪意で財産目録中に記載しなかった場合も，単純承認したものとみなされる（921条3号）。「隠匿」とは隠すこと，「私（ワタクシ）に消費する」とは勝手に処分してなくしてしまうことである。たとえなくしてしまっても，正当な管理行為であれば「私に消費する」ことにはならない。古い判例であるが，相続財産である玄米に虫がついたので処分して，自分の玄米に換えて保管した行為を正当としたものがある。

この相続財産の中には債務も含まれる。したがって債務であることを知っていて財産目録の中に記載しなかったときも，単純承認したとみなされる。

3 限 定 承 認

(1) 限定承認とは

相続財産の中にはプラス財産もマイナス財産もある。しかし清算してみなければどちらが多いかわからない場合もあり，放棄か単純承認か，決め兼ねる場合もある。そこで相続によって得たプラス財産の限度で，被相続人の債務や遺贈を弁済することを留保して，相続を承認することができる制度が相続人の利に適うことになる。これが限定承認である（922条）。

すなわち承認である以上，相続人は被相続人の一切の権利義務を承継はするが，弁済責任は相続財産の限度で負い，相続人の固有財産で責任を負う必要がないことになる。限定承認の際に相続財産か否かが争われた事例として，限定承認後に生じた果実を相続財産とするとしたものがある。

なお限定承認した相続人が死因贈与による不動産の取得を相続債権者に対抗することは，信義則に照らして，できないとする判決がある（最判平成10・2・13判時1635号49頁。⇨COLUMN「相続人たる死因贈与受遺者 vs. 相続債権者」）。受遺者と相続債権者との権利関係を考える際，死因贈与がさまざまな事情でなされ，とくに近時の高齢社会では扶養の対価としての意味を持つこともあることから，一律の解釈には疑問も提起されている。

相続人が複数である場合は，全員が共同しなければ限定承認はできない（923条）。先に誰かが単純承認した場合は，他の相続人は限定承認はできず，単純承認か放棄かのどちらかを選ぶしか方法がないことになる。この規定の根拠は清算手続きが煩雑になるからとされる。しかしそれだけが理由であるなら，限定承認をするか否かの判断は各相続人にゆだね，限定承認を望まない者には，清算後に相続分に応じた責任を認めることが可能ではないかとする考えがある。937条は，限定承認をした後に，一部の相続人が不正行為を行った場合の規定であるが，この条文自体が，上記の考え方の背景にあるとも考えられる。(⇨ RESEARCH in DEPTH 219頁)

COLUMN

相続人たる死因贈与受遺者 vs. 相続債権者
——限定承認はどちらを保護するか

　父親からある不動産を死因贈与されることになったAは，さっそく仮登記（死因贈与を原因とする始期付所有権移転仮登記）をした。

　しばらくして父親が死亡したので，Aはこの不動産の本登記をした。

　ところでAは父親の相続について，法定相続人であるが，父親に負債が多いことを知って限定承認している。

　父親の債権者Bは，Aが本登記した不動産を差押え登記したが，Aは，相続以前に所有権を取得したもので，相続によって得た財産ではないとして，Bに対抗できるであろうか。

　最高裁まで争われたこの事例では，たとえ先に所有権移転登記をしていても，Aが限定承認をした相続人であることから，後に差押登記をした相続債権者に所有権取得を主張することは，信義則に照らし，許されるものではないと判示した。死因贈与と遺贈の違いを考える上でも難しい問題である。死因贈与の目的が老親介護などの対価としてなされたような場合は，少くとも仮登記があれば，受贈者を優先させることが許されるのではとの説もある。

(2) 手　　続
(a) 清　　算
　単純承認と異なり，家庭裁判所に申述する必要がある（⇨資料編「限定承認申述の家事審判申立書」）。その際熟慮期間中に調整した財産目録を提出しなければならない（924条）。限定承認がなされた場合，相続財産は相続人の財産と分離し，独立して管理・清算がなされる。そこで相続人が被相続人に対して権利義務を有していた場合は，限定承認でも消滅しないことになる（925条）。

(b) 公　　告
　清算を前提とする相続財産の管理は，自己のものと同一の注意義務が課せられる（926条）。相続人が数人いる場合は，相続人の中から相続財産管理人に選ばれた人（936条）が，管理のほか債務弁済に関する一切の行為を行う。

　清算を行うためには相続債権者と受遺者を確定しなければならないので，限定承認をする者は家裁への申述審判から5日以内に，公告しなければならない。公告の内容は，限定承認をしたということと，2カ月を下らない期間を定め，その期間内に申し出るように，さらにこの期間内に申し出がなかったら清算から除外するということである（927条）。

　ただし債権者であること，受遺者であることを知っている者に対しては，申し出がなかったといって，清算から除外することはできない（同条2項）。この公告をしなかったり，公告期間中にある債権者にのみ弁済をしたために，他の債権者や受遺者が損害を受けた（不当弁済）場合は，限定承認者も，不当弁済を受けた債権者や受遺者も責任を負わなければならない（934条）。

(c) 弁　　済
　公告期間が経過するまでの間は，相続人は弁済を拒否することができるが（928条），期間経過後は，まずは優先権を持つ債権者が先に弁済され，その次に一般債権者に弁済が行われる（929条）。その後受遺者に対して弁済され（931条），さらに財産が残っていたら期間中に申し出なかった債権者や受遺者に支払われる（935条）。

　この弁済のために相続財産を換価処分しなければならないときは，競売に付

することになる（932条）。

4 放　棄
(1) 放棄の意味・手続

　放棄とは相続の効果をすべて拒否する意思表示である。限定承認と同様，熟慮期間中に家庭裁判所に申述し（938条），受理されれば手続は完了する（⇨資料編「相続放棄申述書」）。限定承認と異なるのは，財産目録作成の必要がない点である。

　放棄した者はその相続に関しては，初めから相続人とならなかったことになる（939条）。この効力は絶対的であり，放棄した相続人の債権者が，この放棄した者も共同相続人であるとして，相続財産である未登記の不動産に代位による所有権保存登記をして，後に持分仮差押え登記をしても，そもそも放棄をした以上相続人ではないから登記は無効とした判例がある（最判昭42・1・20民集21巻1号16頁）。

　複数の相続人がいても，各自の自由意思で，単独で放棄できる。放棄の効力は絶対的で，登記なしでも，誰に対しても対抗できる。債権者を害する意図で行った放棄も，詐害行為取消権（424条）の対象にはならないとされる（最判昭和49・9・20民集28巻6号1202頁）。放棄自体は身分行為であり，もし詐害行為として取消した場合，相続を強制することになるからである。また放棄をすることが権利乱用であるとして相続債権者から訴えられた事案でも判例は権利乱用の適用を否定している（最判昭42・5・30民集21巻4号988頁）。

　放棄の効果は相続の開始に遡って発生するが，放棄によって次の相続人が決定し，相続財産を管理するまでは，放棄したものに管理責任がある（940条1項）。

(2) 代襲相続との関係

　放棄した者は初めから相続人とならなかったものとみなすという939条は，昭和37年に改正されたものである。それ以前は放棄した者の相続分が他の相続人に帰属するとあったため，配偶者にも帰属するのかあるいは血族相続人だけ

か，をめぐって，実務・学説とも見解が分かれていた。

そこで法改正をし，初めから相続人にすらならないとしたので，放棄者の相続分，またその帰属という問題はなくなった。したがって代襲原因とはならない。死亡や欠格，廃除が代襲原因となることに比較してバランスを欠くという意見に対しては，放棄は他と異なり，被代襲者の積極的意思にもとづくものであるという説明が成立つ。

RESEARCH in DEPTH！

▶共同相続人全員で限定承認しようと思っていたが，すでに熟慮期間がすぎてしまったため単純承認とみなされてしまった者がいる場合でも，他の相続人の限定承認しようとする権利を奪うべきではないという見解がある。その根拠を検討しよう（参考，東京地判昭和30・5・6）。

▶承認も放棄もしないでいるうちに相続人も死亡した。そこで第二の相続が発生し，第二の相続人が第一の相続を放棄し，その後第二の相続の放棄をした場合，第一の相続の放棄は有効か無効かを論じよう（参考，最判昭和63・6・21）。

THEME

財産分離

1 財産分離とは
2 第一種財産分離
3 第二種財産分離

関連条文──941条〜950条

Overall View
・財産分離制度はなぜ存在する意義があるのか。
・どの権利者をどのような根拠で保護する必要があるのか。

1 財産分離とは

制度の目的と種類

　相続人は相続開始のときから，被相続人の積極・消極の一切の財産上の権利義務を承継する。その結果相続財産（被相続人の財産；便宜上これをAとする）と相続人の固有財産（同Bとする）が混合する。したがって相続人は混合した全財産から，Aの債権者にもBの債権者にも弁済することになる。Aの債務が少なくBの債務が多い場合，相続人が単純承認すると，A，B両債権者は混合した全財産から同順位で弁済を受けることになり，十分な弁済を受けられない場合，A債権者に不利となる。逆にAが債務超過の場合，混合することで相続人自身も，B債権者も不利益を受ける。しかし相続人自身はこの場合，限定承認することで損害を回避する手段があるが，債権者にはその手段が無い。従ってこの両場合に，各債権者を保護する必要があるとして制定されたのが財産分離制度である。

財産分離に関する判例は非常に少ない。戦後の民法改正後数件出たに過ぎない。制度の存在意義がないことから廃止論もある。しかし現行法条文であることから，時に活用すべしとの意見が出ることがある。例えば「遺産分割協議は詐害行為取消権の対象となるか」という論点につき，否定説の根拠として，"詐害行為を広範に認めると，遺産分割の安定性が害されるなど弊害が大きいので，財産分離制度を使うなど，他の一般条項を活用して解決すべき"，との見解などに現れる。

したがって財産分離については，制度の意義効果のほか，なぜ存在意義が無いかに注意する必要がある。相続人が限定承認も放棄もしない場合，相続財産と相続人の固有財産との法的混同が確定してしまう。そうすると被相続人と相続人のどちらかに債務超過がある場合，債権者はどちらの債権であるかにかかわらず，可能な方から弁済を受けようとする。その結果他の一方の債権者に不利益が生ずることになる。

このように財産分離は債権者または受遺者保護の制度であるから，請求権者は債権者または受遺者である。

上記の例で，Aの債権者とBの債権者の利害は相反する。そこでAの債権者（相続債権者および受遺者）からの請求を第一種財産分離（941ないし949条）とし，Bの債権者からの請求を第二種財産分離（950条）としたものである。

```
相続人の固有財産     債務 ＞ 債権 …… 第一種
相続財産           債務 ＞ 債権 …… 第二種
```

2　第一種財産分離
(1)　請求手続

第一種財産分離は相続人が債務超過の場合等の際に，相続財産の債権者を保護するための手続である。被相続人の債権者（相続債権者）または受遺者が相続開始から3カ月以内に家裁に申し立てたとき財産分離が行われる。分離の審

判があった場合，申し立てた者は5日以内に他の相続債権者，受遺者に対し，分離の命令があったこと，一定期間内に配当加入すべきことを公告しなければならない（941条）。その後は被相続人の債権者から弁済請求があっても，公告で示した期間中は拒否することができる。

(2) 弁済の順

配当加入の期間が満了した場合，分離請求をした者と配当加入の申し出をした者は，相続人の債権者よりも先に弁済を受ける（942条）。ただし抵当権者など他に優先弁済権を持つ債権者を害することはできない。相続債権者と受遺者とでは，相続債権者が優先する（947条による931条の準用）。

さらに分離請求をした者と配当加入の申し出をした者が全部の弁済を受けることができない場合には，相続人の固有財産にも権利行使できるが，この場合は相続人の債権者のほうが優先する（945条）。

(3) 財産分離を避けるには

第一種財産分離は相続人が債務超過のために，相続債権者と受遺者に不利益にならないようにするためのものであるから，相続人が自己の固有財産から弁済し，または相当の担保を供して財産分離を避けることができる（949条）。ただし問題はこれによって相続人の固有財産を減少させ，相続人の債権者を害することになることである。そこで，その際は，相続人の債権者は被る損害を証明して異議申立てができる（949条但し書）。

3 第二種財産分離

(1) 請求手続

第二種財産分離は被相続人が残した相続財産が債務超過の場合に，相続人の債権者を保護するため，相続人の債権者の請求にもとづいて行われる手続である。相続人が限定承認できるあいだ，または相続財産が相続人の固有財産と混同しないあいだは，家裁に対して請求できる。その手続などは第一種財産分離についての規定が準用される（950条）。

⑵ 弁　　済

　清算は限定承認の手続に従って，2カ月以上の期間を定めての公告および期間満了後の配当弁済を行う。相続債権者等が相続財産から全部の弁済を受けられない場合は，相続人固有の財産からも弁済を受けることができるが，この場合は相続人の債権者が優先権を持つ。

COLUMN

財産分離制度はなぜ使われないのか！

　財産分離制度廃止論の根拠は実用性がない点であるとされる。破産法が債務超過の相続財産の配当弁済の規定をおいていることも理由の一つである。

　さらに実務処理上の問題として財産分離を希望する債権者は家庭裁判所に分離請求申立てをするが，受けた家庭裁判所は調査した後，当然に分離命令を下す必要があるのであろうか。それとも分離の必要性を判断して，必要な場合にのみ分離命令を下すのであろうか。この点につき根拠条文がなく学説が分かれている。この点も利用度が低い一因であるといえよう。

```
┌─── THEME ─────────────────────────────┐
│                                        │
│  相続人不存在                          │
│                                        │
│    1  相続財産法人                     │
│    2  特別縁故者                       │
│                                        │
└────────────────────────────────────────┘
```

関連条文――951条～959条

> **Overall View**
> ・相続人がいない者の財産はどうなるのか。
> ・相続人がなく，遺言も残されていない財産は，本来いかにあるべきだろうか。

1 相続財産法人

(1) 意　義

(a) 「あることが明らかでないとき」の意味

民法は相続人がいない場合について「相続人のあることが明かでないときは，……」（951条）としている。明らかでない場合には，相続人がいるかいないかが明確でないときと，いないことが確定している場合とがある。戸籍の上では相続人がいるが，行方不明でどこにいるかわからない場合は，ここでいう「あることが明かでないとき」にはあたらない（最判平9・9・12民集51巻8号3887頁）。

相続人はいないが包括受遺者がいる場合は，相続人がいない場合に該当するか否かで論じられていたが，全財産が包括受遺されている場合は，包括受遺者は相続人と同一の権利義務を持つ（990条）ことから，明らかでないときには該当しないとすることを，上記最判は判旨している（上記最判平成9・9・12）。

一部の包括遺贈がなされた場合については，まだ見解の相違がある。

(b) **相続財産法人とは**

相続人がいない場合，相続財産が誰に属するかがわからないまま帰属主体が存在しないことは管理上も問題がある。そこで相続財産の管理と相続人の捜索をし，清算手続をするために，便宜的に相続財産を法人とし（951条），権利主体性を与えた。これが相続財産法人である。

(2) **相続財産の管理と清算**

(a) **相続財産管理人**

相続人不存在の場合，相続財産管理人がおかれる。受遺者，相続債権者，特別縁故者（⇨227頁）等の利害関係人か検察官の請求により，家庭裁判所の審判で選任され（952条），これが公告される。選任された相続財産管理人は不在者の財産管理人（27条・29条）と同じ権利義務を持つ（953条）。債権者または受遺者から請求があれば，財産の状況を報告しなければならない（954条）。

(b) **捜索――相続人出現の場合**

捜索の結果相続人が明らかになったときは，相続財産法人は初めから存在しなかったことになる（955条）。しかし管理人が権限の範囲でした行為は効力を有する（同条）。なお相続人が明らかになっても，承認するとは限らないので，承認が確定するまで管理人の管理権を持続させ，承認をしたときに消滅する（956条）。

(c) **相続人の存在が明らかにならなかったとき**

さらに2カ月以上の期間を定めて，一切の相続債権者または受遺者に，請求の申し出をするよう公告しなければならず，この期間が満了して清算が始まる。

(d) **清　算**

清算は原則として限定承認の清算手続規定が準用される（957条2項）。公告期間内に申し出た相続債権者または受遺者，管理人が知っている相続債権者または受遺者に，配当弁済が行われる。なお清算と同時に行われている相続人捜索の公告期間（958条）が経過するまでは，最初の弁済の後なお残余財産がある場合には，未だ弁済を受けていない相続債権者または受遺者に配当弁済され

るが，この公告期間経過後は行うことはできない（958条の2）。つまり相続人不存在の確定である。特別縁故者への分与がなされ，なお残余財産があっても，この公告期間経過後は相続権の主張はできないとする最高裁判例がある（最判昭56・10・30民集35巻7号1243頁）。

(3) 国庫帰属

相続人不存在が確定し，特別縁故者の申立てがないか，あってもなお残余財産があるときは，相続財産は国庫に帰属し，財産を国庫に引き渡したとき相続財産法人は消滅する（959条）。その場合は相続財産管理人は国庫に対し，管理計算をしなければならない（959条・956条2項）。

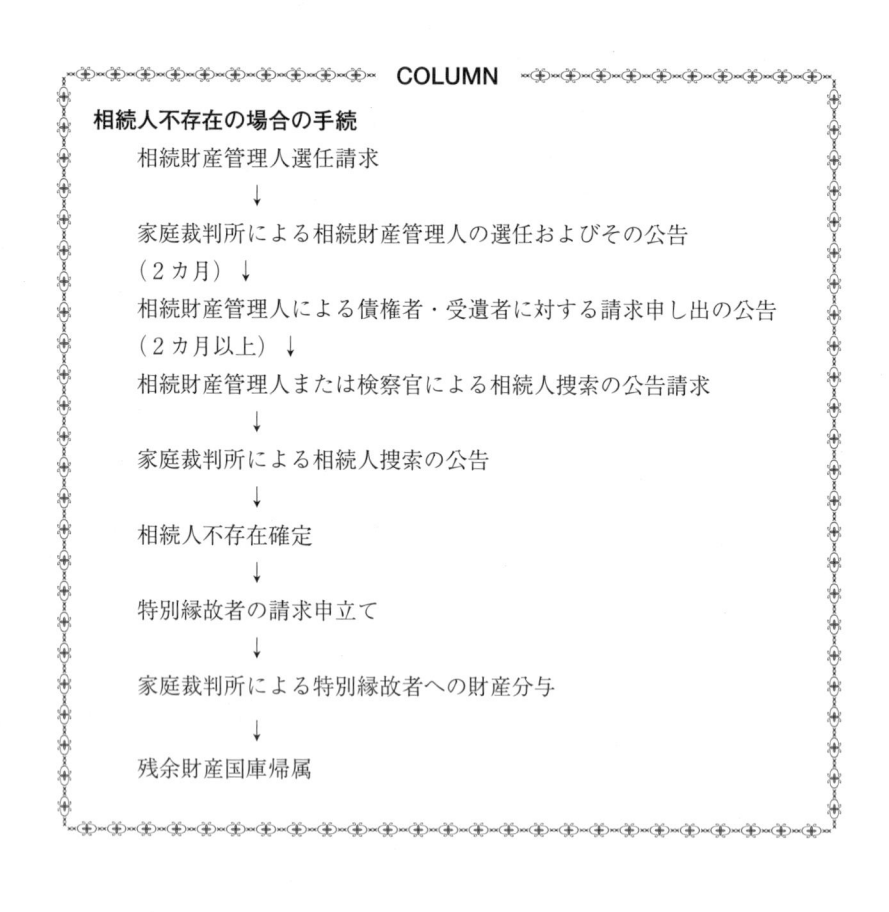

COLUMN

相続人不存在の場合の手続

相続財産管理人選任請求
↓
家庭裁判所による相続財産管理人の選任およびその公告
（2カ月）↓
相続財産管理人による債権者・受遺者に対する請求申し出の公告
（2カ月以上）↓
相続財産管理人または検察官による相続人捜索の公告請求
↓
家庭裁判所による相続人捜索の公告
↓
相続人不存在確定
↓
特別縁故者の請求申立て
↓
家庭裁判所による特別縁故者への財産分与
↓
残余財産国庫帰属

2 特別縁故者

(1) 特別縁故者制度

(a) 立法経緯

相続人がいない場合には国庫に帰属する。しかし相続人ではないが被相続人と親密な関係にあった者や，とくに縁故のある者がいる場合には，このような関係者に分与するほうが，財産を国庫に帰属させるよりは，被相続人の意思に適うことにもなる。そこで昭和37年の民法改正で，相続人不存在の場合に特別縁故者に財産分与することができる制度が導入された。

(b) 特別縁故者となり得る者

特別縁故者になり得る範囲について，民法は，「……，被相続人と生計を同じくしていた者，被相続人の療養看護に努めた者その他被相続人と特別の縁故があつた者……」（958条の3第1項）と規定した。

「生計を同じくしていた」とは，家計を共同にして生活していた場合であり，相続人以外でこの状況になるのは，内縁配偶者，事実上の養子・養親等が一般的である。子が死亡した後の，子の配偶者（いわゆる嫁）を認定した審判例もある。

「被相続人の療養看護に努めた者」の中には，看護婦として報酬を得ていたが，報酬以上に献身的に看護にあたったとされたケースもある（神戸家審昭51・4・24判時822・17）。また町が経営している養護施設や，身寄りがない被相続人に生活保護の給付を行い，死後は葬儀を行った市が該当するとされたものもある。

「その他被相続人と特別の縁故があつた者」は，上記二つに準ずる程度の関係があった者と考えられ，したがって上記二つは例示である。特別の縁故があったか否かは家庭裁判所の判断で，一切の事情を考慮して決せられる。

(2) 審判手続

(a) 申立て

特別縁故者としての認定を受け，財産分与を受けようと思う者は，相続人捜索の公告（958）の期間満了後3カ月以内に家庭裁判所に，特別の縁故関係が

あったことを明らかにして，申し立てなければならない（958条の3第2項）。なお相続権の存否が争われている間は相続人捜索の期間は進行せず，不存在が確定してから進行する（大阪高決平成9・5・6判時1616号73頁）。

(b) 審　　判

申立てがあったとき，家庭裁判所はまずは申立者が特別縁故者に該当するかどうかを認定し，認定された場合財産管理人から意見を聞いて，分与が相当か否かの審判を行う。この判断基準は家庭裁判所の裁量の範囲内で，縁故関係の内容や財産の種類など，一切の事情を考慮してなされる。

(3) 分 与 財 産

(a) 財産の種類

分与される財産は相続財産すべてではない。「清算後残存すべき相続財産の全部又は一部」（958条の3第1項）である。全部にするか一部にするかも，家庭裁判所の裁量である。財産の種類に制限はなく，不動産も預貯金も対象となっている。共有持分権については特別縁故者への分与の対象となるか否かで論争があった。民法255条は共有持分権につき，共有者の一人が持分を放棄するか，相続人なくして死亡したときは，その者の持分は他の共有者に帰属すると規定している。そこで審判で特別縁故者と認定されたものが存在する場合にも，255条にいう「相続人なくして死亡」に該当し，同条が適用されて共存者に帰属するか否かが争われた事件があった。このケースは特別縁故者に分与された不動産の共有持分につき，移転登記の申請がなされたが，登記官が255条を適用してこの申請を却下（不登法49条2号）したので，共有持分も財産分与の対象であるとして，却下の取消を求めた事案である。最高裁は共有持分権も特別縁故者への分与の対象となり，特別縁故者に分与しないことが確定した後にはじめて，共有者に帰属すると判示した（最判平成元・11・24民集43巻10号1220頁）。

(b) 国 庫 帰 属

特別縁故者の申立てがあっても，縁故者に該当しないとする審判があったり，特別縁故者と認定されても分与財産が全部ではなく，なお残部がある場合は，

国庫帰属となる（959条）。相続財産管理人が残余相続財産を国庫に引き継いだとき，相続財産法人は消滅する（最判昭和50・10・24民集29巻9号1483頁）。

COLUMN

特別縁故者の審判前の権利はどんなもの？

　特別縁故者としての認定は審判により確定する。ところがある事件で遺言者と親しくしていた者が，自分は特別縁故者に当たると主張して，遺言無効確認の訴えをおこした。はたしてこの者は遺言無効確認訴訟の原告になることができるか，が問題となった。

　裁判所は，この者が特別縁故者として相続財産の分与を受ける可能性があるとしても，この権利は審判によって形成される権利にすぎず，この審判前には私法上の権利を有するものではなく，特別縁故者に当たると主張する期待権は法律上の利益にあたらないと判示した（最判平成6・10・13判時1558号27頁）。

RESEARCH in DEPTH !

▶特別縁故者制度は，必ずしも制度の理念通りには運用されていないとする批判がある。手続制度も含め，その根拠を整理してみよう。

Ⅴ 遺　　言

> **THEME**
>
> **遺言の意義と性質**
>
> 1　遺言と遺言相続
> 2　遺言事項と遺言能力

❖ 関連条文──960条～963条

> **Overall View**
> ・一般に「残すことば」として使う遺言と，法律がいう遺言とどう違う？
> ・遺言が増えているというが，なぜだろうか。
> ・どんなことがらを遺言として書けるのか，遺言をする人にはどんな条件が必要か。

1　遺言と遺言相続
(1) 遺言とは

　人間は生きている以上，自己の意思にもとづいて法律行為を行う。契約等の法律行為は，原則として自己決定が尊重される。しかし人が法主体であるのは，生きている間（生前）に限定される。そこで意思表示の内容に死後も法効果を与えようとしておかれているのが遺言制度である。

　しかし意思表示の内容があいまいな場合，生きていれば本人への確認ができ

るが，死後はもはや不可能である。また生きている間は，本人は考え直すこともあり，法的にも原則として取消の自由がある。しかし死後は取り消すことも，変更することもできない。だからこそ生前の本人の意思表示として遺されたものには，厳格な要件が課せられ，一定要件を充たしたものだけが法的に有効な遺言とみなされる（法効果を与える）のである。ただし些細なことまで方式の具備を要求し，完全なもの以外は無効としてしまっては，遺言は一般国民から遠いものになってしまう。そこで後述のように遺言者の意思の推測できる範囲での遺言の解釈が行われることもある。

　ところで本来生前の意思表示が絶対要件である法律行為に，例外的に死後にも法効果を認める制度である以上，遺言は無制限ではあり得ない。生前であれば当事者として責任をとる事態になることがあるとしても，死後は本人は決して責任をとることができない。

　そこでどのような範囲，内容のものに遺言としての効果を認めるかを法律は限定的に定めている。つまり遺言とは死者の遺した意思表示すべてではなく，遺言制度として法律が定める要件と方式を踏んだものだけをいうのである。

COLUMN

法的に有効なのが「イゴン」，無価値なのが「ユイゴン」か

　飛行機事故で墜落を目前にし，死を覚悟した父が走り書きしたメモが，事故後発見された。『もうダメだ。子どもたちはお母さんを助けて，立派に生きていって欲しい。おまえたちは私の宝だった。成長を見守ることができず残念だ。妻よ，今までありがとう。天国でいつまでも皆を見ているよ』と書かれていた。不本意な死を迎える無念と，家族を思う父親の気持ちが表れ，人生最後の書にふさわしいものであった。家族にとっても，いつまでも心の拠り所になる貴重な遺書である。

　ところがこれは，法律上何らかの効果を生ずる遺言ではない。ただし法的要件を充たす遺言（イゴン）にあたらないからといって，無価値だといっているのではない。家族にとっては何にも代え難いであろう。法律の扱う領域ではないだけのことである。

　そこで一般に呼び習わされている「ユイゴン」には，上の例のように

> 法効果と関係のないものも入るが、法的要件に該当するものが「イゴン」であると説明する教科書もある。確かに法律学では「遺言」を「イゴン」と読む。しかしイゴンと呼ばなければ法効果が発生しないとすることは、専門家の傲慢である。あくまでも要件と方式に合致したものだけが、法的に有効性を持つ遺言ということになる。法律は心情的価値あるものの存在意義まで否定しているのではない。したがって、もちろん法律が冷たいという批判はあたらない。

(2) 遺 言 相 続
(a) 遺言相続の機能

　かつて、日本人は遺言制度になじみにくいといわれていた。日本人は死後のことを口にするのは縁起でもないと考えるからである、などと説明されてきた。しかし現在遺言の数は、飛躍的に増加し、特に90年代後半以降の増加率には目ざましいものがある。

　遺言増加の背景にはさまざまな要因がある。大きな流れとしてみれば、死生観や家族観の変化も存在しているが、個々人の意識のレベルでは、自己資産の死後の処理についても責任を持とうとする意思と、老後生活を自己決定しようとする意思の表れとみることができる。

　福祉政策に対する不安などのため、老後の資産形成に努力し、一般的に高齢者の所有資産額は高いことが報告されているが、この傾向に呼応するように、死後の相続をめぐる紛争事例の数も急増している。そこで自分の死後発生するであろう相続紛争を、未然に防止するための手段として遺言を遺すという人が増えている。さらに核家族化に伴い、老夫婦のみの世帯が増加し、死後はひとり残る配偶者が活用できるようにと、資産を全部配偶者に遺すために遺言を書く例もある。

　法定相続どおりではなく、個々の家の状況に応じた遺産の処理がなされることを自らの考えで計画しておく人生観の表れであろう。したがって遺言は今後ますます増加するであろうし、親の財産は当然に子のものとする相続観は早晩

変ることになろう。

> **COLUMN**
>
> **リビング・ウィルの法制化**
>
> 　回復の見込みがない状態になったとき，延命措置を施すか否か，どのような治療を望むかを事前に意思表明することは，医事法学上の難問である。医療の現場では，家族に確認することが普及しているようであるが，遺言でこれをなしうるであろうか。リビング・ウィルは財産行為ではないから，遺言事項とはなり得ない。最大の問題は，遺言の効力発生時には，リビング・ウィルの目的はすでに終了していることである。
>
> 　それでは他にどのような方法があろうか。成年後見制度の中に医療行為を取り込むことができるかについては立法時議論があったが，現実はこれも困難な点が多い。
>
> 　生まれてから死およびその後の財産の処理までを規定する民法の中でどのように扱うかは，未だ混迷の中にあり，今後の課題である。

(b)　遺言の法的性質

①　遺言は要式行為であり，法定の方式に従わなければならない（960条）。厳格な要件を課すのは，本人に真意を確かめることができない以上，意思表示の信憑性を確実にしなければならないからである。歴史的には口頭遺言が存在した地域もあったが，日本の現行法は厳格な文書主義である。

②　相手方のない単独行為である。遺贈する相手の承諾は必要ない。

③　代理による遺言はできない。必ず本人が行わなければならない。意思能力がある以上，法定代理人の同意も要しない。

④　遺言者の死亡のときが効力開始のときである。生前にはなんらの効力もない。

⑤　生前は，いつでも撤回可能である。遺言は遺言者の最終意思である。生きている間はいつでも，何度でも撤回できる。したがって複数遺言があれば，最新のもののみが有効である。

2　遺言事項と遺言能力

(1)　遺言事項

　遺言として効力を生ずるのは法律で定められたものだけである。したがって原則として以下の法定事項以外は，遺言としての有効性を持たない。

　①子を認知すること（781条2項）。②相続人の廃除，廃除の取消をすること（893条・894条）。③特別受益の持ち戻しを免除する意思表示（903条3項）。④寄付行為をすること（41条2項）。⑤遺贈をすること（964条）。⑥相続分を指定することと，指定を委託すること（902条1項）。⑦遺産分割方法の指定，指定の委託，遺産分割の禁止（908条）をすること。⑧相続人相互間の担保責任を指定すること（914条）。⑨遺言執行者を指定することと，指定を委託すること（1006条）。⑩遺留分減殺請求の方法を指定すること（1034条）。

　以上のうち①から④までは，生前にも行うことができるが，⑤から⑩までは遺言でのみ行いうる行為である。なお遺贈に当たる行為を生前行えば死因贈与となるが，554条により遺贈規定が準用される。

　遺言でしかできないことを内容別に分けると，

相続に関するもの；
　相続分の指定・指定の委託902条，特別受益者の相続分指定903条3項，遺産分割方法の指定・指定の委託908条，分割禁止908条，共同相続人間の担保責任914条，遺留分減殺の指定1034条，
相続以外のもの；
　財団法人設立の寄付行為，信託の設定。
身分に関すること；
　未成年後見人839条・同監督人の指定848条

となる。

(2)　遺言能力

　遺言能力に関する事例は遺言時の意思能力の存否をめぐるもの多い。判断材料は医師の診察記録，日記（当事者・家族等）等の客観的判断可能なもの，遺

言書の筆圧，筆跡の乱れ具合等のほか，遺言者の当時の行動等（周囲の人間の一致した記憶等）から客観的判断の可能なものが判定資料とされている。

証人・立会人の能力（947条）

資格制限としては，制限能力者と利害関係人の排除がある。また口授の証人足りうるか（公正証書の場合）否かが制限理由となった盲人のケースもあるが，証人の任務が聞き取ることであることから有資格となった。

(a) **未成年者**

民法は遺言をする能力について，満15歳に達した者は遺言をすることができる（961条）と規定している。すなわち財産行為能力のない未成年であっても，単独で遺言をすることができ，遺言には行為能力が必要ではないことになる。

しかし法律行為である以上意思能力は必要であり，法は15歳で意思能力が備わるとみていることが961条の根拠となっている。ただし15歳以上であっても意思能力がない場合は遺言能力がない。

(b) **意思能力のない者**

一般に遺言に必要とされる能力については，自己の行為の結果を判断することのできる精神能力とか，遺言事項を具体的に決定し，その法律効果を弁識・判断するに足りる精神的能力等と説明されている。成年被後見人も，本心に復しているときには，後見人等の同意を得る必要はなく単独で遺言をすることができるが，医師の立会いは必要である（973条）。

遺言能力の有無は事実認定の問題であり，個々の事案ごとに判定されるべきことである。遺言者の能力を争う判例は多く，中でも遺言の内容が比較的単純であるから能力があったとみなされ，逆に複雑であったから能力がなかったとみなされたケースが少なからずある。特に近時，高齢者の遺言の増加にともない，能力についての紛争が増えている。

本来，遺言の形式的有効性が担保されるはずの公正証書遺言でも，遺言当時重度の痴呆状態であったので遺言能力がなかったとして，遺言が無効とされた事例もある（東京高判平成12・3・16判タ1039号214頁）。

RESEARCH in DEPTH!

▶被相続人は「遺言の自由」原則により，自己資産を処分する完全な能力を持つとする見解と，遺言は法定相続の内容を基本的に侵害しない範囲（遺留分を考えること）で認められる例外的法則とする見解とがある。それぞれの根拠を整理してみよう。

▶15歳以下ではあるが知的能力のきわめて優れた子には相続能力があるといえるであろうか。

▶総則の原則規定（4条・9条・12条・16条）は遺言能力については適用が排除されるが，その理由は何だろうか。

> **THEME**
>
> ## 遺言の方式
>
> 1 普通方式
> 2 特別方式

❖ 関連条文──967条〜984条

Overall View
　遺言には大別して普通方式と特別方式の二種があり，前者には自筆証書，公正証書，秘密証書の別がある。後者には危急時と遠隔地の別がある。それぞれの方式がどんなものであるかを理解しよう。

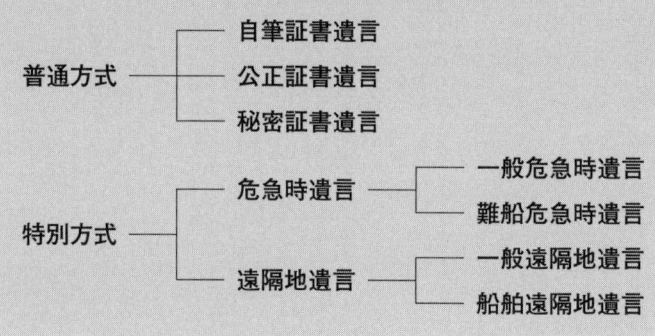

```
            ┌── 自筆証書遺言
普通方式 ───┼── 公正証書遺言
            └── 秘密証書遺言

            ┌── 危急時遺言 ──┬── 一般危急時遺言
特別方式 ───┤                 └── 難船危急時遺言
            └── 遠隔地遺言 ──┬── 一般遠隔地遺言
                              └── 船舶遠隔地遺言
```

1 普通方式

(1) 自筆証書遺言

　自筆証書遺言とは，遺言者が自分自身で書き，これを誰にも知らせる必要もなく有効となる遺言である。しかも本人が自ら作成するので，作成費用を必要とせず，簡便にできることから，最も一般的な遺言方式でもある。
　しかし遺言内容を秘密にしておくことができるという大きなメリットがある

反面，生きている間はその存在を秘密にしておくことから，死後も見出されなかったり，後に遺言の有効性などをめぐる争いが発生する度合いが最も高い方式でもある。

(a) 自筆証書遺言の方式

① **全文，日付，氏名の自書**　自筆証書遺言の要件として，遺言者が全文，日付，氏名を自署することと，印を押すことが規定されている（968条）。本人の遺言であることの確証として自署が要件とされているのであるから，たとえ本人が筆を握っていても他人が本人の腕を動かして書かせたものは自署とはいえない。判例では本人に自書する能力があり，自分の意思で書き，他人の意思が入った形跡がない限り，用紙の正しい位置に導くために，あるいは文字を書くための支えにするために助けを借りる程度の添え手は，自書の要件を満たすとしている（最判昭和62・10・8民集41巻7号1471頁，東京高判平成5・9・14判時1501号112頁）。

自書とはすなわち直筆を言い，筆跡をたどることができるもののことである。パソコン等キーボードで打込んで印字したものなどは含まれない。逆にカーボン紙を使って複写したものは自書と判示した事例がある（最判平成5・10・19判時1477号52頁）。

日付については，基本的に日にちが特定できるものであることが要件である。したがって「○○回目の誕生日」と書いたものは有効だが，「○○年○○月吉日」と書いたのでは，特定できないので無効とされる。ただし記載が真実の日付と違っていても，誤記であることと，真実の作成日がその他の部分から容易に推測できる場合は，有効とされる（最判昭和52・11・21家月30巻4号91頁）。

たとえば昭和と書くところを正和と書いたとか，昭和48年と書くつもりで昭和28年と書いても，遺言全体の内容から48年であることが明らかであるなどが，実際に判例に表れた事例である。

氏名は，遺言を書いたのが誰であるかが特定されることが必要であり，それだけで充分である。したがって法律上の戸籍名にこだわる必要はなく，通称名でも，ペンネームでもよいとされる。しかしこれも自書でなければならない。

印も同様，遺言者のものであれば足り，指に朱肉をつけて押す指印でもよい（最判平成元・6・20判時1318号47頁）。印鑑証明を受けた実印でなくともよい。

② 記載方法　遺言書は必要事項が記載されていることが重要であり，書式や用紙に決まりはない。縦書きでも，横書きでもよい。不動産や預金については，どの不動産かが特定されるように，登記簿謄本の記載どおりに，あるいは預金口座特定の必要事項などをすべて書くことが必要である。

遺言執行者（⇨269頁）の記載は，必須事項ではないものの，本人の意思が誤られることなく実現するために，事務的手続をとる人を本人が遺言書の中で指定しておくことは望ましい。執行者の記載がない場合，必要に応じ家庭裁判所に請求することで，執行者の選任がなされる（1010条）。

自筆証書遺言書の例

遺　言　書

　私，○山△男は，この遺言書により，次のように遺言します。

記
1　私の所有する下記不動産を，妻○山◇子に相続させる
　(1)　土地　（所在地の地番，土地の種類，地積）
　(2)　家屋　（所在地，家屋番号，家屋の形状，建坪）
2　私の所有する預金○○銀行○○支店，口座番号○○○○，名義人○○○○，金額○○○円の預金を，長女○○○○に相続させる。

　この遺言を執行するために，遺言執行者として次の者を指定します。
　　　　　　○○県△△市◇◇町　○丁目○番○号
　　　　　　　　　○野○夫

　　平成13年12月10日
　　　　　東京都○○市○○町○丁目○番○号
　　　　　遺言者　　○山△男　　　　印

(b) 訂正や変更の方式

　加除その他の変更は，法文に規定した手順を踏まなければならない（968条2項）。訂正部分を示した上，その部分に訂正印を押し，その部分の欄外の余白に訂正したことを明記して，そこに署名する必要がある。傍線などで訂正があることが明白でありながら訂正場所への署名押印等の手続が行われていない場合は，遺言は無効である。

　ただしこのように厳格な手続については，他人が手を加え変造することを避ける意図ではあるものの，あまりに厳格すぎて，本人の意思の実現を困難にするのではないかとの批判もある。判例も誤記訂正に際し，訂正部分への押印のみで署名がないものに，意思確認に支障がないとして有効としたものがある（最判昭和56・12・18民集35巻9号1337頁）。

(2) 公正証書遺言

　公正証書遺言とは公証人が作成する遺言書である。遺言内容を秘密にしておくことはできず，費用もかかるが，発見されない恐れや方式の不備等で無効となる心配もない。公証人は作成から保管まで関わるので，変造や隠匿などの心配もなく，最も確実に意思を遺すことができる遺言様式である。近時この様式の遺言が増加の傾向にあることは，なるべく死後の紛争を回避しようとする思いの表われともいえよう。

要件と方式

　① 証人2人以上の立会い（969条1号）があること。

　証人となりうるのは974条に規定する欠格事由に該当しない者である（後述247頁参）。前述のように目の見えない人の証人の適格性について争った事例で，最高裁は証人適格性があると判断している（最判昭和55・12・4民集34巻7号835頁）。ただし本件には少数意見として，公証人の朗読内容自体の正確性に疑問があれば直接筆記そのものについて確かめる必要があり，それが証人に要求されている責務であり，法は証人に対し，公証人の行動に対する監視の責務を課しているとして，盲人の証人適格を否定する見解が付されている。

　証人をおく意義は次号に規定するように，遺言者が公証人に対して遺言内容

を口述し、これを公証人が記録し、口述内容と異なっていないかを確認させるためにこれを読み上げることになるが、この一連の作成過程に立ち会って、公正証書として適正に作成手続が行われたかを確認する任務を負う。したがって立ち会っていても読み聞かせが聞き取れない場所にいたり、聞いていなかったりしては、証人の任務が果たせないことになり、この遺言は無効となる。

遺言者と公証人との、口授および読み聞かせの間、証人はその場所から7メートルほど離れた場所で、傍観者的にしていて、その内容を聞き取ることもできなかったという事例で、証人立会いの実質的要件を欠くとして遺言無効とした判例がある。

これに反して形式的には全過程に証人が立ち会ってはいなかったが、実質的には任務を果たしているケースで、効力を認めたものもある（最判平成10・3・13判時1636号44頁）。

② 遺言者が遺言の趣旨を公証人に口授（クジュ）すること（969条2号）。

口授とは口頭で、すなわち言葉で遺言内容を伝えることである。したがって厳格にいえば、言語を発することができなければ口授できないことになる。口授の有効性をめぐっては判例が多く、公証人の側から遺言者に遺言内容を尋ね、遺言者は肯定するときは首を縦に、違うときは横に振って応えた事例では、裁判所は口授にあたらないとした。

他方口授にあたるとされた事例では、あらかじめ書かれた内容を公証人が書面にしてそれを読み聞かせた場合であっても、少なくとも受遺者の名前や金額、あるいは物件が特定できる程度に、遺言者自らが声を出して表現している（たとえば最判平成11・9・14判時1693号68頁・判タ1017号111頁、COLUMN「話せなくなってからの遺言は有効か」参照）ものがほとんどである。

③ 遺言者・証人が、筆記が正確なことを承認した後、署名押印すること（同条3号）。

遺言者が署名することができない場合は、公証人がその旨を書いて、これを持って署名に代えることができる（同条4号）。

④ 最後に公証人が、上記の手続にしたがって作成されたものであると附記

本人が署名できない場合の公正証書遺言書の例

遺言書

遺言者○○市○町○○番地山川一郎は平成○○年○月○日自宅において○○市○町○○××番地川野二郎および○○市○町××番地山田三郎の立会いをもって次に掲げるような遺言の趣旨を本職に口授して遺言した。

一、

二、
本職は右遺言者の口述を筆記しその筆記および前記証書の部分を読み聞かせたところ遺言者および証人はいずれもその正確なことを承認し各自署名押印した（ただし遺言者は病気のため署名することができない）。

○○市○町○○××番地
証人　川　野　二　郎㊞
○○市○町○○××番地
証人　山　田　三　郎㊞

この証書は民法第九六九条第一号ないし四号の方式に従って作成し、同条第五号に基づき左に署名押印するものである。

平成○○年○月○日
○○市○町○○××番地
公証人　山　野　四　郎㊞

して署名押印すること（同条5号）。

⑤　口がきけない者・耳が聞こえない者が公正証書遺言をする場合。

公正証書遺言の要件として，口授と読み聞かせがある以上，これまでは言葉を発することができない人，聞こえない人が公正証書遺言を利用することは不可能であった。そこで平成11年に法改正をし，「口がきけない者」と「耳が聞こえない者」が公正証書遺言をする際には，通訳を介在することができることとなった（969条の2）。

まず第一の要件としての口授については，遺言の趣旨を通訳（手話）を通じて公証人と証人に伝える（申述）か，あるいはみずから記述して「口授」に代

える。次いで耳が聞こえず、読み聞かせを受けることができない場合については、筆記した内容を公証人が手話通訳を通じて遺言者に伝え、読み聞かせに代えることになる。最後にこのようにして通訳を介在させて行った場合には、公証人はその旨を証書に記載する。

通訳の介在は遺言者本人についてのみならず、証人が言語障害を持っていたり、聞こえなかったりする場合にも、同じ処理が取られる。障害の如何にかかわらず、証人にもなれることから、時代に沿った必要的改正といえよう。

なおこの方法で作成された遺言書を、仮に特別公正証書遺言と称し、他方通訳を介在させない従来どおりの方法で作成されたものを普通公正証書遺言と称するという見解があるが、用語は講学上の分類にすぎない。いずれにしても障害の有無に関わりなく、誰もが制度の利便性を利用できるようになることが必要である。とくに高齢社会では公正証書遺言の重要性が増すので、社会的受け入れやすさも考慮に入れ、少なくとも障害者の名称を付けるべきではない。

また定住外国人も増え、外国人との交流は今後ますます増加することが予測され、外国語との通訳の必要性も増大するであろう。遺言者の真意の確保さえ正確にすることができたら、それ以外は柔軟な対応が必要である（実はすでに英語の通訳を介在させての遺言作成をめぐる判例が出ている。⇨COLUMN「外国人がした公正証書遺言についての判決」）。

COLUMN

外国人がした公正証書遺言についての判決

永らく日本に滞在しているWさんは、日本語を聞き取る能力は日常生活に不便がない程度にはできるが、文章を書くなどの際の使用言語は英語中心で生活を送っていた。Wさんは自己の所有地をXさんに遺贈する内容の公正証書遺言を作成したが、その翌年にこの公正証書遺言を変更する新しい遺言の公正証書を作成した。

その後Wさんが死亡したので、新しい遺言で遺言執行者に指定された者が、遺言どおりに執行し、土地の移転登記も済ませた。そこでXさんが、二度目の遺言につき、Wさんの意思能力がなかったことと、口授の

手続に違背があったとして，無効を主張したものである。

意思能力については，認定された事実関係から，十分能力を有するとされたが，外国人に対して行われた手続が口授の要件を満たすかについても，判決は肯定した。

遺言書作成に際しては，まずWさんが弁護士に相談して英文で原稿を作り，これを弁護士が日本語に翻訳した書面を作り，この書面を公証人が公正証書用紙に清書して，Wさんに面接し，通訳を介して読み聞かせたものである。これに対しWさんは一部を追加するなど，遺言書の内容を充分理解した上で，承認し，署名押印した。判決は，このような事実関係では口授の要件が充分に満たされているとして，2度目の遺言を有効とした。

判決文では外国人であり，通訳が介在した事実より，遺言者の真意が反映されているか否かが問われ，みずから充分に内容を確認した上で承認しているとして，口授の要件が満たされたと判示している。現実問題として遺言をする意思能力と言語能力は，実は不可分であることから，翻訳や通訳を介在しても，本人の理解が十分であれば問題がないという結論が導き出されて当然であろう。ということは，視覚・聴覚障害者のための公正証書遺言方式改正は，新規のものではなく，当然のことの条文化ともいえることになる（東京地判平成3・3・29判タ768号220頁より）。

(3) 秘密証書遺言

秘密証書遺言とは，遺言者本人が作成した証書を封印した上で，公証人と証人の面前で自分の遺言書であることを明らかにして，公証人の署名を受けるものである。公正証書との違いは，作成の段階では公証人も証人も関わらないので，遺言者本人が秘密のまま作成できることである。

他方自筆証書遺言との相違は，公証人と証人の面前で封印がなされるので，遺言を作成した事実が明らかになり，さらに変造される恐れがないことも挙げられる。しかし保管は遺言者自身が行うので，場合によっては紛失したり，死亡時に見出されない恐れもある。

なお公正証書遺言の改正と同様,「口がきけない者」についての諸規定は,平成11年の民法改正で追加されたものである。

秘密証書遺言書の例

遺 言 書

　遺言者甲山一郎はこの遺言書によって次のように遺言をする。
１．遺言者は次の者を認知する。
　　　　○○市○区○○××番地
　　　　　　　丙 山 二 郎
　　　　昭和○○年○月○日生
２．何々…………
　　右遺言のためこの遺言書を作り署名して印をおした。
　　　　　　　　　　　　　　　　遺言者　甲 山 一 郎 ㊞

（封紙の記載）
遺言者甲山一郎は平成○年○月○日甲山一郎宅において，本職及び証人乙山三郎同丙山五郎の前にこの封書を提出し，右甲山一郎の遺言書であること並びにその筆者は○○市○区○○××番地丙山五郎であることを申述した。よって本職はこれを記載して遺言者及び証人と共に署名して印をおした。
　　　　　　　　　　　　　　○○市○区○○××番地
　　　　　　　　　　　　　　　公証人　丁 山 四 郎 ㊞
　　　　　　　　　　　　　　○○市○区○○××番地
　　　　　　　　　　　　　　　遺言者　甲 山 一 郎 ㊞
　　　　　　　　　　　　　　○○市○区○○××番地
　　　　　　　　　　　　　　　証人　乙 山 三 郎 ㊞
　　　　　　　　　　　　　　○○市○区○○××番地
　　　　　　　　　　　　　　　証人　丙 山 五 郎 ㊞

秘密証書遺言の要件　秘密証書遺言の要件は厳格に規定されている（970条）。

① 遺言者自身が署名・押印した証書を封じ，証書と同じ印で封印する。

②　それを公証人1人，証人2人以上の前で，自分の遺言書であること，および「筆者」の氏名・住所を申述する。この際，遺言者が口述することに障害がある者である場合は，通訳が申述するか，または遺言者自身が，封書に口述すべき内容を自書する（972条1項）。

法文が「筆者」と規定している意味は，遺言証書の真偽性よりも封をした後の偽造等の余地をなくすことに意義のある秘密証書遺言の特性から，必ずしも自書でなくとも，タイプライターやパソコンのワープロ機器等を用いても，他人に書かせてもよいということである（最判平14・9・24家月55巻3号72頁）。

③　これを受けて公証人は，証書提出の日付，遺言者が②で述べた事実を封紙に記載し，遺言者，証人とともに署名・押印をする。②で通訳が申述した場合，公証人はその旨を封書に記載し，同様に②で遺言者が自書した場合も，公証人がその旨を封紙に記載して②の申述に代える（972条2項・3項）。

④　公証人の面前に提出しなかったり，封紙記載の要件を欠いていたりして，秘密証書遺言の要件を充足せずに無効となっても，自筆証書遺言の要件を具備している場合には，自筆証書遺言としては有効となる（971条）。

(4) 普通方式に共通する原則
(a) 成年被後見人の遺言

平成11年の改正で，禁治産者・準禁治産者制度が廃止され，成年後見制度が新設されたが（⇨108頁），これに伴って従来の禁治産者・準禁治産者の遺言に関する規定は，成年被後見人の遺言として規定された。

内容的には従来の禁治産者・準禁治産者制度と同様，民法総則の行為能力規定（4条・9条・12条・16条）は遺言能力には適用されず，事理を弁識する能力を一時回復したときに，医師2人以上の立会いのもとで遺言をすることができるとされた。

(b) 証人・立会人の欠格

証人・立会人となれない者として，以下の者があげられている（974条）。
①　未成年者，推定相続人，受遺者およびその配偶者ならびに直系血族，
②　公証人の配偶者，四親等内の親族，書記および雇人。

平成11年の改正までは禁治産者・準禁治産者も欠格者とされていたが，同年の改正で削除された。

証人とは遺言の作成から立ち会い，遺言者の真意が遺言書に記されたか否かを証明する役割を担うものである。他方，立会人については，成年被後見人の遺言に際しての医師が立会うことが義務付けられている（973条）ことからも分かるとおり，立会人の役割は遺言者に遺言能力があるかどうかの証明をするものである。証人・立会人とも，原則として財産行為能力のない未成年者のほか，公正な遺言処分に影響を及ぼすことがないよう，本人と一定の親族関係にあるか，利害関係がある者が欠格者とされている。

欠格者が立会人・証人となって作成された遺言は無効である。ただし証人・立会人が複数いて，その中に欠格者がいても，その他の証人・立会人で要件が満たされていれば，遺言は有効である（最判平13・3・27家月53巻10号98頁）。

(c) 共同遺言の禁止

2人以上の者が一つの遺言書で遺言をすることはできない（975条）。もしこれが可能であれば，生前はいつでも撤回可能なはずの遺言でありながら，他方の同意を得なければ撤回できないとか，本人のみの意思ではなく，他方による意思の操作などが入る余地も出てくるからである。

共同遺言でとくに問題となるのは夫婦が共同して遺言書を作成する場合である。一般に高齢となればどちらが先に死亡するかわからない。そこでどちらでも先に死亡した方が，後に残る方に一切相続させるとか，遺贈するとかと記載して，2人の名前で署名することは，心情的には理解できることであるが，法律はこれを禁止している。

ただし複数の用紙で一つの遺言書が作られていても，1枚目から3枚目までは夫の遺言書，4枚目は妻の遺言書となっており，両者が容易に切り離すことができるのであれば，共同遺言に当たらないとして，遺言書が有効とされた事例がある（最判平成5・10・19家月46巻4号27頁）。したがってまったく別人の，独立した数通の遺言書を，一つの封筒に入れておくなどは，共同遺言の禁止条項には当たらないことになる。しかしそれぞれに相続開始の時期が異なるのが

普通であるから，1通ごとに一つの封筒に入れておくことが，不要な紛争予防のためになすべき配慮であろう。

　1通の自筆証書遺言に夫婦の連名での記名と押印があったが，妻の氏名記載は夫が書いたため，妻について自書の要件に欠けるとして，夫の単独遺言としての効力の有無が争われた事例がある。最高裁は妻のみに方式違背があったとしても，全体として共同遺言にあたり無効であると判示して，夫の遺言としても効力がないとした（最判昭和56・9・11民集35巻6号1013頁）。

2　特別方式

　緊急の事態にあっては，厳格な要件を満たすことが必要な普通方式の遺言が作成できない場合もある。またそのような場合の遺言の必要性も多いであろう。そこで緊急事態のそれぞれの場面で簡便に遺言ができる方式を定め，これを特別方式の遺言とした。

　特別方式には危急時遺言と隔絶地遺言とがある。危急時遺言には一般（死亡）危急時遺言と難船危急時遺言とがあり，隔絶地遺言には伝染病隔絶地遺言と船舶隔絶地遺言とがある。

　いずれにしても緊急の際の例外的遺言であるから，普通遺言ができるようになってから6カ月間生存しているときは，その遺言の効力がなくなる（983条）。

(1)　一般（死亡）危急時遺言（976条）

　病気その他のため，死亡の危急に迫ったものが行う，いわゆる臨終遺言である。緊急時であることから，遺言者自身の署名は必要ではなく，日付の記載にも厳格性は要求されない（最判昭和47・3・17民集26巻2号249頁。作成の日として記載された日付が正確性を欠いていても遺言は無効ではないとしたもの）。

　死亡危急時であっても，医師の立会いは必要ではないとする判例があり，学説の多くもこれを支持している。はたして死亡危急時か否かの判断は，かならずしも医学的判断による必要もなく，病気などの状況と，本人の危急時であるという自覚があればよいとされている。

要　件

① 証人3人以上の立会いのもとで，遺言者はそのうちの1人に遺言の趣旨を口授する。「口のきけない者」が遺言をする場合は，遺言の趣旨を通訳人の通訳により申述して「口授」に代える（平成11年の改正による。「口授」の意味や方式は，公正証書遺言の項，98頁参照）。

② 口授を受けた者は，それを筆記し，遺言者および他の証人にこれを読み聞かせ，または閲覧し，証人はその筆記が正確であることを確認した後，署名押印する。「口のきけない者」が遺言者・証人の中にいる場合は，通訳人を介することができる点，①と同様である。

③ 作成された遺言は20日以内に証人の1人または利害関係人から家庭裁判所に請求して，確認を得なければ効力は発生しない。

(2) 伝染病隔絶地・船舶在船中遺言（977条・978条）

伝染病のために隔絶されており，あるいは船舶中にあり，公証人が関与できない状態の場合に遺言をするための方式である。伝染病の場合は警察官1人，証人1人以上，船舶の場合は船長または事務員1人，証人2人以上の立会いが必要である。

船舶遭難時に船舶中で死亡危急に迫ったものは，証人2人の立会いだけで，一般の危急時遺言よりも簡便に，遺言書を作ることができる（979条）。

いずれも遺言者，筆者，立会人，証人は各自遺言書に署名・押印しなければならない（980条）。もしも署名・押印できないものがいる場合は立会人・証人がその事由を附記する（981条）。

COLUMN

話せなくなってからの遺言は有効か
　　——危急時遺言の「口授」とはどの程度を要するか

本人（遺言者）は病気のため入院中に，病床で危急時遺言を作成することにした。すでに本人自ら筆を持つことができないため，弁護士が聴取して遺言書の草案を作り，これをもとに立会証人が草案の1項目ずつ読み上げた。これに対し本人は「はい」と答え，「これで遺言書を作りますがいいですね。」と問われると，「よく分かりました。よろしくお願

いします。」と応えた。

　その後本人が死亡し,「後妻に本人の財産の大部分を与える」とする遺言書の通りに執行され,不動産については所有権移転登記もなされた。ところが本人の先妻の子が,遺言当時本人は遺言能力がなかったはずであり,「口授」が行われなかったとして遺言無効の訴えを提起した。

　裁判の焦点は,死亡の危急に迫った場合の,簡略な方式として規定されている危急時遺言で,要件である「口授」はどの程度のものが必要か,ということであった。

　一般的に口授の判断では,「書面の通りですか」と聞き,「書面の通りです」と応えたもの等は誘導尋問の恐れもあり,本人の真意が確かめられる方法でなければならないとされるが,本件で最高裁は,一つ一つの項目に「はい」と応えた点,また「よく分かりました。よろしくお願いします」と言った点は,遺言者の真意を確認できる発言であると認定し,口授にあたると判断した（最判平成11・9・14判タ1017号111頁）。

> **THEME**
>
> ## 遺言の効力
>
> 1　発効の時期
> 2　遺言の撤回
> 3　遺贈

❖ 関連条文──985条～1003条

> **Overall View**
> ・遺言はいつから有効なものとなるのか。病気で意識不明になっても開けてはいけないのだろうか。
> ・遺言を作っては気が変って×印を付けまた作るのくり返しをした場合，結局はどれが有効な遺言なのだろうか。

1　発効の時期
(1)　効力を発するのは死亡したとき

　遺言者が生きている間に作成した遺言が効力を発するのは，遺言者が死亡したときである（985条1項）。したがって生前には何の効力をも持たず，たとえ遺言者が心神喪失状況であっても生存中に遺言無効確認の訴えをすることは不適法であるとされる。この規定は遺贈を含むすべての遺言に適用のある規定である。

　遺贈のケースで最高裁は，遺言者がいつでも遺言を任意に取り消すことができるという遺言の特性から，いったん遺言がなされても，そのまま効力が生ずるか不確定であるから，生存中に無効確認を求めるのは原則として不適当とした（最判昭和31・10・4民集10巻10号1229頁）。

Ⅴ 遺 言 253

　高齢者の遺言能力をめぐって，生前に遺言の有効性をめぐる訴訟が提起され，最高裁まで争われた例がある。

【ケース】　老人性痴呆者の遺言無効確認訴訟

〈事実関係〉

　Aさんは明治生まれの女性で，77歳頃から痴呆症状が出始め，翌平成元年には一時期入院したこともあった。そして同じ年，退院後自宅で，夫と他に2名の証人立会いのもと，公証人に対して遺言の趣旨を口授して，公正証書遺言を作成した。その内容は甥のB男さんに，自分の所有する土地建物の，持分の100分の55を遺贈するというものであった。

　その後Aさんはアルツハイマー型老人性痴呆症，白内障と診断され，入退院を繰り返しながら治療を受けていた。実はAさんは31歳のとき，当時3歳であったC太郎さんを養子としており，C太郎はAさんの唯一の推定法定相続人である。

　平成3年3月，C太郎さんは家庭裁判所に，自分を後見人とするAさんの禁治産宣告の申立てを行った。その時Aさんは80歳，C太郎さんは52歳であった。ところが甥のB男さんも，翌4月に，同じ家庭裁判所に，自分を後見人とするAさんの禁治産宣告の申立てを行った。

　同一人物に対し二つの禁治産宣告の審判申立があったことで，この家庭裁判所はAさんがこれまで治療を受けていた病院の医師に，Aさんの精神鑑定を行うよう請求した。翌年この医師は，Aさんがアルツハイマー型老人性痴呆症であり，判断能力がないこと，および回復が望めないことを鑑定意見として提出した。

　そこでこの家庭裁判所は，鑑定結果にもとづいてAさんが心神喪失常況であると認定し，平成5年にAさんを禁治産者とし，B男さんを後見人に選任するとの審判をし，これが確定した。

　そこでC太郎さんは平成元年に作成された遺言は，意思能力がない状態で作成されたものであり，そのうえ公正証書遺言の方式に違背しており無効であることを主張し，さらにAさんの症状からして，生存中に遺言内容を取り消すなどの変更の可能性はないとして遺言無効確認の訴えを提起した。

　第一審は，訴えの利益は将来のものであり，将来の不安定な地位を現在

保護する必要はないとして，却下した（大阪地判平成6・10・28判夕873号298頁）。そこでC太郎さんが控訴した。

〈原審判旨〉

　第二審は一審と異なる判断を下した。Aさんが相当の高齢であり，回復の見込みがない状況にあることを考えると，生存中に遺言を取り消し変更する可能性がないことは明白である。このような場合，将来生じる死亡を待つまでもなく，生存中であっても例外的に遺言無効の確認を求めることができるとするのが紛争予防のために必要かつ適切というべきである，というものであった（大阪高判平成7・3・17判夕873号298頁）。

　そこで今度はAさんとB男さんが上告した。

〈最高裁判旨〉

　遺言者生存中は，受遺者は何らの権利も取得せず，単に将来遺言が効力を生じたときに権利を取得することができる期待を有する地位にすぎない。したがって受遺者の地位は確認の訴えの対象となる権利には該当しない。遺言者が心神喪失の常況にあって回復の見込みがなく，遺言の変更の可能性が事実上ないとしても，上記の受遺者の地位は変らない。したがって遺言者生存中の遺言の無効確認の訴えは不適法であるとした（最判平成11・6・11判夕1009号95頁）。

　この最高裁判決については，法理論としては正当ではあるが，親族間の将来の紛争を未然に防止する意味でも，司法の持つ現代的機能を配慮した高裁判決が高く評価されるべきであるとする見解が，民法のみならず訴訟法学者からも出ている。人間の精神活動の終了と死との関係を考える上でも，重要な問題提起となった判決である。

(2) **停止条件付き遺言は条件成就のとき**

　遺言に条件が付いている場合は，その条件が達成されたときが効力発生のときである（985条2項）。もしも条件であるその事実が発生しなければ，遺贈は無効となる。たとえば「医師国家試験に合格したら全財産を相続させる」と遺言した場合は，合格時が効力発生のときとなる。

　停止条件付遺贈の場合に，条件が達成する前に受遺者が死亡した場合は，遺言自体が無効となる（994条2項）。遺贈には代襲の規定が存在しないので，受

遺者の子が遺贈を受けることもない。

(3) 「相続させる」遺言の所有権移転効力発生時期
問題は何か
　特定の遺産を相続人の1人に「相続させる」と書いた遺言の効力については，特定の相続人への相続分の指定（902条）か，遺産分割の方法の指定（908条）か，あるいは遺贈（964条）かで論争があるところであるが，判例の立場は，前述のように最高裁（平成3・4・19民集45巻4号477頁）が遺贈と解する特段の事情がないかぎり，遺産分割方法の指定であるとした（⇨遺産分割，179頁）ことで解決したかに思われる。

　ところがこの平成3年の最高裁判決以後も，「相続させる」遺言に関する判例は多く出ている。問題は所有権移転の効果を生じさせるためには，何らかの行為が必要か，それとも「相続させる遺言」だけで，被相続人死亡時にさかのぼって当然に遺産を取得することになるのかの論点が残っているからである。

諸説の主張
　遺贈（⇨259頁）とする立場によれば，相続人の死亡と同時に，遺産は直ちに，指定された特定の相続人に承継されることになる。したがってこの場合，遺言執行者は当該遺産の権利移転についての義務も持たず，また管理する権限もないことになる。

　他方遺産分割方法の指定とは，本来法定相続分の範囲内で，Aには甲地を，Bには乙地をというように，文字通り分割方法を指定することである。特定の相続人がその遺産の所有権を確定的に取得するのは，遺産分割終了時であり，それまでは相続人全体の遺産共有の状態であるのが原則である。従ってその後の分割協議で，指定と異なる分割をすることも可能との判例もある。

最判平成3年は何を示したか
　最判平成3年の事案は，法定相続分を越えた額の特定の遺産を「相続させる」としたものであった。判決文中，遺言者の意思を合理的に解釈すると，当該相続人も他の相続人とともに相続人であるから，当人に単独で相続させようとする趣旨と考えられ，そのように解することが908条の立法趣旨と合致する

ことが述べられており，このことから平成3年の判決は，特段の事情のない限り，権利移転効のある遺産分割方法の指定と解されている。ところが相続させると名宛てされた者以外の他の共同相続人が共有登記を経て第3者に売却した場合，あるいは他の法定相続人優権者が代位登記を経て差押えをした場合など対外的効力については触れていない。

したがって同判決以降も遺産分割方法の指定は遺産分割の一方法である以上，遺産分割協議による分割法理により，遺産分割により権利を取得した相続人は，登記を経なければ分割後に権利を取得した第三者に対し，法定相続分を超える権利を対抗することができないとすべきか，遺産分割方法の指定と解されるとしても，譲受人は被相続人の死亡と同時に直ちに所有権または持分を取得したから，登記なくして債権者に対抗できると考えるべきかは問題として残っていた。

DETAILS―対抗問題の考え方

① 法定相続分を超える不動産上の権利取得の主張は対抗要件必要とする説。
　根拠；a．「相続させる」遺言は，法定相続を変更する遺言者の処分であり，遺言者の意思に基づく権利移転であるから，遺贈と同じで，登記必要（最判昭和39・3・6民集18巻3号437頁）。
　　　　b．「相続させる」という趣旨は，遺産の一部分割がなされたのと同じ承継関係を生じる点では，遺産分割後の権利関係と同じであり，分割後に法定相続分を超える権利を取得した相続人は，登記がなければ第三者に対抗できない（最判昭和46・11・16民集25巻8号1182頁）。

② 登記なくして対抗できるとする説（学説）
　根拠；a．相続させる遺言の効力は相続開始と同時に発生するから，特定遺産は遺産共有の状態を経ることなく，特定相続人に承継される。移転登記を経た他の相続人から譲受けて登記を経た第三者に対しては，登記に公信力がないので無権利の法理が適用され，登記なくして対抗できる。
　　　　b．相続させる遺言は相続分の指定を伴うが，指定相続分については登記なくして第三者に対抗できる。

その後判例は平成14年6月10日の最判により，相続させる遺言により不動産上に権利を取得した者は，当該不動産を差し押さえた他の相続人の債権者に対し，登記なくして対抗できる（登記不要説）と示した（最判平14・6・10判時1791号59頁）。

2　遺言の撤回
(1)　撤回事由の原則

　遺言者はいつでも，遺言の方式にしたがって，遺言の全部または一部を取り消すことができる（1022条）。遺言は遺言者の自由な意思の表明であり，また死後に効力が発生することから，最終意思の表現でもある。したがって生きている間は，自由に，いつでも，何度でも撤回できるとすることが，遺言者の意思の尊重でもあるとして規定されたものである。

　条文上は取り消すことができると規定されているが，法律用語としては，未だ効力が発生していないのであるから，取消には当たらず，ここでは「撤回」の意味で使用されている。

(2)　撤回の方式
(a)　遺言による撤回

　遺言は，遺言の方式により撤回できる（1022条）。すなわち撤回する遺言も遺言であり，遺言が厳格な要式行為とされたのと同じ理由で，要式の遺言方式に従った遺言で撤回することになる。ただし前の遺言と同一方式である必要はない。たとえば公正証書遺言を自筆証書遺言で撤回することもできる。

(b)　抵触による撤回処分

　以前になされた遺言と異なる内容（抵触）の新しい遺言が作成された場合，撤回，取消の用語が使われなくとも，前の遺言の重なる部分については，撤回があったものとみなす（1023条）。遺言が最終意思の尊重であることから，最後の遺言に効力を持たせたものであり，「後遺言優先の原則」でもある。したがって遺言に記載される日付が重要な意味を持つことになる。

　前の遺言と後の遺言との内容が無関係である場合は，抵触ではないから撤回

の推定ははたらかず，当然両遺言が効力を有する。抵触するとは，前の遺言と後の遺言を同時に執行することが不可能な場合のみならず，後の遺言が前の遺言を実現させない意図で作られたことが，全体的にみて明白な場合をも含むと解されている。

抵触にあたるかどうかが争われたケースがある（以下のCOLUMN参照）。

COLUMN

遺言が離縁で撤回された事例

　前になされた遺言が，養子縁組の解消によって撤回されたと認定された事件があった。扶養を受けるということで養子縁組をし，養子に所有不動産のほとんどを遺贈するという内容の遺言をした。ところが養子との間に信頼関係がなくなり，協議離縁をし，将来の扶養の約束もないことになった。

　最高裁は，協議離縁をしたことと，所有不動産のほとんどを遺贈するという内容の遺言とは両立し得ないものであり，遺贈は協議離縁により取り消されたものとみなす，と判示した（最判昭和56・11・13民集35巻8号1251頁）。養子縁組という身分行為の解消が，遺言内容に直接影響を与えたことになる（学説には判例の立場に疑問を提起するものがあることに注意）。

(c) **破棄による撤回**

　遺言者が遺言書を故意に破棄し，または遺言の目的物を破棄した場合も，撤回があったものとされる（1024条）。

(3) **撤回された遺言の復活**

　積極的撤回であれ，前の遺言と抵触するとして擬制的に撤回されたものであれ，いずれにしても遺言が撤回または取消された場合において，後の遺言または撤回行為が再度撤回されたり，前の撤回理由であった法律行為が無効となったりした場合，前の遺言がまた効力を取り戻すであろうか。

法律は，詐欺・強迫によるものでない限り，効力を回復しないと規定した（1025条）。

```
第一遺言 ┬→ 遺言抵触行為 → 抵触行為の取消 ------ 第一遺言非復活
         └→ 第二遺言作成 → 第二遺言を破棄 ------ 第一遺言非復活
```

　本人の意思は本人に確認することができない以上，問題を生じさせないためには，効力を生じさせないとしておいたほうが確かに無難である。しかし，もしも本人が第一遺言に戻す意図で第二遺言を破棄したとしても，第一遺言が絶対に復活しないとするのでは，遺言者の意思の尊重すべき遺言制度の趣旨に反するのではないかとする批判の余地がある。そもそも詐欺強迫の場合を例外としたことが，遺言者の意思尊重に由来することを考えてみても，ある条件では，第一遺言を復活させてもよいのではないかとする見解が多く主張されていた。

　最高裁もこの趣旨から，第一遺言を撤回するために第二遺言を作成し，さらに第二遺言を撤回するために第三遺言を作成した場合は，本人は第一遺言を復活させることを望んでいたことが明らかだとして，第一遺言を有効と認めたケースがある（最判平成9・11・13民集51巻10号4144頁，判時1621号92頁）。本件では第三遺言には，「○○に渡した遺言状（第二遺言）は全て無効にし，○○弁護士のもとで作成したもの（第一遺言）を有効とする」と書かれていた。第一遺言を復活させて有効とみなすには，復活の意思表示がある場合に限るべきであろう。

　その際もちろん遺言の要式性に鑑みて，意思の推定に問題がない場合に限るべきであることは当然である。

3　遺　　贈

(1)　遺贈の意義

　遺贈とは，遺言によって遺言者の財産を無償で他人に譲渡することである。遺贈する者を遺贈者，遺贈を受ける者を受遺者という。遺贈には，受遺者に義務が課されているかどうかで，単純遺贈と負担付遺贈の区別があり，さらにあ

る特定の遺産を遺贈の目的にするのか否かで，特定遺贈と包括遺贈の区別がある。

─── 遺贈と他の制度との相違 ───

(1) 相続，生前贈与，死因贈与の比較の観点
・法律行為としての性質
契約か単独行為──相手方との関係（受遺者は厳密には相手方ではないが，相続人かそれ以外でも可能か，成立時に同意を得る必要があるか否か，相手方が拘束されるか，拒否する場合の根拠法文は何か）。
・税制との関連
　なぜ税制を考慮する必要があるのだろうか。相続の場面を現実社会のフィルターを通してみると，多くが税金がらみの争訟である。財貨の所有者である被相続人と受取人である親族との間で，課税の少ない方法で承継する方法をめぐっての紛争である。「相続させる遺言」も実は租税回避の一類型であることが多い。直接的に租税が表面に出た事例は，形の上では訴訟の相手方が国税局等の行政訴訟となるが，実質面では相続問題であることが多い。
(2) 「相続制度」との違いを言う際の相続制度とは；相続に被相続人の意思が反映する部分，すなわち遺言でなしうることだから，遺産分割方法の指定か相続分の指定である。
　遺贈；受遺者は誰でもいい。ただし公序良俗の歯止めがあることについては，婚姻外贈与の場合と同じである。判例には愛人に対する遺贈を，受人の生活保護目的であるとして有効としたものがある（最判昭61・11・20民集40巻7号1167頁）。ただし夫婦間貞操義務との兼ね合いは難しく，結局法定相続人の生活を脅かさない程度であれば，という条件付きで有効と考えるべきであろう。放棄が可能（986条1項），課税は贈与税。
　贈与；生前贈与（契約549以下）に関して遺産課税総額を抑えるため，生前贈与を金銭消費貸借に装い公正証書を作成した事例で，消費貸借契約の存在を否定し，贈与税をかけた下級審判例もある（平成15・12・4津地裁）。
(3) 検討課題
　遺贈は単独行為であり，死因贈与は契約である。しかし死因贈与には遺贈規定が準用されている（554条）。そこで遺贈のすべてが準用されるのか，されない部分があるとすればどこか，が問題となる（262頁の【ケース】参照）。

生前に死因贈与契約を締結し，それを遺言に残すこともありうるが，死因贈与は遺言によらなくともよいことは死因贈与が契約だから当然である。ただし書面によってなされた場合は自由に撤回できない（550条）。遺贈の承認・放棄に関する規定も準用されない（判例法理）。

(b) **単純遺贈と負担付遺贈**

遺言で受遺者に何らかの負担を課して，財産的利益を与えている場合が負担付遺贈であり，負担が課されていない場合が単純遺贈である。たとえば「長女に全財産を与える。その代わり長女は，母生存中は母の扶養をすること。」という内容の遺言は，扶養をする点が負担となり，負担付遺贈である。

負担付遺贈の場合に問題となるのは以下の点である。

① 受遺者が負担を行なわなかった場合の遺贈の効力

負担は条件や対価ではない。したがって負担を履行しなくとも遺贈自体の効力は変らない。遺贈は単独行為であるから，負担を履行しないからといって解除が問題になることはない。

しかしそれでは遺贈者の意図と異なり，相続人との間で不公平感が生ずることもある。そこで相続人は期間を定めて履行の催告をし，期間内に履行がない場合には，家庭裁判所に遺贈取消請求をすることができる（1027条）。

② 受遺者の負う負担とはどの程度のものか

受遺者は遺贈の目的の価額を超えない限度で，負担した義務を履行する責任を負う（1002条1項）。

③ 受遺者が遺贈を放棄するとどうなるか

負担の利益を受ける者が受遺者となることができる（1002条2項）。目的の価額が限定承認，遺留分減殺請求により減少した場合は，減少の割合に応じて負担義務を免れる（1003条）。

負担付死因贈与につき負担がすでに履行されている場合には，遺言取消しに関する1022条，1023条の準用を排除するとした事例がある。

> 　　**【ケース】** 父（遺言者）は長男との間で，「長男は父に対して，在職中毎月およびボーナス時に定期金を送金すること，これを履行した際には遺産全部を長男に贈与する」とする死因贈与契約を締結した。長男は定年退職まで父に送金し続けた。退職後まもなく父は死亡したが，実は父は長男からの送金を受けていた最中に，財産の一部を他の子に遺贈させるとし，遺言執行者として某弁護士を選任するとの遺言を残していた。そこで長男が遺言無効確認訴訟を提起した。相手方は死因贈与には遺言規定が準用されるので，長男との死因贈与契約は後の遺言で取り消されたものとみなされる（1023条）と主張したが，このように考えるべきであろうか。
> 　　最判は，負担付（本件の場合定期的に送金する）の場合，負担の全部（または全部に近い程度）を履行した場合には，受贈者（本件では長男）の利益を犠牲にしないよう，当該死因贈与契約を取消すことがやむを得ないと認められる特段の事情がない限り，1022条，1023条の準用はないと判示した（最判昭57・4・30民集36巻4号763頁）。

(c) 特定遺贈と包括遺贈

　包括遺贈とは遺産の2分の1とか，遺産全部を誰かにやるというような，包括的名義の遺贈である。遺産のうちの割合で指定した部分を遺贈の目的とする。これに対し特定遺贈とは，遺産の中で特定の財産を誰かにやるというように具体的に具体的な財産を指定した場合である。

　民法は遺言者が包括または特定の名義で，遺産の全部または一部を処分することができると規定している（964条）。つまり包括遺贈であれ特定遺贈であれ，遺言での財産処分を自由にすることができるが，遺留分規定に違反することはできない（同条ただし書）のである。この限りでは，包括遺贈と特定遺贈を区別する実益はあまりないことになる。

　しかし包括受遺者は相続人と同一の権利義務を有し（990条），さらに次項の放棄については特定遺贈にのみ適用される（986条）ことから，両者の区別は必要である。どちらの趣旨で書かれたかは，結局は遺言の解釈になる。一般的に遺産の中の割合を示した場合は包括遺贈であり，しかし包括的であっても，

「有価証券の全部」というように「有価証券」が特定されている以上は特定遺贈とされる。

COLUMN

遺贈と相続

① 特定か包括か――あいまいな事例――
・特定遺贈は遺産中の指定された特定の財産の遺贈を目的とするもので，必ずしも特定物（このツボ，○○市○○番地の不動産等）でなくともよい。現金○○円等も特定遺贈とされる。
・包括遺贈は遺産の全部か，もしくは半分，3分の1等の割合で示された部分の遺贈。
・判例に現れた表現では「土地一筆および同地上建物一棟，同付属建物および家具一切」等は包括遺贈としている。

② 効力と登記の問題
・特定遺贈であれば，遺言の効力がいつ生じるかで，遺贈の効力発生と同時に所有権移転とする考え方（物権的効力説）と，遺贈によって遺贈義務者（遺贈を受けない相続人，遺言執行者がいれば当人）に所有権移転債務が発生し，義務者が移転行為（引渡し・登記など）をする必要があるとする考え方（債権的効力説）とがある。
・ここから遺贈による所有権取得は登記なしに対抗できるかの問題が発生する。登記の対抗要件の問題は遺贈による効力の問題から派生している。遺贈は相続に近似しているから，登記なくして対抗できるとするか，相続の場合ですら法定相続と異なる相続分で遺産分割した場合は登記が必要なのだから（第三者からは知りえない事情），まして遺贈の場合は登記なくしては対抗できないと考えるかの相違が出てくる（⇨256頁参照）。

③ 包括受遺者と相続人の比較

包括受遺者は相続人と同一の権利義務を有する（990条）。それでは包括受遺者は相続人であろうか。たしかに包括受遺者は，放棄が認められないこともあり，遺贈目的財産についてのすべての権利義務を，当然にかつ包括的に承継する者である。この限りでは相続人にきわめて近い。

しかし次のような違いもある。

①遺留分権　　相続人にはあり，包括受遺者にはない。
　②遺言者死亡前に受遺者が死亡した場合　　遺贈は効力を生じない（994条）。受遺者の権利は消滅。他方相続は遺言者死亡時に開始。
　③法人の当事者適格　　包括受遺者にはなり得るが，相続人にはなれない。だからこそ法人，人格のない社団・財団などに財産を与えるために，遺贈が利用されている。
　④生命保険金受取人欄に相続人と書かれている場合　　包括受遺者は含まれない（最判昭和40・2・2民集19巻1号1頁）。
　⑤目的財産が不動産の場合　　包括受遺者は登記がなければ第三者に所有権取得を主張できない。

(2)　遺贈の効力

　包括遺贈の受遺者は相続人と同一の権利義務を有するので，包括受遺者は被相続人の一身専属権を除く財産上の権利義務を当然に承継する（896条）。そこで，ここでは主として特定遺贈についてみていこう。

特定遺贈の効力

①放棄について

　特定遺贈の場合，受遺者は遺言者の死亡後いつでも遺贈の放棄をすることができる（986条）。遺贈は利益の供与ではあるが，受ける側の意思にも配慮する必要があるとして規定されたものであるが，包括遺贈の場合は相続の承認・放棄が適用されるので（990条1項・915条以下），986条は特定遺贈についてのみの規定となっている。

　遺贈の放棄は，遺言者の死亡のときにさかのぼって効力を生ずる。そこで遺贈の放棄があった場合，受遺者が受けるはずであった目的財産は相続人に帰属する（995条）ことになる。

　特定遺贈の放棄に期間の限定はない（986条）。しかしそれでは相続人や遺言執行者などの関係者は，いつまでも不安定な状態に置かれることになる。そこで相続人などの利害関係人は受遺者に対して，相当の期間を決めてその期間内に遺贈を承認するか放棄するかを決めるよう催告することができる（987条）

ことになっている。

　法文は，この際の利害関係人を「遺贈義務者」と規定する。「遺贈義務者」とは遺贈の内容を実現する義務を負う人である。たとえば遺贈が効力を生じた場合，相続人は受遺者に対して目的物を引き渡し，登記あるものについては移転登記をする義務を負うので，常に遺贈義務者となる。

　特定遺贈と包括遺贈の両方が存在する場合は，包括受遺者は遺贈義務者となる。なお遺言執行者については，一般に遺贈義務者であるとする見解が多いが，遺贈義務者ではないと明言する判決もある（⇨273頁）。受遺者が催告の期間内に意思表示をしない場合は，承認したものとみなされる（987条後段）。

　②受遺者の権利は相続されるか

　特定遺贈の受遺者が承認も放棄もしないで死亡したとき，受遺者の承認・放棄する権利は相続人に承継される。ただし相続人が数人いるとき，それぞれが自己の相続権の範囲内で，すなわち相続分の割合に応じて承継する（988条）。共同相続人がいる場合でも，各自が自己の相続分について，承認も放棄もでき，一部の相続人が放棄した場合は，他の相続人に相続分に応じて帰属することになる。

　③承認・放棄した遺贈を撤回することができるか

　民法は遺贈の承認・放棄は取り消すことができないと規定する（989条）。ここでいう取消しは，相続の限定承認・放棄（⇨211頁）ですでに説明したように，撤回の意味である。

　遺贈の承認・放棄は，遺贈義務者への意思表示のみでよく，遺贈義務者に到達することで成立する。そこでいったん成立した後には撤回できないとした。ただし意思表示の一般原則には服するが，取消権の行使は6カ月の消滅時効と10年の除斥期間の制約を受ける。

　④その他の受遺者の権利義務

　特定遺贈が始期付や条件付である場合，期限到来・条件成就までの間に財産が処分されてしまう心配もある。そこで遺贈がまだ弁済期になっていない場合は，遺贈義務者に相当の担保を請求することができるとした（担保請求権につき991条）。さらに遺言が効力を生じた以降の「果実」，すなわち賃料や利息な

どについても，請求することができる（果実取得権につき992条）。もしも果実が引き渡されない場合は，民法総則に従って遺贈義務者は遅滞の責めを負うことになる（412条）。

逆に遺贈目的物を修理したり改善したりして，遺贈義務者が費用を出している場合は，民法総則に従い，その価格が現存する限り，受益者の選択で，費用または増加額を償還させることができる（遺贈義務者の費用償還請求権につき993条，299条）。

もしも遺贈の目的財産が，遺言者死亡時に遺言者の相続財産に属しないものである場合は，遺贈はどのようになるであろうか。一般的に遺贈の目的が特定の物であろうと，権利であろうと，遺言者の所有に属しないものであれば，無効となるのが原則である（996条）。

しかし遺贈の目的である権利が相続財産に属しない場合であっても，特にその物を遺贈の目的にすると明らかにされている場合は，その遺贈は有効である（996条ただし書き）。その場合には遺贈義務者に，その権利を取得して受遺者に引き渡す義務が生ずる（997条）。

もっとも権利者が権利移転に同意しないとか，受遺者に権利移転するには多くの費用がかかる等の事情がある場合もあろう。したがってその場合には，遺贈義務者がその価額を弁償しなければならないと規定した（997条）。

目的物が不特定物の場合の，遺贈義務者の担保責任について，民法は追奪担保責任（998条1項）と瑕疵担保責任（同条2項）を規定する。追奪とは，目的物が受遺者に引き渡された後で，実は第三者の所有に属していたとして，返還請求されることである。この場合目的物の所有権を第三者から取得するが，それができないときは遺贈義務者が担保責任を負う。これが追奪担保責任である。

瑕疵担保責任（同条2項）は，目的物に隠れた瑕疵がある場合，遺贈義務者が瑕疵のない物を給付する義務である。ただし特定物の場合は，その物を受遺者に引き渡すことで義務が完了するので，特定物には追奪担保責任も瑕疵担保責任も生じない。したがってこれらの規定は，不特定物遺贈についての規定である。

RESEARCH in DEPTH！

▶「非行が止んだら長男に全財産を遺贈する」という遺言は，停止条件付といえるであろうか。また「非行が止まなかったら廃除する」という遺言はどうであろうか。この遺言を執行するために，どのような問題が生じてくるであろうか。
▶負担付遺贈と停止条件付遺贈，解除条件付遺贈との差異を比較せよ。
▶民法総則の取消規定（5条2項・9条・13条1項4号・17条1項4号，96条など）と相続の承認放棄の取消し，特定遺贈の取消について，異同を比較せよ。

```
┌─────── THEME ───────────────────────┐
│                                      │
│  **遺言の執行**                       │
│                                      │
│     1  遺言執行の意義                  │
│     2  遺言手続                       │
│     3  遺言執行者                     │
│     4  遺贈と遺言執行者                │
│                                      │
└──────────────────────────────────────┘
```

❖ 関連条文——1004条

> **Overall View**
> ・遺言が見つかったとき，誰が何かをする必要があるのだろうか。
> ・遺言執行者とはどのように決まり，どのような権利義務を持つのか。

1　遺言執行の意義

　すでに見たように，遺言事項の中には後見人の指定（839条・848条）や相続人の指定（893条），遺産分割の禁止（908条）など，何らの手続も必要とせずに効力を生ずるものがある。しかし，たとえば認知を内容とする遺言であれば認知届をしなければ効果を生ぜず，また不動産の移動を目的とするものであれば，登記が必要となる。このように遺言の内容を実現するための行為を遺言執行という。

　遺言執行は相続人自身が行うことができるものもある。たとえば相続人が遺言書を発見した場合は，相続人自身が次項の検認手続をしなければならない。しかし遺言の内容が自分に不利とわかった場合は執行しないのであれば，最後の意思の表明を保障した遺言制度の意義が損なわれる。そこで執行する人が選任される制度が採られている。これが遺言執行者である。

2　遺言手続

(1)　検　　認

　遺言書を保管する者は相続開始を知ったら，すぐに家庭裁判所に提出して，検認手続をしなければならない。保管者が存在せず，相続人が発見した場合も同様である（1004条1項）。

　検認制度の目的は，遺言書の偽造変造を防いで，確実に保存することにある。したがって公正証書遺言の場合は，検認は必要ではない（1004条2項）。また証拠保全のための手続であるから，検認したからといって遺言の有効性が証明されたわけではない。検認の有無と遺言自体の有効性とは関係がないことである。

(2)　開　　封

　開封は封印のある遺言書の場合，家庭裁判所において代理人の立会いのもとでなければ開封することができない（1004条3項）。

　この検認・開封手続に違反した場合は，5万円以下の過料の制裁を受けることになる（1005条）。念のため，図のように封筒に記載した遺言書であれば，過って開封される恐れが少なく未然にトラブルを防ぐことができるであろう。

検認書の必要性を記載した自筆証書遺言の封筒の例

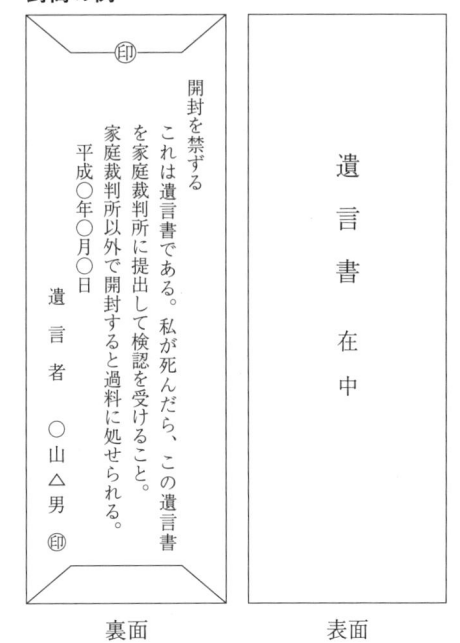

裏面：開封を禁ずる　これは遺言書である。私が死んだら，この遺言書を家庭裁判所に提出して検認を受けること。家庭裁判所以外で開封すると過料に処せられる。　平成○年○月○日　遺言者　○山△男㊞

表面：遺言書　在中

3　遺言執行者

(1)　執行者の選任

　遺言執行者は遺言により指定された者，あるいは指定することを委託された人が指定した者が，遺言の執行を承諾した場合に就任する。財産行為であることから，未成年者，破産者は就任しえない。執行者がいな

くなったときは家庭裁判所が選任する。

執行者の任務が適正でなく，任務を怠っているときは，利害関係任は解任の請求を家庭裁判所に対してなすことができる（1019条）。

(2) 執行者の職務

遺言執行者は財産目録を調整して，相続人に交付しなければならない。遺言執行者の法的性質については後述のように相続人の代理人が遺言者の代理人かで見解の相異もあるが，文言上は相続人の代理人と規定されていることから（1015条），遺言執行者の行為は，相続人に直接帰属する。遺言執行に要する費用は相続財産の中から出される。

遺言執行者の職務権限と関連する問題として，当事者適格の問題がある。相続人の代理とすれば，相続人に代って原告となり，被告となるのか，その場合，本人たる相続人も重ねて原告・被告となり得るのかが問われることになる。

「相続させる遺言」の執行に際する遺言執行者の当事者適格については判例の立場は必ずしも一定ではない。登記手続義務は負わず，特定不動産の賃借権確認請求訴訟の被告適格もないとする判決がある（最判平成10・2・27民集52巻1号299頁。これを【否定ケース】とする）一方で，無権利の相続人への登記抹消と真正相続人への所有権移転申請の各手続きは，遺言執行者の職務としたものもある（最判平11・12・16民集53巻9号1989頁。これを【肯定ケース】とする）。この二判例を比較して，最高裁の依って立つ理論的根拠は何かを考えてみよう。

> **前提として**
>
> 遺言執行者の当事者適格──「遺言執行者は相続人の代理人（1015条）」との文言は何を意味するか。
>
> 【Aケース】
> 　　受遺者が遺贈された不動産の移転登記を相続人に求めたところ，最高裁は，被告適格は遺言執行者に限られるので（1012条），相続人は被告たり得ないと判示した（最判昭43・5・3民集22巻5号1137頁）。
>
> 【Bケース】
> 　　すでに受遺者が遺贈目的物の所有権移転登記を経ている場合，相続人が登記の抹消を争うには，遺言執行はすでに終わっているのである

からたとえ遺言執行者がいても，受遺者を被告として訴えを提起すべきである（最判昭51・7・19民集30巻7号706頁）。

Aケースでは遺言執行の効果は本人に帰属するのに，本人たる相続人に被告適格がない。いったい遺言執行者の訴訟上の立場はどんなものか，が問題となる。

【否定ケース】　最判平成10・2・27民集52巻1号299頁

本事案は，遺言執行者がいる場合に相続人が無断で行った処分行為の効力が問われたものである。

Aは平成三年に死亡し，Aの相続人はB（長男），C（次男・遺言執行者），D（三男），E（長女）の4名である。Aは公正証書遺言を残しており，その内容は，
1．甲土地につき，持分二分の一をBに，同二分の一をDに相続させる。
2．乙土地建物をCに相続させる。
3．預貯金のうち2000万円をEに相続させる。
4．預貯金の残額は，遺言執行者の責任において，遺言者の負担すべき公租公課，医療費その他相続税の支払いに当てること。
5．Cを祖先祭祀主宰者および遺言執行者に指定する。
というものであった。

甲土地上の建物については，DがAから生前贈与を受けており，現在甲土地をDが占有している。Dはこの生前贈与の際にAとの間で甲土地について建物所有のための賃貸借契約を締結したと主張し，甲土地賃借権の確認請求訴訟を，遺言執行者Cに対して提起したものである。

〈第一審〉

「遺言執行者が就職している場合は，相続財産についての一切の権限を遺言執行者が有するから，相続財産に関する訴えの被告適格を有するのは遺言執行者である。

本案である賃貸借契約締結については，締結の事実の証明がある。したがってDが甲土地につき借地権を有することを確認する」旨の判決が下された。

これに対し遺言執行者Cが，事実認定に誤りありとして，控訴した。

〈控訴審〉

Cの被告適確性については触れず，第一審支持し，控訴を棄却した。

そこでCが原審の事実認定の誤りを理由として上告した。

〈最高裁〉
　遺言執行者Cの被告適格性については，無しと判断した。いわく「特定の不動産を特定の相続人に相続させる趣旨の遺言をした遺言者の意思は，右の相続人に相続開始と同時に遺産分割手続きを経ることなく，当該不動産の所有権を取得させることにあるから，その所有管理についても，相続人が相続開始時から所有権に基づき自らこれを行うことを期待しているのが通常……。遺言執行者があるときでも，遺言書に……遺言執行者の職務とする旨の記載があるなどの特段の事情がない限り，遺言執行者は，当該不動産を管理する義務や，これを相続人に引き渡す義務を負わない……」。
　本件では特段の事情は認められないとし，したがって本件訴訟の被告適格者は，遺言執行者Cではなく，長男Bであり，Cを被告とする本件訴訟を不適法とした。

【肯定ケース】　最判平成11・12・16民集53巻9号1989頁
　本事案は以下のようなものである；
　土地1ないし5を所有し，各土地の登記名義人であるAは，平成5年1月に死亡し，相続が開始した。相続人は以下のとおり；

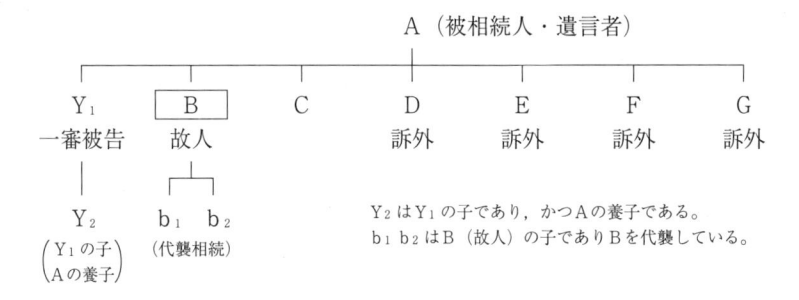

```
                    A（被相続人・遺言者）
    ┌───────┬───────┬───────┬───────┬───────┬───────┐
   Y₁      B       C       D       E       F       G
 一審被告  故人            訴外    訴外    訴外    訴外
   │    ┌─┴─┐
   Y₂   b₁  b₂     Y₂はY₁の子であり，かつAの養子である。
 （Y₁の子 （代襲相続） b₁ b₂はB（故人）の子でありBを代襲している。
  Aの養子）
```

　Aは生前2本の公正証書を作成していた。
　第1遺言の内容は「所有する全財産をY₁に相続させる」というものであった。
　第2遺言の内容は，「①旧遺言を取消す。②土地1をC，D，E，F，Gの5名に5分の一ずつ相続させる。③土地2ないし5をY₁，Y₂に二分の一ずつ相続させる。④その他の財産は相続人全員に平等に相続させる。⑤遺言執行者としてXを指定する」というものであった。
　しかるにY₁は平成5年2月，失効した第1遺言を用い，本件各土地につき，自己名義への相続を原因とする所有権移転登記をした。さらに平成7年（第一審係属中）には土地3ないし5の各持分二分の一につき，Y₂に対し，真正な登記名義の回

復を原因とする所有権一部移転登記をした。
　第一遺言でAに単独相続させる旨の公正証書遺言があり，第二遺言（公正証書）では前の遺言を取り消し，数人の相続人に相続させる旨の記載と，遺言執行者の指定がされていた。Aは失効した第一遺言書を用い，自己名義の相続を原因とする所有権移転登記をした。
　そこで遺留分権利者と第二遺言により持分を取得した者が，第二遺言に遺言執行者と指定された者を相手に，持分権確認と移転登記を求めたのに対し，原審が遺言執行者の当事者適格を否定したので，当該遺言執行者が当事者適格を争った事例である。最高裁は無権利の相続人に対する登記抹消請求手続および真正な相続人への所有権移転登記申請手続は遺言執行者の職務であると判示（ただし真正受遺者が所有権に基づいて登記請求することもできるが，遺言執行者の職務権限に影響与えないとした）したものである。

4　遺贈と遺言執行者

　遺言執行者がある場合とない場合とで，遺贈の効力がどのように異なるかについて，判例法理にもとづき検討しよう。
①　遺言執行者のいない場合については，遺贈の項でみたように，判例は遺言者の意思表示によって物権変動の効果を生ずるとし，相続人から譲り受けた第三者とは177条の対抗関係に立つから登記を要するとする。通説も判例を支持し，177条の対抗関係と考えている。相続人は相続財産を処分できる立場だから，遺言の執行と抵触しても処分行為は有効であるからである。
　これに対し，受遺者と相続人は論理的に対抗関係になる余地はないとする批判説も存在している。
②　遺言執行者ある場合について判例は，遺言執行者は受遺者の利益を保護するための存在であり，1012条1項，1013条は遺言者の意思を尊重すべきであることから，遺言の公正な実現を図る目的の規定であり，無権利の相続人がなした第三者への処分は絶対無効であり，受遺者は登記なくして対抗できるとする。
　しかし判例理論によれば執行者がいる場合といない場合とで結論は反対となり，遺言執行者の存在は外部から見えないのであるから，遺言執行者がいる場合は取引の安定を不当に害するのではないかとの批判が出るところではあるが，判例を支持する多数説も，現行法解釈上やむを得ないとする。
③　ついで遺言執行者がいる場合に，相続人が遺贈内容に抵触する処分（1013条に反する行為）をした場合の効力が問題となる。

通説は判例同様絶対無効とする。受遺者が相続開始前に遺贈の事実を知ることは困難であり、仮に知っても生前に所有権移転登記はできない。逆に相続人が遺言内容を知って処分してしまえば、受遺者は対抗できないことになり、相続人の処分行為を無効としない限り、被相続人の最終意思による財産処分が無になることを根拠とする。

しかしこれに対しては，遺言および遺言執行者の存在が公示されていないから，登記に公信力がない以上，取引の相手方が不測の損害を被る恐れがあるとする反対説や，絶対無効をとりつつ，94条2項類推により善意の第三者を保護しようする説も主張されている。

【ケース】被相続人Aは，相続人の一人Bに不動産甲を遺贈すること，およびC（相続人ではない）を遺言執行者と指定することを記した公正証書遺言を作成した。ところがAの死後，他の相続人Dは遺言書の存在を無視して，甲土地を自己の単独所有として登記し，かつこの土地にEのために抵当権を設定した。抵当権が実行されたので，Bは第三者異議の訴えを提起した。Bの訴えは認められるであろうか。

判例は先例（大判昭和5・6・16民集9巻550頁）以来，現時（最判昭62・4・23民集41巻3号474頁）まで，1013条違反の処分行為は絶対無効とすることで一貫している。

上記最判62年の判旨は「……民法1013条は遺言執行者をして遺言の公正な実現を図らせる目的に出たもの……。相続人が同法に違反して第三者のため抵当権を設定し，登記をしたとしても，無効であり，……受遺者は遺贈による目的不動産の所有権取得を登記なくして対抗できる」と述べている。

遺言執行者がいれば（相続人処分後に執行者に就職しても）無効であり，いなければ177条により登記の有無によるというのは，遺言の存在・執行者の存在も，執行者の管理処分権の範囲も外部から知りえないことからして，第三者に不測の損害与える危険性が大きい。

そこで遺言執行者の同意，追認ある場合，または遺言執行者の任務終了の場合には，相続人の管理・処分権が回復し，処分行為は相続開始に遡及して有効となるとする説や，遺言執行者が相続人に処分禁止の仮処分求めた場合のみ無効とし，それ以外は対抗問題とする等の諸説もある。また遺言執行者の有無にかかわらず遺贈目的物の所有権は受遺者にあり，相続人の処分はもともと無効

であるから，相手方は表見理論により保護されうるとする見解もある。

RESEARCH in DEPTH!

▶遺言執行者Aがいる場合において，特定不動産の遺贈を受けた者Bが未登記の間に法定相続人Cが第三者Dにこの不動産を売却し，移転登記を得たとする。この場合，第三者Dを保護する法律構成として94条2項の類推適用が可能であろうか。その場合，Dの善意無過失の他，帰責性が向かわれるのは誰であろうか。Aとする考えも成り立ちうるか考えてみよう。

VI 遺留分

> **THEME**
>
> **遺留分制度とは**
>
> 1　遺留分の意義
> 2　遺留分の算定

関連条文——1028条〜1030条

Overall View

・遺留分とは何か。なぜ必要なのか。
・遺留分制度は遺言の自由と抵触しないのか。

1　遺留分の意義

(1)　遺留分制度

遺留分制度とは

　被相続人が遺贈などにより財産を処分した場合にも，一定の相続人には一定の割合の相続分が遺される必要があるとして規定されたものが遺留分制度である。この一定の相続人に保障される一定の割合または額を，遺留分という。

　被相続人には自己の意思にもとづく自由な財産処分が，遺言というシステムで保障されている。しかし被相続人が死後の財産処分を自由にすることで，生前被相続人に扶養されていた者が，死後の生活にも困ることになれば，自由な

財産処分は何らかの制限が必要となることもある。そこで遺言者本人の意思（遺言の自由）と遺された者の権利保障との兼ね合いのもとに生まれたのが遺留分制度である。遺留分権者が自己の遺留分を主張する（⇨後述「減殺請求」の項）することにより、遺言者の意思による財産処分が制約されることになる。

遺留分制度の現代的意義

遺留分制度を必要とする典型的な場面は、被扶養家族を抱えた家計維持者が死亡し、財産が他に渡ってしまうことで、遺された家族が路頭に迷うような状況である。しかし高齢社会となった現在、このような状況は少なく、子どもは皆独立し、高齢の親夫婦のみの生活や、配偶者の死後の独居や子ども世帯での同居などが多数を占めるに至っている。

そこでこうした社会背景の変化に鑑み、遺留分制度の現代的意義は大きくはないとする意見がある。特に高齢夫婦がどちらか先に死亡した場合には、遺された配偶者に全財産を遺すとする遺言をお互いに書き合っていたとしても、相続が開始するや、独立した子どもが遺留分を請求し、結局配偶者が全遺産を手にすることができないことは問題であるから、遺留分制度廃止を含め、再検討すべきとする意見も生じている。

思うに遺留分制度はわが国の相続制度は何を目指しているのか、本来遺言の自由はどこまで保障されるべきなのか、現行の法定相続は、相続人の範囲についても、相続分についても、はたして妥当なのか、等々の基本的問題の根源である。相続制度をめぐる根本問題を、現代の社会的背景も踏まえて議論する必要がある。

COLUMN

世界の遺留分制度・その淵源

現行民法第5編に関する初期の解説書である中川善之助『相続法』（有斐閣法律学全集24，昭和39年）には、以下のように記述されている。

「遺留分制度は、何びとも己れの財産を自由に処分できなければならない、という思想と、財産はできるだけ家族の中にとどめておかなけれ

> ばならない思想との，妥協の上に成立した。従って，英法のように，個人の自由処分が完全に承認される国には，遺留分の制度も発生する余地がない。……古ローマの家長は，絶対に自由な財産（家産）処分権をもっていたので，家族のため，その一定部分を，必ず家族内（近親者）に止める義務……があった……。ゲルマンでは，財産が家に固着せしめられて来たが，後には，その一定部分に限って，家長の自由処分が認められ，……この自由処分を許された財産部分が自由分であり，自由分を除いた残余が，遺留分とされた。……わが民法の遺留分制度は，家族主義の極へきわめて近いところで，個人主義の処分自由を抑えている。……遺留分を侵害する贈与または遺贈をも，一応は有効に成立させたところに，家族主義敗退の跡がうかがわれるのである。」（同書403－404頁。なお英法について遺留分類似の制度があることについては，同書は触れるところではない。）

(2) 遺 留 分 権

遺留分権者

遺留分を請求できる権利を遺留分権，法定相続人の中で遺留分権を有する相続人を遺留分権利者という。民法上遺留分権利者は，兄弟姉妹以外の相続人（1028条）と規定されている。つまり被相続人の子，配偶者，直系尊属であり，代襲相続が発生するときは子の直系卑属も入る。ただし相続人の順位にない場合は遺留分権も有しないことは当然である。

遺留分の放棄

遺留分の制度は強行法規であるから，遺留分権者の請求権行使の意思表示がある以上，遺留分の処理（減殺）がなされなければならない。しかし遺留分を行使するか否かは，遺留分権者の意思にゆだねられており，請求することも，しないことも自由である。

しかし遺留分権は相続が開始し遺留分権が侵害されている事実があるときに権利としての意味を持つのであり，相続開始以前は本来は問題になることではない。しかし相続順位にある相続人であれば遺留分放棄をすることは相続開始

以前にもできる。ただし相続開始以前の放棄は，家庭裁判所の許可を得なければならない（1043条1項）とされる。

　申立てがあった場合，家庭裁判所は他からの圧力による放棄ではないかを検討して，判断する。実際に遺留分放棄許可をめぐる審判例では，放棄者本人の発意によるかどうかが重視され，遺留分を放棄すれば結婚を許可すると言われ，結婚を望むがゆえに自らの意思で放棄したとしても，自由意思によるものではないとして，申立てを却下した事例もある。

　さらに後に事情の変更があれば，相続開始前であれば，放棄許可の取消審判を申し立てることで，放棄を撤回することができるとされている（判例）。

　相続人の1人が遺留分を放棄しても，他の相続人の遺留分には影響を及ぼさない。すなわち遺留分権者が遺留分を行使しなければ，遺言者の遺言どおりに処理されることになる。

2　遺留分の算定

(1)　遺留分割合

遺留分率（総体的遺留分）

　遺留分権利者の遺留分の割合は，相続人と相続分の関係と同様，共同相続の関係によって異なる。直系尊属のみが相続人の場合は相続財産の3分の1，その他の場合には相続財産の2分の1に各遺留分権利者の相続分を乗じた割合（1028条・1044条）である。その他の場合とは，直系卑属のみ，直系卑属と配偶者，直系尊属と配偶者，兄弟姉妹と配偶者，配偶者のみが相続人であるときをいう。

　たとえば配偶者も子もいないが両親がいる者が，財産の大半を交際中の女性に譲るとする遺言を残して死亡した場合は，両親の総体的遺留分は3分の1になる。妻と子2人がいる者が，同様に遺産の大半を他者に譲るとした場合は，妻と子2人合わせて総体的遺留分が2分の1になる，ということである。

　なお1028条は昭和55年の法改正によったもので（同56年1月1日施行），それ以前は直系卑属のみ，および直系卑属と配偶者が相続人の場合は2分の1，それ以外の場合は3分の1とされていた。したがってそれ以前に発生した事案で

は改正前の割合によることになる点は注意を要する。

個別的遺留分

　前述の例のように相続人が複数の場合は，各遺留分権利者の相続財産上の持分的割合は，各相続人の総体的遺留分を法定相続分算定方式（900・901条の準用）で分配することになる（1044条）。これを個別的遺留分という。

(2) 遺留分額の算定方法

　遺留分を算定するには，算定の基礎となる財産を確定しなければならないが，この財産は，相続財産のことではない。被相続人が相続開始時に所有していた財産の価額に贈与した価額を加え，その中から債務の全額を控除したものである（1029条1項）。条件付権利と存続期間が不確定な権利については，積極財産ではあるが，その価格については家庭裁判所が選定した鑑定人の評価による（同2項）。例えば資格取得のために勉強中の子に対し，資格を取得して開業したときには，その資金として1000万円を与えるとの遺言を残していた場合は条件付権利である。

　相続開始時に有していた財産とは相続の対象となる財産の中の積極財産に限られる。この中には遺贈や死因贈与も含まれる。これに以下のものが加算されることになる。

　① 相続開始前の1年間にした贈与（1030条）　生前贈与は取引の相手方が存在するので，取引の安定の趣旨からも，原則として1年前までのものに限定されている。ただし被相続人と受遺者の双方が遺留分権利者に損害を加えることを知って行った贈与は，相手方を保護する必要がないので，1年前のものであっても加算される。なお903条に該当する相続人に対する贈与（特別受益）は，社会経済事情や関係者の個人的事情の変化等を考え，特別受益者にとって酷であるなどの特別の事情がない限り，相当以前のものも算入されるとする判例がある（最判平成10・3・24民集52巻2号433頁）。

　③ 不当に安い値段での売買などの有償行為　売買自体は財産を減少させるものではないから，加算する必要はないが，遺留分権利者を害そうとして不当な値段でする売買は，贈与とみなされ加算される（1039条）。

> **THEME**
>
> ## 遺留分減殺請求権
>
> 1 遺留分減殺請求権の性質
> 2 減殺請求の効力

関連条文——1031条～1043条

1 遺留分減殺請求権の性質
(1) 遺留分侵害

　算定の基礎となる財産を確定した結果，遺留分者が実際に受け取る額が遺留分より少ない場合を，遺留分侵害があるという。このような遺留分侵害行為は，当然に無効ではなく，遺留分権利者が遺留分を侵害する遺贈や贈与を減らすことを請求することができるにとどまる。これを遺留分減殺請求という。

　減殺請求をすることで，遺留分を侵害する遺贈，贈与は効力を失い，遺留分権利者はこの物に関する権利を取得する。この権利は受遺者による時効の援用によっても妨げられないとされる（最判平成11・6・24民集53巻5号918頁）。

(2) 遺留分減殺請求権の行使

　遺留分減殺請求権は，必ずしも訴訟による必要はなく，受遺者，受贈者に対する意思表示で足りる。判例は意思表示がなされると減殺の効力が生ずるとする（最判昭和41・7・14民集20巻6号1183頁）。

　意思表示とはどの程度のことであろうか。遺留分の文言を使っていなくとも，全財産を譲受けた相続人に対して，遺留分を有する相続人が，遺産分割の申入れをしたことは，遺留分減殺の意思表示になるとした判例がある（最判平成10・6・11民集52巻4号1034頁）。このケースは医師と弁護士立会いの下で自筆証書遺言が作成されているので，遺言の有効性は争えなかったことから，遺留分を侵害された相続人が，遺産分割協議を申し入れたものである。全遺産が遺

贈されているため，もはや遺産分割はできないにもかかわらず，遺産分割を申入れた事は，減殺請求の意思表示に他ならないとの判断がなされたものである。

　請求者は遺留分権利者か，その承継者である。

　相続人の債権者は相続人が請求の意見を表明していない場合でも相続人にかわって減殺請求できるか（減殺請求の代位行使）を争った事例で，最高裁は，第三者に譲渡するなど，権利行使の確定的意思を有することを外部に表明したと認められる特段の事情がある場合を除き，債権者代位の目的とすることはできないと判旨している（最判平13・11・22民集55巻6号1033頁）。本来債権者は相続財産に期待すべきではないからである。講学上行使上の一身専属性と称される一例である。

　請求の相手方は受遺者，受贈者，およびその包括承継人である（1031条）。

　受遺者が贈与の目的物を譲渡している場合は，遺留分権利者に価額の弁償をしなければならないが，譲受人が遺留分権利者に害を加える目的であることを知っていたら，譲受人も減殺請求の相手方となる。

COLUMN
減殺請求の意思表示は到達したか──留め置かれた内容証明郵便

　相続人のうちの1人に全遺産を包括遺贈する遺言があることを知り，その他の相続人は遺言内容を争うつもりはないので，受遺者である相続人に「あなたの意向に沿って分割協議します」と書いた普通郵便を出した。

　その後他の相続人たちは遺留分減殺請求しますと書いた内容証明郵便を出したが，受遺者である相続人は不在で配達されず，さらに忙しさから郵便局に取りにも行かなかったので，結局差出人に戻されてしまった。そして消滅時効期間である1年が経過した。

　そこで最初の遺産分割協議の申し入れに，遺留分減殺の意思表示が含まれていたのか，そして遺留分減殺を請求した内容証明郵便が戻されても，実は受取人（受遺者である相続人）は不在郵便通知者の差出人名等から，内容がわかっていたのだから，遺留分減殺請求の意思表示は受取人に到達したといえるか，の二点が争われた。

> 　　最高裁は二点とも肯定に解した。つまり全部の包括遺贈を遺言内容とする遺言の効力を争わない以上，分割協議といえば遺留分しかないこと，かつそのような裁判手続外の意思表示も有効であることが第一点目の根拠である。
> 　第二点目の理由は，受取人が郵便物の内容を察知しており，かつ受け取ろうと思えば可能な状態であったことから，相手方の了知可能な状態であり，到達の効力（97条1項）があったとみなしたことである（最判平成10・6・11民集52巻4号1034頁より）。

(3) 減殺の方法

　減殺は遺留分を保全するのに必要な程度な限度において行う（1031条）。必要な限度とは侵害額のことであるから，その算定が必要である。減殺をどのような順で行うかが次に問題となる。

【減殺の順序】

　父親Aが死亡し，減殺の順序につき，減殺の目的物が複数あるときは，以下の順序による。

① 遺贈と贈与があるときは遺贈が先。
② 遺贈が数個ある場合は，原則として遺贈の目的の価額の割合による。
　相続人に対する遺贈が遺留分減殺の対象となる場合は，受遺者の遺留分額を超える部分のみが目的の価額にあたる（最判平成10・2・26民集52巻1号274頁）。
③ 贈与が数個ある場合は，遅い贈与から始める。

---確認—減殺方法---

（相続開始時の財産価額＋贈与の価額－債務）
　　　　　×法定遺留分率－相続で得た財産額＋当該人の相続債務額
　負担付遺贈は負担分を控除。
　贈与の目的たる財産の譲受人は悪意でないかぎり減殺を受けない（最判）。
減殺の順序は法定（1033）に従う。
　1．遺贈　　2．贈与（複数ある場合は新しいものから）
相続人に対する遺贈が遺留分減殺の対象となる場合

＝受遺者の遺留分を超える部分のみが目的の価額となる（遺留分超過説）。
（上記最判平成10・2・26）

2 減殺請求の効力
(1) 減殺された遺留分の性質

減殺請求権が実行された場合，目的物にかかる権利は直ちに遺留分権者に帰属するであろうか，それとも目的物返還請求権が発生するのみであろうか。以下の事例で検討しよう。

> 【ケース】
> Aは生前，子どものうちの一人Yに全財産を遺贈するという内容の公正証書遺言を残していた。Aが死亡し，法定相続人は妻と子二人（XとY）の三人である。Yは遺産中の不動産（土地7筆，建物1筆）につき，遺贈を原因として所有権所移転登記を得た。これに対しXは8分の1の遺留分を有するとして，Yに対し書面で遺留分減殺請求権行使の意思表示をした。
> 一方Yはこの意思表示を受領した直後に，上記不動産のうちの1筆の土地を第三者Zに譲渡し，移転登記を経た。そこでXは遺留分減殺請求権行使により，遺産である各不動産にそれぞれ8分の1の遺留分を得たとして，Zに譲渡された土地以外の各土地について，8分の1の所有権一部移転登記を求める訴訟を起した（Zに譲渡された土地については共有持分権侵害行為として損害賠償）。
> 最高裁判例（最判平成8・1・26民集50巻1号132頁）を簡略化したもの

この事例の論点は，第一に遺留分減殺請求権を行使したことによるXの権利は，さらに遺産分割を経なければ共有持分権を取得できないのか否かである。さらにそのことは第二の論点として，遺産分割ならば審判であるが物権法上の共有権を争うのであれば訴訟であることから，手続法上の論点にも及ぶ。

(2) 遺贈贈与の失効

遺留分減殺の意思表示があれば，贈与や遺贈は侵害する限度で効力を失う。失効した場合，贈与や遺贈がすでになされているならば，遺留分権利者は目的

物の返還を請求することができる。

この返還には，いくつかの特例が規定されている。果実については減殺の請求以降について返還しなければならない。

負担付贈与の場合には，目的物の価額から負担の価額を控除したものが減殺対象となる（1038条）。

贈与の目的物が他人に譲渡されている場合は，受遺者に価額の弁償を求めるだけである。ただし譲受人が遺留分権者に害を加えることを知っていた場合は，この者を保護する必要がないので，目的物の返還を求めることができる（1040条）。

(3) 遺留分減殺請求権の消滅

受遺者または受贈者は，減殺を受ける限度で贈与または遺贈の目的物の価額を遺留分権利者に弁済して，返還義務を免れることができる（1041条）。その結果これによって遺留分減殺請求権が消滅する。

なお遺留分減殺請求権は権利者が相続開始および減殺すべき贈与または遺贈があったことを知ったときから，1年間これを行わないときは，時効によって消滅する（⇨COLUMN「減殺請求の意思表示は到達したか」）。また相続開始から10年を経過したときも消滅する（1042条）。

RESEARCH in DEPTH！

- ▶相続放棄，欠格，廃除につき代襲相続人に遺留分が発生するのはどの場合か。子が欠格または廃除により相続権を失い直系尊属が第二順位の相続権を取得した場合，この卑属は遺留分権を持つであろうか。
- ▶相続分が譲渡された場合，譲受人は遺留分を行使できるであろうか。
- ▶胎児は生きて生まれた場合，遺留分を存するであろうか。考えてみよう。
- ▶遺留分の算定の基礎となる財産（1029条1項）に遺贈された特定物も入るであろうか。特定物の遺贈の効力に関する判例理論と比較しつつ検討してみよう。

資料編

〈書式〉
1 出生届　288
2 死亡届　290
3 婚姻届　292
4 離婚届　294
5 養子縁組届　296
6 養子離縁届　298
7 認知届　300
8 不受理申出書　301
9 夫婦関係調停申立書　302
10 家事審判調停申立書　304
11 遺言書検認申立書　306
12 推定相続人廃除届　308
13 遺産分割審判調停申立書　309
14 相続放棄申述書　310

1 出生届

別紙1

出生届

平成　年　月　日届出

糸満市長　殿

受理	平成　年　月　日	発送	平成　年　月　日
第　　　号		長印	
送付	平成　年　月　日		
第　　　号			

書類調査	戸籍記載	記載調査	調査票	附票	住民票	通知

本届書中
字加入
字削除
字訂正

生まれた子

(1) 子の氏名　（よみかた）　氏　名　　父母との続き柄　　□嫡出子（□男／□女）　□嫡出でない子（□男／□女）

(2) 生まれたとき　平成　年　月　日　□午前／□午後　時　分

(3) 生まれたところ　　　　番地／番号

(4) 住所（住民登録をするところ）　　番地／番号　　世帯主の氏名　　世帯主との続き柄

(5) 父母の氏名　生年月日（子が生まれたときの年齢）　父　　　年　月　日（満　歳）　　母　　　年　月　日（満　歳）

生まれた子の父と母

(6) 本籍（外国人のときは国籍だけを書いて下さい）　　番地／番　　筆頭者の氏名

(7) 同居を始めたとき　　年　月（結婚式をあげたとき、または、同居を始めたときのうち早いほうをかいてください）

(8) 子が生まれたときの世帯のおもな仕事と
- □1. 農業だけまたは農業とその他の仕事を持っている世帯
- □2. 自由業・商工業・サービス業等を個人で経営している世帯
- □3. 企業・個人商店等（官公庁は除く）の常用勤労者世帯で勤め先の従業者数が1人から99人までの世帯（日々または1年未満の契約の雇用者は5）
- □4. 3にあてはまらない常用勤労者世帯及び会社団体の役員の世帯（日々または1年未満の契約の雇用者は5）
- □5. 1から4にあてはまらないその他の仕事をしている者のいる世帯
- □6. 仕事をしている者のいない世帯

(9) 父母の職業　（国勢調査の年…　年の4月1日から翌年3月31日までに子が生れたときだけ書いてください）
父の職業　　母の職業

その他

届出人

□1. 父／□母　□2. 法定代理人（　）　□3. 同居者　□4. 医師　□5. 助産婦　□6. その他の立会者
□7. 公設所の長

住所　　番地／番号

本籍　　番地／番　　筆頭者の氏名

署名　　印　　年　月　日生

事件簿番号　　（TEL　　　）

出 生 証 明 書

記入の注意

鉛筆や消えやすいインキで書かないでください。

子が生まれた日からかぞえて14日以内に出してください。

子の本籍地でない役場に出すときは、2通出してください（役場が相当と認めたときは、1通で足りることもあります。）。2通の場合でも、出生証明書は、原本1通と写し1通でさしつかえありません。
子の名は、常用漢字、人名用漢字、かたかな、ひらがなで書いてください。

よみかたは、戸籍には記載されません。住民票の処理上必要ですから書いてください。

□には、あてはまるものに✓のようなしるしをつけてください。

筆頭者の氏名には、戸籍のはじめに記載されている人の氏名を書いてください。

子の父または母が、まだ戸籍の筆頭者となっていない場合は、新しい戸籍がつくられますので、この欄に希望する本籍を書いてください。

	子 の 氏 名		男女の別	1男　2女
	生まれたとき	平成　年　月　日	午前午後	時　分
(10)	出生したところ及びその種別	出生したところの種別	1病院　2診療所　3助産所 4自宅　5その他	
		出生したところ		番地 番号
		(出生したところの種別1～3) 施設の名称		
(11)	体重及び身長	体重　　　　グラム	身長　　　　センチメートル	
(12)	単胎・多胎の別	1単胎　2多胎（　子中第　子）		
(13)	母の氏名		妊娠週数	満　週　日
(14)	この母の出産した子の数	出生子（この出生子及び出生後死亡した子を含む）　　人 死産児（妊娠満22週以後）　　胎		
(15)	1医師 2助産婦 3その他	上記のとおり証明する。 平成　年　月　日 (住所)　　　　　　番地 　　　　　　　　　　番号 (氏名)　　　　　　印		

記入の注意

夜の12時は「午前0時」、昼の12時は「午後0時」と書いてください。

体重及び身長は、立会者が医師又は助産婦以外の者で、わからなければ書かなくてもかまいません。

この母の出産した子の数は、当該母又は家人などから聞いて書いてください。

この出生証明書の作成者の順序は、この出生の立会者が例えば医師・助産婦ともに立ち会った場合には医師が書くように1、2、3の順序に従って書いてください。

出られた事項は、人口動態調査(統計法に基づく指定統計第5号、厚生労働省所管)にも用いられます。

◎母子健康手帳と届出人の印をご持参ください。

2 死亡届

別紙 4

死亡届

平成　年　月　日届出

糸満市長　殿

受理	平成　年　月　日
第	号
送付	平成　年　月　日
第	号

発送　平成　年　月　日

長印

書類調査	戸籍記載	記載調査	調査票	附票	住民票	通知

本届書中
字加入
字削除
字訂正

(1)	（よみかた）		
(2)	氏　名	氏　　名　　□男　□女	
(3)	生年月日	年　月　日（生まれてから30日以内に死亡したときは生まれた時刻も書いてください）□午前 □午後　時　分	
(4)	死亡したとき	平成　年　月　日　□午前 □午後　時　分	
(5)	死亡したところ	番地　番号	
(6)	住　所（住民登録をしているところ）	番地　番号　世帯主の氏名	
(7)	本　籍（外国人のときは国籍だけを書いて下さい）	番地　番　筆頭者の氏名	
(8)(9)	死亡した人の夫または妻	□いる（満　歳）　いない（□未婚　□死別　□離別）	
(10)	死亡したときの世帯のおもな仕事と	□1. 農業だけまたは農業とその他の仕事を持っている世帯 □2. 自由業・商工業・サービス業等を個人で経営している世帯 □3. 企業・個人商店等（官公庁は除く）の常用勤労者世帯で勤め先の従業者数が1人から99人までの世帯（日々または1年未満の契約の雇用者は5） □4. 3にあてはまらない常用勤労者世帯及び会社団体の役員の世帯（日々または1年未満の契約の雇用者は5） □5. 1から4にあてはまらないその他の仕事をしている者のいる世帯 □6. 仕事をしている者のいない世帯	
(11)	死亡した人の職業・産業	（国勢調査の年…　年…の4月1日から翌年3月31日までに死亡したときだけ書いてください）職業　　産業	

その他

届出人

□1. 同居の親族　□2. 同居していない親族　□3. 同居者　□4. 家主　□5. 地主
□6. 家屋管理人　□7. 土地管理人　□8. 公設所の長

住　所　　　　　　　　　　　　　　番地　番号
本　籍　　　　　　　　番地　番　　筆頭者の氏名
署　名　　　　　　　　印　　　　　年　月　日生

事件簿番号　　　　　　　　（TEL　　　　　）

記入の注意

鉛筆や消えやすいイ…
書かないでください。
…したことを知った日…
ぞえて7日以内に出…
ださい。
死亡者の本籍地でな…
に出すときは、2通…
ください（役場が相…
めたときは、1通で…
こともあります。）。
場合でも、死亡診断…
原本1通と写し1通…
つかえありません。

「筆頭者の氏名」…
戸籍のはじめに記…
ている人の氏名を…
ください。

内縁のものはふく…
せん。
□には、あてはま…
に☑のようにしる…
けてください。

死亡者について書…
ださい。

死亡診断書 （死体検案書）

この死亡診断書（死体検案書）は、我が国の死因統計作成の資料としても用いられます。かい書で、できるだけ詳しく書いてください。

記入の注意

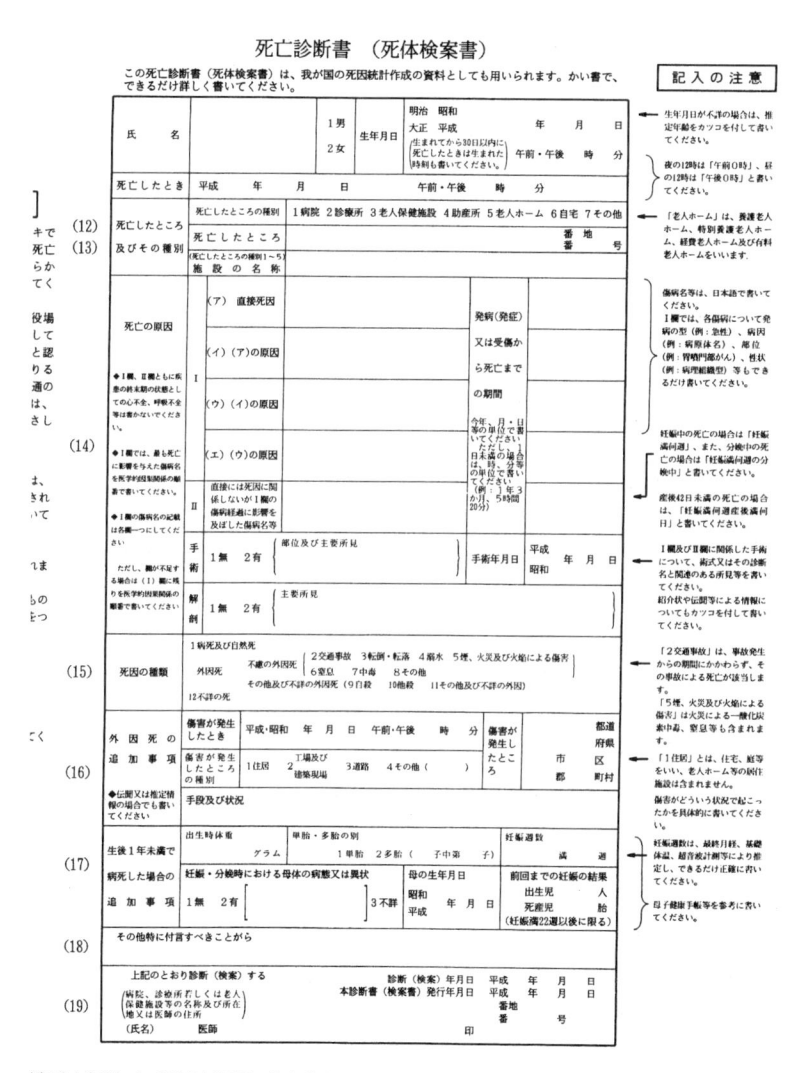

氏　名		1男 2女	生年月日	明治 昭和 大正 平成　年　月　日 （生まれてから30日以内に死亡したときは生まれた時刻も書いてください。）午前・午後　時　分	
死亡したとき			平成　年　月　日　午前・午後　時　分		
(12) 死亡したところ (13) 及びその種別	死亡したところの種別	1病院 2診療所 3老人保健施設 4助産所 5老人ホーム 6自宅 7その他			
	死亡したところ			番地 番号	
	（死亡したところの種別1〜5）施設の名称				
(14) 死亡の原因	I	(ア)直接死因		発病(発症)又は受傷から死亡までの期間	
		(イ)(ア)の原因			
		(ウ)(イ)の原因			
		(エ)(ウ)の原因			
	II				
	手術	1無 2有	部位及び主要所見	手術年月日 平成 昭和 年 月 日	
	解剖	1無 2有	主要所見		
(15) 死因の種類	1病死及び自然死 外因死　不慮の外因死　2交通事故 3転倒・転落 4溺水 5煙、火災及び火焔による傷害 　　　　　　　　　　　6窒息 7中毒 8その他 　　　　　その他及び不詳の外因死（9自殺 10他殺 11その他及び不詳の外因） 12不詳の死				
(16) 外因死の追加事項	傷害が発生したとき	平成・昭和　年　月　日　午前・午後　時　分	傷害が発生したところ	都道府県 市区 郡町村	
	傷害が発生したところの種別	1住居 2工場及び建築現場 3道路 4その他( )			
	手段及び状況				
(17) 生後1年未満で病死した場合の追加事項	出生時体重 　　　　　グラム	単胎・多胎の別 1単胎 2多胎 (子の第 子)	妊娠週数 　　　　　週		
	妊娠・分娩時における母体の病態又は異状 1無 2有 3不詳	母の生年月日 昭和 平成　年　月　日	前回までの妊娠の結果 出生児 人 死産児 胎 （妊娠満22週以後に限る）		
(18) その他特に付言すべきことがら					
(19) 上記のとおり診断（検案）する （病院、診療所若しくは老人保健施設等の名称及び所在地又は医師の住所） （氏名）　　　　　医師			診断（検案）年月日　平成　年　月　日 本診断書（検案書）発行年月日　平成　年　月　日 番地 番号 印		

上記られた事項は、人口動態調査（統計法に基づく指定統計第5号、厚生労働省所管）にも用いられます。

3 婚姻届

	夫になる人	妻になる人
(1) （よみかた）氏名 生年月日	氏　名　昭和・平成　年　月　日	氏　名　昭和・平成　年　月　日
(2) 住所（住民登録をしているところ）	番地 番号　世帯主の氏名	番地 番号　世帯主の氏名
(3) 本籍（外国人のときは国籍だけを書いてください）	番地 番　筆頭者の氏名	番地 番　筆頭者の氏名
(4) 父母の氏名 父母との続き柄（他の養父母はその他の欄に書いてください）	父　　続き柄　母　　　　　男	父　　続き柄　母　　　　　女
婚姻後の夫婦の氏・新しい本籍	□夫の氏 □妻の氏　新本籍（左の☑の氏の人がすでに戸籍の筆頭者となっているときは書かないでください）　番地 番	
(5) 同居を始めたとき	昭和・平成　年　月（結婚式をあげたとき、または、同居を始めたときのうち早いほうを書いてください）	
(6) 初婚・再婚の別	□初婚 □再婚（□死別 □離別　年　月　日）	□初婚 □再婚（□死別 □離別　年　月　日）
(7) 同居を始める前の夫妻のそれぞれの世帯のおもな仕事と	夫　妻　1.農業だけまたは農業とその他の仕事を持っている世帯　夫　妻　2.自由業・商工業・サービス業等を個人で経営している世帯　夫　妻　3.企業・個人商店等（官公庁は除く）の常用勤労者世帯で勤め先の従業者数が1人から99人までの世帯（日々または1年未満の契約の雇用者は5）　夫　妻　4.3にあてはまらない常用勤労者世帯及び会社団体の役員の世帯（日々または1年未満の契約の雇用者は5）　夫　妻　5.1から4にあてはまらないその他の仕事をしている者のいる世帯　夫　妻　6.仕事をしている者のいない世帯	
(8) 夫妻の職業	（国勢調査の年…　年…の4月1日から翌年3月31日までに届出をするときだけ書いてください）　夫の職業　　　　妻の職業	
その他		
届出人署名押印	夫　　　　　印	妻　　　　　印
事件簿番号	連絡先（電話　　　　）	住所を定めた年月日　夫 昭・平　年　月　日　妻 昭・平　年　月　日

※住民異動届（転入・転居）を同時にされる方は新住所を記入して下さい。

本届書中字加入字削除字訂正　本人

告知年月日　告知の相手方　告知の方法　記載する正字　□口頭 □文書

記入の注意

鉛筆や消えやすいインキで書かないでください。
この届は、あらかじめ用意して、結婚式をあげる日または同居を始める日に出すようにしてください。その日が日曜日や祝日でも届けることができます。
未成年者が婚姻するときは、父母の同意が必要です。
◎ 証人は20歳以上の方が2人必要です。　◎ 同氏でも別々の印鑑を押してください。

		証　　　　　人		本届書中
署名押印		印	印	字加入 字削除 字訂正
生年月日	昭和 平成	年　月　日	昭和 平成　年　月　日	
住　所		番地 番　号	番地 番　号	証
本　籍		番地 番	番地 番	人

→ 「筆頭者の氏名」には、戸籍のはじめに記載されている人の氏名を書いてください。
→ 父母がいま婚姻しているときは、母の氏は書かないで、名だけを書いてください。
　養父母についても同じように書いてください。

→ □には、あてはまるものに☑のようにしるしをつけてください。
　外国人と婚姻する人が、まだ戸籍の筆頭者となっていない場合には、新しい戸籍がつくられますので、希望する本籍を書いてください。

→ 再婚のときは、直前の婚姻について書いてください。
　内縁のものはふくまれません。

届け出られた事項は、人口動態調査（統計法に基づく指定統計第5号、厚生労働省所管）にも用いられます。

本人確認対象者	届出人（　　　）・使者	確認（有・無）	通知（有・無）
確認資料	運免・パ・保・聴	通知対象者	

◎婚姻届と同時に転入、転居届をされる方は転出証明書、国民健康保険被保険者証、国民年金手帳をご持参ください。（なお、転入・転居等の届出は日曜日、祭日等は受付できませんので後日届出願います。）
◎署名は必ず本人が自署してください。
◎印は各自別々の印を押してください。
◎届出人の印をご持参ください。
◎届出の際に来庁者の本人確認を行います。
◎本籍地が市外の方は戸籍謄（抄）本が必要です。

4 離婚届

	離婚届	受理 平成 年 月 日 第　　　号	発送 平成 年 月 日	
	平成　年　月　日届出	送付 平成 年 月 日 第　　　号		長印
	糸満市長　殿	書類調査　戸籍記載　記載調査　調査票　附票　住民票　通知		

※住民異動届（転入・転居）を同時にされる方は新住所を記入して下さい。

		夫	妻
(1)	（よみかた） 氏　名	氏　　　名	氏　　　名
	生年月日	昭和 平成　　年　月　日	昭和 平成　　年　月　日
	住　所 （住民登録をしているところ）	番地 番　号 世帯主の氏名	番地 番　号 世帯主の氏名
(2)	本　籍 （外国人のときは国籍だけを書いてください）	番地 番 筆頭者の氏名	
	父母の氏名 父母との続き柄 （他の養父母はその他の欄に書いてください）	夫の父　　　　続き柄 　　母　　　　　男	妻の父　　　　続き柄 　　母　　　　　女
(3)(4)	離婚の種別	□協議離婚 □調停　年　月　日成立 □審判　年　月　日確定	□和解　年　月　日成立 □請求の認諾　年　月　日認諾 □判決　年　月　日確定
	婚姻前の氏にもどる者の本籍	□夫　は　□もとの戸籍にもどる □妻　　　□新しい戸籍をつくる	番地 番　　筆頭者（よみかた） の氏名
(5)(6)	未成年の子の氏名	夫が親権を行う子	妻が親権を行う子
(7)	同居の期間	年　月から　　　　　　年　月まで （同居を始めたとき）　　　　　（別居したとき）	
(8)	別居する前の住所	番地 番　号	
(9)	別居する前の世帯のおもな仕事と	□1.農業だけまたは農業とその他の仕事を持っている世帯 □2.自由業・商工業・サービス業等を個人で経営している世帯 □3.企業・個人商店等（官公庁は除く）の常用勤労者世帯で勤め先の従業者数が1人から99人までの世帯（日々または1年未満の契約の雇用者は5） □4.3にあてはまらない常用勤労者世帯及び会社団体の役員の世帯（日々または1年未満の契約の雇用者は5） □5.1から4にあてはまらないその他の仕事をしている者のいる世帯 □6.仕事をしている者のいない世帯	
(10)	夫妻の職業	（国勢調査の年…　年の4月1日から翌年3月31日までに届出をするときだけ書いてください） 夫の職業　　　　　　　　　妻の職業	
	その他		
	届出人 署名押印	夫　　　　　　　　印	妻　　　　　　　　印
	事件簿番号	連絡先（電話　　　　）	住所を定めた年月日 夫　昭・平　年　月　日 妻　昭・平　年　月　日

本届書中字加入字削除字訂正

本人

◎本籍地が市外の方は戸籍謄本も必要です。

記入の注意

鉛筆や消えやすいインキで書かないでください。
筆頭者の氏名欄には、戸籍のはじめに記載されている人の氏名を書いてください。
そのほかに必要なもの　調停離婚のとき → 調停調書の謄本
　　　　　　　　　　　審判離婚のとき → 審判書の謄本と確定証明書
　　　　　　　　　　　和解離婚のとき → 和解調書の謄本
　　　　　　　　　　　認諾離婚のとき → 認諾調書の謄本
　　　　　　　　　　　判決離婚のとき → 判決書の謄本と確定証明書
◎協議離婚の場合証人は20歳以上の方が2人必要です。◎同氏でも別々の印鑑を押してください。

	証　　　人　（協議離婚のときだけ必要です）		本届書中
署　名 押　印	印	印	字加入 字削除 字訂正
生年月日	昭和 平成　　年　月　日	昭和 平成　　年　月　日	
住　所	番地 番　号	番地 番　号	証 人
本　籍	番地 番	番地 番	

→ 父母がいま婚姻しているときは、母の氏は書かないで、名だけを書いてください。
　養父母についても同じように書いてください。
　□には、あてはまるものに☑のようにしるしをつけてください。

→ 今後も離婚の際に称していた氏を称する場合には、左の欄には何も記載しないでください。（この場合にはこの離婚届と同時に別の届書を提出する必要があります。）

→ 同居を始めたときの年月は、結婚式をあげた年月または同居を始めた年月のうち早いほうを書いてください。

届け出られた事項は、人口動態調査（統計法に基づく指定統計第5号、厚生労働省所管）にも用いられます。

本人確認対象者	届出人（　　　）・使者	確認(有・無)	通知(有・無)
確認資料	運・免・パ・保・聴	通知対象者	

◎離婚届と同時に転入・転居届をされる方は転出証明書、国民健康保険被保険者証、国民年金手帳をご持参ください。（なお、転入・転居届の届出は日曜日、祭日等は受付できませんので後日届出願います。）
◎署名は必ず本人が自署してください。
◎印は各自別々の印を押してください。
◎届出人の印をご持参ください。
◎届出の際に来庁者の本人確認を行います。
◎本籍地が市外の方は戸籍謄本が必要です。

5　養子縁組届

養子縁組届	受理 平成　年　月　日　第　　　号	発送 平成　年　月　日
平成　年　月　日届出	送付 平成　年　月　日　第　　　号	長　印
沖縄県糸満市長　殿	書類調査　戸籍記載　記載調査　附　票　住民票　通　知	

	養子になる人	
（よみかた）		
氏　　名	養子　氏　　　　名	養女　氏　　　　名
生年月日	年　　月　　日	年　　月　　日
住　　所（住民登録をしているところ）	番地　番　号 世帯主の氏名	
本　　籍（外国人のときは国籍だけを書いてください）	番地　番 筆頭者の氏名	
父母の氏名　父母との続き柄	父　　　　　　　　続き柄　母　　　　　　　　　　男	父　　　　　　　　続き柄　母　　　　　　　　　　女
入籍する戸籍または新しい本籍	□養親の現在の戸籍に入る　□養子夫婦で新しい戸籍をつくる　□養親の新しい戸籍に入る　□養子の戸籍に変動がない　　　　　　　　　　　　　　番地　番 筆頭者の氏名	
監護をすべき者の有無	（養子になる人が十五歳未満のときに書いてください）　□届出人以外に養子になる人の監護をすべき　□父　□母　□養父　□養母がいる　□上記の者はいない	
届出人署名押印	印	印

本届書中
字加入
字消除
字訂正

	届　出　人（養子になる人が十五歳未満のときに書いてください）	
資　格	親権者（□父　□養父）□後見人　□特別代理人	親権者（□母　□養母）
住　所	番地　番　号	番地　番　号
本　籍	番地　番　筆頭者の氏名	番地　番　筆頭者の氏名
署名押印	印	印
生年月日	年　　月　　日	年　　月　　日

記入の注意

鉛筆や消えやすいインキで書かないでください。
本籍地でない役場に出すときは、2通または3通出してください。また、その際戸籍謄本も必要です。
養子になる人が未成年で養親になる人が夫婦のときは、一緒に縁組をしなければいけません。
養子になる人が未成年のときは、あらかじめ家庭裁判所の許可の審判を受けてください。
養子になる人が十五歳未満のときは、その法定代理人が署名押印してください。また、その法定代理人以外に監護をすべき者として父又母(養父母を含む)が定められているときは、その者の同意が必要です。
筆頭者の氏名欄には、戸籍のはじめに記載されている人の氏名を書いてください。

	養親になる人	
(よみかた)		
氏　名	養父　氏　　名	養母　氏　　名
生年月日	年　月　日	年　月　日
住　所 (住民登録をしているところ)	世帯主の氏名	番地番号
本　籍 (外国人のときは国籍だけを書いてください)	筆頭者の氏名	番地番
その他		
新しい本籍 (養親になる人が戸籍の筆頭者およびその配偶者でないときは、ここに新しい本籍を書いてください) ｜｜番地番		
届出人署名押印	養父　　　　印	養母　　　　印

	証　人	
署名押印	印	印
生年月日	年　月　日	年　月　日
住　所	番地番号	番地番号
本　籍	番地番	番地番

連絡先
電話(　　)　　番
自宅・勤務先・呼出　　方

本人確認対象者	届出人(　　)・使者	確認(有・無)	通知(有・無)
添付資料	運免・パ・保・聴	未確認届出人	

6 養子離縁届

本届書中 字加入 字削除 字訂正	養 子 離 縁 届 平成　年　月　日届出 沖縄県糸満市長殿	受理 平成　年　月　日 　　第　　　号 送付 平成　年　月　日 　　第　　　号 書類調査｜戸籍記載｜記載調査｜附　票｜住民票｜通　知	発送 平成　年　月　日 長　印

<table>
<tr><td colspan="3">　　　　　　　　　　　養　　　　　　　　子</td></tr>
<tr><td>（よみかた）
氏　　　名
生 年 月 日</td><td>養子　氏　　　　　名
　　　　年　　月　　日</td><td>養女　氏　　　　　名
　　　　年　　月　　日</td></tr>
<tr><td>住　　　所
（住民登録をして
いるところ）</td><td colspan="2">　　　　　　　　　　　　　　　　　　　　　番地
世帯主　　　　　　　　　　　　　　　　　　番号
の氏名</td></tr>
<tr><td>本　　　籍
（外国人のときは
国籍だけを書い
てください）</td><td colspan="2">　　　　　　　　　　　　　　　　　　　　　番地
筆頭者　　　　　　　　　　　　　　　　　　番
の氏名</td></tr>
<tr><td>父母の氏名
父母との続き柄</td><td>父　　　　　　　　続き柄
母　　　　　　　　　　男</td><td>父　　　　　　　　続き柄
母　　　　　　　　　　女</td></tr>
<tr><td>離縁の種別</td><td colspan="2">□協議離縁　　　　　　　　　　　□審判　年　月　日確定
□調停　年　月　日成立　　　　　□判決　年　月　日確定
□死亡した者との離縁　年　月　日許可の審判の確定</td></tr>
<tr><td>離縁後の本籍</td><td colspan="2">□もとの戸籍にもどる　□新しい戸籍をつくる　□養子の戸籍に変動がない
　　　　　　　　　　　　　　　　　　　　　番地　（よみかた）
　　　　　　　　　　　　　　　　　　　　　番　筆頭者
　　　　　　　　　　　　　　　　　　　　　　　の氏名</td></tr>
<tr><td>届　出　人
署　名　押　印</td><td>　　　　　　　　　　印</td><td>　　　　　　　　　　印</td></tr>
</table>

<table>
<tr><td colspan="3">届　　　　　出　　　　　人
（離縁する養子が十五歳未満のときに書いてください）</td></tr>
<tr><td>資　　　格</td><td>離縁後の
親権者　（□父　□養父）□後見人　未成年後見人</td><td>離縁後の親権者（□母　□養母）</td></tr>
<tr><td>住　　　所</td><td>　　　　　　　　　　　　番地
　　　　　　　　　　　　番　号</td><td>　　　　　　　　　　　　番地
　　　　　　　　　　　　番　号</td></tr>
<tr><td>本　　　籍</td><td>番地　筆頭者
番　　の氏名</td><td>番地　筆頭者
番　　の氏名</td></tr>
<tr><td>署　　名
押　　印
生 年 月 日</td><td>　　　　　　印
　　年　月　日</td><td>　　　　　　印
　　年　月　日</td></tr>
</table>

記入の注意

鉛筆や消えやすいインキで書かないでください。
本籍地でない役場に出すときは、2通または3通出して下さい。また、その際戸籍謄本も必要です。
養子が十五歳未満のときは、離縁後に法定代理人となる人が署名押印してください。
筆頭者の氏名欄には、戸籍のはじめに記載されている人の氏名を書いてください。
裁判離縁、死亡した養親との離縁のときは、次のものが必要です。
　　調停離縁→調停調書の謄本　　　　判決離縁→判決書の謄本と確定証明書
　　審判離縁→審判書の謄本と確定証明書　死亡した者との離縁→許可の審判書の謄本と確定証明書

本人確認対象者	届出人(	)・使者	確認(有・無)	通知(有・無)
確認資料	運免・パ・保・聡		未確認届出人	

	養	親
（よみかた）		
氏　　　名	養父　氏　　　名	養母　氏　　　名
生年月日	年　月　日	年　月　日
住　　　所（住民登録をしているところ）	番地／番号　世帯主の氏名	
本　　　籍（外国人のときは国籍だけを書いてください）	番地／番　筆頭者の氏名	
その他		
届出人署名押印	養父　　　　　　印	養母　　　　　　印

証　人
（協議離縁または死亡した者との離縁のときだけ必要です）

署名押印	印	印
生年月日	年　月　日	年　月　日
住　所	番地／番号	番地／番号
本　籍	番地／番	番地／番

7 認知届

本人確認対象者	届出人( ) ・使者	確認(有・無)	通知(有・無)
確認資料	運免・パ・保・聴	未確認届出人	

本届書中
字加入
字消除
字訂正

認 知 届

平成　年　月　日届出

沖縄県糸満市長殿

受理 平成　年　月　日 第　　　号	発送 平成　年　月　日
送付 平成　年　月　日 第　　　号	長印
書類調査	戸籍記載	記載調査	附　票	住民票	通　知

	認知される子	認知する父
（よみかた） 氏　　名 生年月日	氏　　名　　　　父母との続き柄 □男 □女 　　年　　月　　日	氏　　名 　　年　　月　　日
住　　所 （住民登録をして いるところ）	番地 　　　　　　　番　号 よみかた 世帯主 の氏名	番地 　　　　　　　番　号 よみかた 世帯主 の氏名
本　　籍 外国人のときは 国籍だけを書い てください	番地 　　　　　　　番 筆頭者 の氏名	番地 　　　　　　　番 筆頭者 の氏名
認知の種別	□任意認知　　　　　　□審判　　年　月　日確定 　　　　　　　　　　　□判決　　年　月　日確定 □遺言認知（遺言執行者　　　　年　月　日　就職）	
子の母	氏名　　　　　　　　　　　　　　　　　　年　月　日生 本籍　　　　　　　　　　　　　　　　　　　　　　番地 　　　　　　　　　　　　　　　　　　　　　　　　番 筆頭者 の氏名	
その他	□未成年の子を認知する　□成年の子を認知する　□死亡した子を認知する　□胎児を認知する	
届出人	□父　　□その他（　　　　　　） 住　所　　　　　　　　　　　　　　　　　　　　　　番地 　　　　　　　　　　　　　　　　　　　　　　　　　番号 本　籍　　　　　　　　　　番地　筆頭者 　　　　　　　　　　　　　番　　の氏名 署　名　　　　　　　　　印　　　　年　月　日生	

8　不受理申出書

不受理申出書	受理 平成　年　月　日	発送 平成　年　月　日
	免収簿番号　第　　号	
	整理番号　　第　　号	
平成　年　月　日申出	送付 平成　年　月　日	長印
	免収簿番号　第　　号	
	整理番号　　第　　号	
糸満市長　殿	審額調査　戸籍調査	不受理期間終了日　　年　月　日

本届書中字加入字消除字訂正	不受理処分をする届出	届出事件の種別		届	
		氏　名			
		生年月日	年　月　日	年　月　日	
		住　所 (住民登録をしているところ)			
		本　籍			
		筆頭者の氏名		筆頭者の氏名	

申出理由	□ 届出の意志がなく、届書に署名押印したこともない。 □ 届書に署名押印したが、その後届出の意志をなくした。
不受理期間 (上記届出について不受理の取扱いをする期間)	□ 本申出書受付の日から6箇月間 □ 本申出書受付の日から　年　月　日まで (6箇月を越えないようにすること)
その他	

上記届出が不受理期間中に提出された場合には、これを受理しないようお願いします。

申出人署名押印		印
連絡先 (連絡方法の希望)	希望	電話

注意事項

1. あなたが届出人でない届出についての不受理申出はできません。
2. この不受理申出はできるだけ本籍地の市区町村に提出してください。
3. 不受理期間を記載しない場合又は6箇月を越える期間を記載した場合には、不受理期間を6箇月とします。
4. あなたが不受理期間中に転籍した場合には、以後、この申出は転籍地市区町村に対する申出となります。
5. 不受理の取扱をすることについて市区町村・法務局から質問又は出頭依頼をする場合がありますので、確実な連絡先を記載してください。
6. 不受理申出の意思を改めた場合には、必ず自分で署名押印した取下書を提出してください。
7. 不受理期間終了後も不受理の取扱いを希望する場合には、改めて申出書を提出してください。提出のない限り、申出の意思をなくしたものとして取り扱います。

9　夫婦関係調停申立書

受付印	夫婦関係調停申立書　事件名（　　　　　）
収入印紙　　円 予納郵便切手　円	（この欄に収入印紙1,200円分をはる。） （はった印紙に押印しないでください。）

| 準口頭 | 関連事件番号　平成　　年（家　）第　　　　　号 |

| 　　　家庭裁判所
　　　　　　　御中
平成　年　月　日 | 申立人の署名押印
又は記名押印 | 印 |

| 添付書類 | 申立人・相手方の戸籍謄本　　通 |

申立人

本　籍	都道府県
住　所	〒　　－　　　　　　　電話　（　　） （　　　　方）
呼出しのための連絡先	〒　　－　　　　　　　電話　（　　） （　　　　方）
フリガナ 氏　名	昭和　年　月　日生
職　業	勤務先	電話　（　　）

相手方

本　籍	都道府県
住　所	〒　　－　　　　　　　電話　（　　） （　　　　方）
呼出しのための連絡先	〒　　－　　　　　　　電話　（　　） （　　　　方）
フリガナ 氏　名	昭和　年　月　日生
職　業	勤務先	電話　（　　）

（注）　太枠の中だけ記入してください。

申立ての趣旨	
円満調整	夫婦関係解消
※ 1 申立人と相手方間の婚姻関係を円満に調整する。 2 申立人と相手方間の内縁関係を円満に調整する。 3 相手方は，申立人と同居する。 4 相手方は，申立人に夫婦関係を維持するための生活費として，毎月金＿＿＿＿＿円を支払う。 5	※ 1 申立人と相手方は離婚する。 2 申立人と相手方は内縁関係を解消する。 （付随申立て） (1) 未成年の子の親権者を次のように定める。 　＿＿＿＿＿＿＿＿＿＿＿＿＿については父。 　＿＿＿＿＿＿＿＿＿＿＿＿＿については母。 (2) 相手方は，申立人に未成年の子の養育費として，1人当たり毎月金＿＿＿＿＿円を支払う。 (3) 相手方は，申立人に財産分与として，金＿＿＿＿＿円を支払う。 (4) 相手方は，申立人に慰謝料として，金＿＿＿＿＿円を支払う。 (5)

※ 当てはまる番号を○で囲んでください。

申立ての実情

同居を始めた日……昭和・平成　　年　　月　　日　　別居をした日……平成　　年　　月　　日

（夫婦関係が不和となった事情，その後のいきさつなどを簡単に記入してください。）

＿＿
＿＿
＿＿
＿＿

（特に希望したいことなどがあったら記入してください。）

＿＿

申立ての動機

※
1 性格があわない　　2 異性関係　　3 暴力をふるう　　4 酒を飲みすぎる
5 性的不調和　　　　6 浪費する　　7 異常性格　　　　8 病　　気
9 精神的に虐待する　10 家族をすててかえりみない　　11 家族と折合いが悪い
12 同居に応じない　13 生活費を渡さない　　14 その他

（注）　太枠の中だけ記入してください。　※の部分は，当てはまる番号を○で囲み，そのうち最も重要と思うものに◎を付けてください。

10 家事審判調停申立書

受付印	家事 審判 申立書 事件名（　　　　） 調停
	この欄に収入印紙をはる。 1件について甲類審判　　800円 　　　　　　　乙類審判1,200円 　　　　　　　調　停1,200円 （はった印紙に押印しないでください。）
収入印紙　　　　　円 予納郵便切手 予納登記印紙	

準口頭	関連事件番号　平成　　年（家）　第　　　　　　　号

家庭裁判所 　　　　御中 平成　　年　　月　　日	申立人（又は法定代理人など）の署名押印又は記名押印	印

添付書類	申立人の戸籍謄本　　通　　相手方の戸籍謄本　　通

申立人	本籍	都　道 　　　　府　県
	住所	〒　　－　　　　　　　　　電話　（　　） 　　　　　　　　　　　　　　　　　　　（　　　方）
	連絡先	〒　　－　　　　　　　　　電話　（　　） 　　　　　　　　　　　　　　　　　　　（　　　方）
	フリガナ 氏名	大正 昭和　　年　月　日生 平成
	職業	

※	本籍	都　道 　　　　府　県
	住所	〒　　－　　　　　　　　　電話　（　　） 　　　　　　　　　　　　　　　　　　　（　　　方）
	連絡先	〒　　－　　　　　　　　　電話　（　　） 　　　　　　　　　　　　　　　　　　　（　　　方）
	フリガナ 氏名	大正 昭和　　年　月　日生 平成
	職業	

（注）　太枠の中だけ記入してください。　※の部分は，申立人，相手方，法定代理人，事件本人又は利害関係人の区別を記入してください。

申　立　て　の　趣　旨

申　立　て　の　実　情

(注)　太枠の中だけ記入してください。

11 遺言書検認申立書

	受付印	遺言書検認申立書
		（この欄に収入印紙８００円をはる）
収入印紙　　　円		
予納郵便切手　　円		（はった印紙に押印をしないでください。）

準口頭　　関連事件番号　平成　　年（家　）第　　　　　号

広島家庭裁判所　　御中
平成　　年　　月　　日

申立人の署名押印
又は記名押印　　　　　　　　　印

添付書類
1 申立人の戸籍謄本　　通, 2 遺言者の戸籍謄本（出生から死亡までのもの）　　通
3 相続人全員の戸籍謄本　　通, 4 受遺者全戸籍謄本　　通,
なお、遺言書は検認期日に持参します。

申立人

本　籍	
住　所	〒　　－　　　　　　　　　　　電話（　） （　　　　方）
ふりがな 氏　名	大正 昭和　　年　月　日生　　職業
申立の資格	1 遺言書の保管者　2 遺言書の発見者　3 その他（　　）
※続柄	1 配偶者　2 子　3 兄弟姉妹　4 その他（　　）

遺言者

本　籍	
最後の住所	
ふりがな 氏　名	平成　　年　月　日死亡

（注）太枠の中だけ記入してください。※の部分は、当てはまる番号を○で囲み、その他を選んだ場合には（　）内に具体的に記入してください。

申立ての趣旨

遺言者の自筆証書による遺言書の検認を求める。

申立ての実情

※ 封印等の状況	封筒	1 あり	1 封印されている。　　　　2 開封されている。 3 封印されていたが相続人（　　　　　　）が開封した。 4 その他（　　　　　　　　　　　　　　　　　　）
		2 なし	

※ 遺言書の保管 ・発見の状況 ・場所等	1 申立人が遺言者から平成　年　月　日に預かり，下記の場所で保管していた 2 申立人が平成　年　月　日下記の場所で発見した。 3 遺言者が貸金庫に保管していたが，遺言者の死後，平成　年　月　日から申立人が下記の場所で保管している。 4 その他 （場所）_____

相続人等の表示

氏　名	住　所	生年月日	続柄
	〒　-	年　月　日	
	〒　-	年　月　日	
	〒　-	年　月　日	
	〒　-	年　月　日	
	〒　-	年　月　日	
	〒　-	年　月　日	
	〒　-	年　月　日	
	〒　-	年　月　日	

（注）　太枠の中だけ記入してください。※の部分は，当てはまる番号を〇で囲み，その他を選んだ場合に（　　）内に具体的に記入してください。

12 推定相続人廃除届

推定相続人廃除届

平成　年　月　日届出

長　殿

受理	平成　年　月　日	発送	平成　年　月　日	長印
第	号			
送付	平成　年　月　日			
第	号			
書類調査	戸籍記載	記載調査		

	廃除された人	廃除した人
（よみかた）		□父　□母　□その他（　　）
氏　名	氏　　　名	氏　　　名
生年月日	年　月　日	年　月　日
住　所 (住民登録をして いるところ)	番地 番号	番地 番号
本　籍	番地 番	番地 番
	筆頭者 の氏名	筆頭者 の氏名
廃除の種別	□審判　年　月　日　確定 □調停　年　月　日　成立	
その他		

届出人

□廃除した人　□遺言執行者

住　所	番地 番号
本　籍	番地　筆頭者 番　　の氏名
署　名	印　　年　月　日生

13 遺産分割審判調停申立書

受付印	郵送 準口頭		関連事件番号　昭和　　年（家　）第　　号

遺産分割 審判/調停 申立書

	家庭裁判所　　　　御中	申立人（又は法定代理人など）の署名押印又は記名押印	㊞
予納郵便切手　　円	平成　年　月　日		

この欄に収入印紙をはる。1件について900円 (消印しないこと。)	添付書類	申立人の戸籍謄本　　　通　　土地登記簿謄本　　通 相手方の戸籍謄本　　　通　　建物登記簿謄本　　通 住民票　　　　　　　　通　　遺産目録　　　　　通 被相続人の戸（除）籍謄本　通 被相続人の改製原戸籍謄本　通
	当事者	別紙当事者等目録記載のとおり
	被相続人	本籍
		最後の住所
		氏名　　　　　　　　　　　　　　　　　平成　年　月　日死亡

申立ての趣旨	被相続人の遺産の分割の 審判/調停 を求める。

申立ての実情	申立ての理由	遺産
	※ 1　相続人の資格に争いがある。 2　遺産の範囲に争いがある。 3　分割方法がきまらない。 4　その他	種類　※ 1　土　地　　6　貸金等の債権 2　建　物　　7　借地権・借家権 3　現　金　　8　その他 4　預・貯金　—————— 5　株券等　　—————— 内容　別紙遺産目録のとおり 被相続人の債務　※　1 有　2 無　3 不明 ☆特別受益　　　　※　1 有　2 無　3 不明 遺　言　　　　　※　1 有　2 無　3 不明

備考	

※　あてはまる番号を○でかこむこと。
☆　被相続人から生前に贈与を受けている等特別な利益を受けている者の有無について記入すること。

14 相続放棄申述書

受付印	郵送	準口頭		関連事件番号	昭和・平成　年（家）第　号

相続放棄申述書

家庭裁判所　御中　　申述人（未成年などのときは法定代理人）の署名押印㊞
平成　年　月　日

予納郵便切手　　円

この欄に収入印紙600円をはる。（消印しないこと。）

添付書類	申述人・被法定代理人の戸籍謄（抄）本　通　　被相続人の戸籍謄（抄）本　通

申述人	本籍	
	住所	（　　　　　方）電話（　局）　番
	氏名	大正・昭和・平成　年　月　日生　職業
	被相続人との関係	※被相続人の……　1 子　2 孫　3 配偶者　4 直系尊属（父母・祖父母）　5 兄弟姉妹　6 おいめい　7 その他（　）

法定代理人 ※1 親権者 2 後見人 3 特別代理人	住所	（　　　　　方）電話（　局）　番
	氏名	氏名

被相続人	本籍	
	最後の住所	死亡当時の職業
	氏名	昭和・平成　年　月　日死亡

※あてはまる番号を○でかこむこと。

申述の趣旨	相続の放棄をする。

申立の実情

放棄の理由
※ 相続の開始を知った日………平成　年　月　日
1. 被相続人死亡の当日
2. 死亡の通知をうけた日
3. 先順位者の相続放棄を知った日
4. その他（　　　）

1. 被相続人から生前に贈与をうけている。
2. 生活が安定している。
3. 遺産が少ない。
4. 遺産を分散させたくない。
5. 債務超過のため。
6. その他（　　　）

相続財産の概略
資産
- 農地……約_____平方メートル
- 農地……約_____平方メートル
- 山林……約_____平方メートル
- 建物……約_____平方メートル

- 現金……約_____万円
- 預貯金……約_____万円
- 有価証券……約_____万円

負債………約_____万円

※あてはまる番号を○でかこむこと。

索　引

あ行

赤ちゃん斡旋事件……………………92
悪意の遺棄……………………………59
遺　言………………………………231
　──の方式………………………238
遺言事項……………………………235
遺言執行……………………………268
遺言能力……………………………235
遺産共有……………………………179
遺産分割……………………………185
　──と登記………………………192
　──の前提問題…………………191
　──の協議………………………186
慰謝料請求権………………………168
遺　贈…………………………141, 259
遺族年金……………………………171
一身専属……………………………163
遺留分減殺請求権…………………282
遺留分権者…………………………279
遺留分制度…………………………277
遺留分率……………………………280
遺留分割合…………………………280
姻　族…………………………………27
遠隔地遺言…………………………238
親子関係存否確認の訴え……………75

か行

苛酷条項………………………………62
過去の扶養料………………………126
家事事件………………………………20
家事審判………………………………21
仮装離婚………………………………57

家庭に関する民事訴訟………………23
家督相続…………………………15, 133
仮決定及び留保事項…………………16
監護権…………………………………96
管理権喪失…………………………102
危急時遺言…………………………238
旧民法…………………………………4
協議離婚…………………………57, 61
強制認知…………………………78, 79
共有推定………………………………51
居所指定………………………………97
寄与分………………………………200
寄与分制度…………………………154
近親婚…………………………………40
金銭債権（の相続）………………182
禁治産………………………………118
口　授………………………………250
具体的相続分………………………198
具体的離婚原因………………………59
契約取消権……………………………63
欠　格………………………………157
血　族…………………………………27
血族相続人…………………………147
限定承認…………………………212, 215
検　認………………………………268
後見監督人…………………………109
後見制度……………………………105
公正証書遺言………………………238
公的扶助……………………………122
合　有………………………………179
戸籍法…………………………………24
子どもの人権条約……………………71
婚姻障害………………………………36

婚姻適齢	38	人事訴訟法	17
婚姻届	37	身上監護	96
婚姻費用の分担	50	親　族	27
婚姻不解消主義	56	親　等	28

さ行

		審判前の保全処分	22
		審判離婚	58, 61
再婚禁止期間	39	推定されない嫡出子	75
財産管理権	100	推定の及ばない子	76
財産分与	68	生活扶助義務	124
——と慰謝料	64	生活保持義務	124
——と詐害行為	65	生前贈与	141, 260
内縁配偶者の——	68	成年擬制	48
財産分与請求権	175	成年後見制度	105
財産分離	220	生命侵害による損害賠償請求権	166
祭祀財産	176	生命保険金請求権	171
祭祀承継	5	占有権	165
裁判離婚	58, 59, 61	相続回復請求権	205
債務の共同相続	186	相続債権者	216
死因贈与	141, 216, 261	「相続させる」遺言	188
事実婚	10	相続人不存在	224
失踪宣告	143	相続分	195
指定相続分	198	相続分譲渡	181
私的扶養	122	訴訟離婚	59
自筆証書遺言	238	尊属・卑属	28
死亡退職金	171		
借家権（の相続）	175	## た行	
重婚の禁止	39	第一種財産分離	220
住民票	87	胎　児	151
熟慮期間	212	代襲相続	147
準禁治産	118	第二種財産分離	220
承　認	211	立替扶養料	126
職業許可権	99	単純遺贈	261
諸氏均分相続制	132	単純承認	212
親　権	94	断絶養子	91
親権者変更	95	嫡出推定	74
親権喪失	102	嫡出否認の訴え	74
人工生殖	82	抽象的離婚原因	59
人事訴訟	21	懲戒権	99

索　引　313

長子単独相続 …………………132
調停前置主義 ……………………61
調停離婚 ………………………58,61
直系・傍系 ………………………28
停止条件付き遺言 ………………254
同居・協力・扶助 ………………46
同時死亡の推定 …………………143
同時存在の原則 …………………151
特定遺贈 …………………………262
特別縁故者制度 ……………154,227
特別受益 …………………………199
特別養子 …………………………89
特有財産 …………………………51

な行

内　縁 ……………………………8
　　――の妻の居住権 …………10
内縁配偶者の財産分与 …………68
日常家事債務 ……………………50
任意後見 …………………………105
任意後見監督人 …………………116
任意後見契約 ……………………115
任意認知 …………………………78
認知請求権の放棄 ………………81
脳　死 ……………………………142

は行

配偶者 ……………………………28
配偶者相続権 ……………………63
配偶者相続人 ……………………147
廃　除 ……………………………159
破綻主義 …………………………60
非嫡出子 …………………………78
秘密証書遺言 ……………………238
表見相続人 ………………………209
夫婦間の契約取消権 ……………48
夫婦財産契約 ……………………49
夫婦同氏の原則 …………………45

不受理申出の制度 ………………37
負担付遺贈 ………………………261
普通養子 …………………………83
不貞の抗弁 ………………………80
別産制 ……………………………52
包括遺贈 …………………………262
放　棄 ……………………………211
法定財産制 ………………………50
法定相続分 ………………………196
保　佐 ……………………………111
保佐人 ………………………111,112
補　助 ……………………………112
補助監督人 ………………………113
補助人 ……………………………113

ま行

未成年後見 ………………………105
未成年者の父母の同意 …………40
みなし相続財産 …………………202
身分行為 …………………………18
身元保証債務 ……………………175
民事執行法 ………………………47
民法典論争 ………………………4
民法の一部を改正する法律案要綱 …10
無権代理 …………………………169
明治民法 …………………………4

や行

有責主義 …………………………60
有責主義離婚 ……………………62

ら行

利益相反行為 ……………………101
離婚意思 …………………………57
離婚届不受理願 …………………57
リバースモーゲージ …………137,138
臨時法制審議会 …………………15

［執筆者紹介］

奥山　恭子（おくやま　きょうこ）
　横浜国立大学国際社会科学研究科法曹実務専攻（法科大学院）教授
　一橋大学修士課程修了，早稲田大学博士課程単位取得終了
　主要著書：『ラテンアメリカ諸国の法制度』（共著，アジア経済研究所，1988），『ラテンアメリカ家族と社会』（共編著，新評論，1992），『扶養と相続』（共編著，早稲田大学出版部，1998）他。

家族の法　親族・相続

2007年3月30日　第1版第1刷発行

著者　奥　山　恭　子

発行　不　磨　書　房
〒113-0033 東京都文京区本郷 6-2-9-302
TEL (03) 3813-7199
FAX (03) 3813-7104

発売　㈱信　山　社
〒113-0033 東京都文京区本郷 6-2-9-102
TEL (03) 3818-1019
FAX (03) 3818-0344

Ⓒ OKUYAMA, Kyoko, 2007, Printed in Japan.
制作：編集工房 INABA　　印刷・製本／松澤印刷

ISBN978-4-7972-9106-3　C3332

◇広中俊雄 編著◇
日本民法典資料集成

近代法制の息吹と現代への示唆

《全15巻》
第1巻
発売中

第一部 民法典編纂の新方針 第一巻
第二部 修正原案とその審議 第二〜八巻
第三部 整理議案とその審議 第九巻
第四部 民法修正案の理由書 第十・十一巻
第五部 民法修正の参考資料 第十二〜十四巻
第六部「帝国議会の法案審議」第十五巻

【編集協力】
大村敦志
中村哲也
岡孝

《日本民法典編纂史研究の初期史料集の決定版》

穂積陳重、梅謙次郎、箕作麟祥関係文書などの新方針に関する部分を複製、体系的かつ網羅的に集成。

1 民法典編纂の新方針／2 修正原案とその審議 総則編関係／3 修正原案とその審議 物権編関係／4 修正原案とその審議 債権編関係 上／5 修正原案とその審議 債権編関係 下／6 修正原案とその審議 親族編関係 上／7 修正原案とその審議 親族編関係 下／8 修正原案とその審議 相続編関係／9 整理議案とその審議／10 民法修正案の理由書 前三編関係／11 民法修正案の理由書 後二編関係／12 民法修正の参考資料 入会権資料／13 民法修正の参考資料 身分法資料／14 民法修正の参考資料 諸他の資料／15 帝国議会の法案審議－附表 民法修正案条文の変遷

●待望の刊行● **1 民法典編纂の新方針**

【目 次】
『日本民法典資料集成』(全15巻)への序／全巻凡例／日本民法典編纂史年表
全巻総目次／第1巻目次／第1部細目次
　第1部「民法典編纂の新方針」総説
　　Ⅰ 新方針(＝民法修正)の基礎
　　Ⅱ 法典調査会の作業方針
　　Ⅲ 甲号議案審議前に提出された乙号議案とその審議
　　Ⅳ 民法目次案とその審議
　　Ⅴ 甲号議案審議以後に提出された乙号議案
　第1部あとがき(研究ノート)

信山社
〒113-0033
東京都文京区本郷6-2-9
東大正門前

□法律・歴史・文化,日本近代史研究に必備□
カラー写真含め,当時の資料そのままを掲載。圧倒的リアリティーで迫る！！

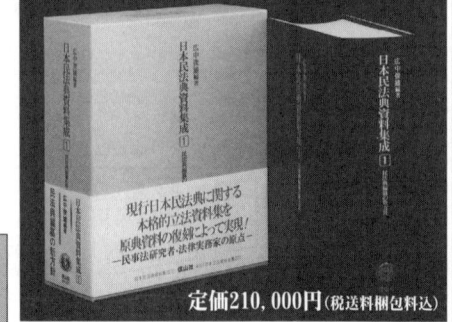

定価210,000円(税送料梱包料込)

ご注文は直接弊社まで（FAX03-3818-1019/E-Mail:order@shinzansha.co.jp）

広中俊雄 編著『日本民法典資料集成』(全15巻)

瀬 川 信 久
(北海道大学法科大学院教授)

民法典制定より110年を経て
今ようやく包括的な資料集を持つ

我々は本書自体による民法編纂史
研究の飛躍に感嘆させられる

- 現行民法典編纂作業を包括する『日本民法典資料集成』の刊行が始まった。今回刊行された第1巻の対象は、1890年(明23)3月~1893年(明26)7月の3年間、旧民法典の施行を延期し、新民法典編纂の骨格を決めるまでの時期である。続く第2巻~第9巻は、個々の条文をめぐる法典調査会の審議に当てられる。第10巻、第11巻は新民法典の種々の理由書を収め、第12巻~第14巻は、起草作業が参考にした商法・身分法・法典編纂・その他に関する資料を収録し、最終の第15巻は帝国議会での審議を扱う予定だという。したがって、この第1巻は資料集成全体の15分の1、編纂事業のほんの端緒でしかない。しかし、既に、全15巻の資料群の価値の大きさ、確かさを宣言している。

- 第1巻収録の資料は3つに分けられる。まずは、旧民法典施行延期の建議、施行延期法律案、法典調査会の設置をめぐる帝国議会の議論など、旧民法の修正を決定するまでの資料である(「I 新方針の基礎」)。次は、「法典調査ノ方針」「法典調査規程」である(「II 法典調査会の作業方針」)。ここで法典調査会は、帝国議会での議論を踏まえて、起草作業の目標と現行民法典の5編構成を確定し、審議作業のルールを定めた。最後は、「民法目次案」「乙号議案」をめぐる議論である(「III 甲号議案審議前に提出された乙号議案とその議論」「IV 民法目次案とその審議」「V 甲号議案審議以後に提出された乙号議案」)。法典調査会は、個々の条文の検討に入る前に、「予メ議定ヲ要スヘキ重要ノ問題」─いわゆる「予決議案」─を審議し、新民法典の「目次」の決めた。

- 「I 新方針の基礎」の中の、第一回帝国議会貴族院「民法及商法ニ関スル建議」は、民法論争が、「国家」という社会を構築する複合的な作業であったことをあらためて教えてくれる。しかし、民法を研究する者の関心を強く惹くのは、最後の予決議案・目次案の審議である。そこで取り上げている、「物」、「証拠」、「時効」、「賃借権」、「物権」、「入会権」、「登記」、「用益権」、「使用権・住居権」、「地上権・永借権」、「自然債務」、「不当弁済」、「全部義務」、「債権者間ノ連帯」、「合意」、「無期年金」という事項は、今日でも民法の問題を突き詰めてゆくと突き当たる問題である。また、破産法を民事・商事共通とすること、観望・明取案や婚姻の予約については規定しないこと、登記事務のあり方、利息制限法の廃止、遺産相続の分割主義、親族会の選定など、それは、起草者達のグランド・デザインに従って民法典の台石を一つ一つ据えてゆく作業であった。

- 本書の593頁、610頁、682頁以下によると、当初の法典調査規程案は、「総裁ハ……各裁判所各地方弁護士会及商業会議所ニ通知シテ法典修正ニ関スル意見ヲ求ム可シ」(第23条)、「総裁ハ官報ニ公告シテ汎ク法典修正ノ意見ヲ求ム可シ」(第24条)としていた。しかし、時間的制限の故であろう、これらの規定は法典調査会総会に付議される前に削除された。そして、できた民法典について、起草者らは、「欠点が頗る多い」「夫故に……民法の改正を企つると云ふことも、遠からざる中に起こるであらう」(梅謙次郎「伊藤公と立法事業」966頁)、「短期間ニ此ノ如キ立法事業ノ成リタルハ主トシテ[契約改正という]政治上ノ必要ニ原因セルモノナルコト……他日更ニ一大改正ヲ必要トスル時期ノ到来スヘキコト」(富井政章『民法原論』71頁)と考えた。このように暫定的な立法であったにもかかわらず、民法典が、親族編・相続編を除くと1世紀以上持ち堪えた。それ

は、起草者のグランド・デザインがその後の日本社会が必要とした民法規範の骨格を的確に把握していたからであろう。そのことは、「物」や「自然債務」の予決議案をめぐる議論によって確認することができる。

- 起草者の考えをこのように直ちに確認できるのは、本資料集成が、関係資料を時系列で並べただけの資料集ではないからである。戦前からの民法編纂史研究の蓄積の上に、資料の相互関係を精査して配列し、新たに発掘された資料と法典調査会の議論を関係付け、各資料の位置と意義を解説している。上に述べた民法典編纂作業の基礎工事の深さに接することができるのは、編者広中俊雄博士の御研究のおかげである。さらに、厳密な典拠選択、写真版収録を堅持された編集哲学によって、多数の資料館に散在する貴重資料を、居ながらにして写真版で系統的に参照できることは、これからの民法研究の飛躍を可能にしてくれるであろう。否、「調べる資料集」であると同時に「読む資料集」でもある本書を一読すれば、本書自体による民法編纂史研究の飛躍に感嘆させられるのである。

- 民法典制定より110年を経て、我々は今ようやく包括的な資料集を持つ。フランスのLocre, La legislation civile, commerciale et criminelle de la France, ou commentaire et complement des codes francais 1827-32 、あるいは、Fenet, Recueil complet des travaux preparatoires du code civil, 1827 、ドイツのMugdan, Die gesammten Materialien zum Burgerlichen Gesetzbuch fur das Deutsche Reich, 1899 、あるいは、Jacobs und Schubert, Die Beratung des Bugerlichen Gesezbuchs in systematischer Zusammenstellung der unveroffentlichten Quellen, 1978-2004 に比べて、なんと長い年月を要したことか。

- 民法典編纂資料の編集が遅れた直接の理由は、審議内容が公開されず、記録が整理されなかったからであろう。しかし、最大の理由は、日本民法典の編纂の基礎がそれ以前の実務と学説ではなくて、諸々の外国法であったからであろう。そのために、民法典制定後の実務と学説は、問題を考えるときの参照枠を直接外国法に求め続けたのであろう。わが国では、判例と学説が蓄積してはじめて、その蓄積し循環する法知識から法典編纂過程を振り返る条件ができた。そして、実務と学説が変革を迫られたときに、出発点たる枠組みの基本思想が探究されるようになったのである。

- もっとも、古くは我妻栄博士の『近代法における債権の優越的地位』、近年は『法と経済学』のように、起草作業を見ないでも変革の基礎となる民法体系を考えることができる。しかし、そうするときはどうしても、制度や問題の具体性を看過することを我々は知っている。問題の具体性を重視した来栖三郎博士の「社会学的方法」、星野英一博士の「利益考量論」が起草過程の研究に向かったのはそのためであろう。

- 民法典の条文を改変するたびに、民法の具体的な構造の再構成が必要になる。その再構成は、「泰西法」のシステムを最初に構築したときの社会的記憶を新たにする作業を伴う。その作業にとって、本書を含む全15巻は不可欠の資料集になるであろう。

(2006.8.16)

判例総合解説シリーズ

分野別判例解説書の新定番　　　実務家必携のシリーズ

実務に役立つ理論の創造
緻密な判例の分析と理論根拠を探る

石外克喜 著 (広島大学名誉教授)　2,900 円
権利金・更新料の判例総合解説
●大審院判例から平成の最新判例まで。権利金・更新料の算定実務にも役立つ。

生熊長幸 著 (大阪市立大学教授)　2,200 円
即時取得の判例総合解説
●民法192条から194条の即時取得の判例を網羅。動産の取引、紛争解決の実務に。

土田哲也 著 (香川大学名誉教授・高松大学教授)　2,400 円
不当利得の判例総合解説
●不当利得を、通説となってきた類型論の立場で整理。事実関係の要旨をすべて付し、実務的判断に便利。

平野裕之 著 (慶應義塾大学教授)　3,200 円
保証人保護の判例総合解説〔第2版〕
●信義則違反の保証「契約」の否定、「債務」の制限、保証人の「責任」制限を正当化。総合的な再構成を試みる。

佐藤隆夫 著 (國学院大学名誉教授)　2,200 円
親権の判例総合解説
●離婚後の親権の帰属等、子をめぐる争いは多い。親権法の改正を急務とする著者が、判例を分析・整理。

河内 宏 著 (九州大学教授)　2,400 円
権利能力なき社団・財団の判例総合解説
●民法667条〜688条の組合の規定が適用されている、権利能力のない団体に関する判例の解説。

清水 元 著 (中央大学教授)　2,300 円
同時履行の抗弁権の判例総合解説
●民法533条に規定する同時履行の抗弁権の適用範囲の根拠を判例分析。双務契約の処遇等、検証。

右近建男 著 (岡山大学教授)　2,200 円
婚姻無効の判例総合解説
●婚姻意思と届出意思との関係、民法と民訴学説の立場の違いなど、婚姻無効に関わる判例を総合的に分析。

小林一俊 著 (大宮法科大学院教授・亜細亜大学名誉教授)　2,400 円
錯誤の判例総合解説
●錯誤無効の要因となる要保護信頼の有無、錯誤危険の引受等の観点から実質的な判断基準を判例分析。

小野秀誠 著 (一橋大学教授)　2,900 円
危険負担の判例総合解説
●実質的意味の危険負担や、清算関係における裁判例、解除の裁判例など危険負担論の新たな進路を示す。

平野裕之 著 (慶應義塾大学教授)　2,800 円
間接被害者の判例総合解説
●間接被害による損害賠償請求の判例に加え、企業損害以外の事例の総論・各論的な学理的分析をも試みる。

三木義一 著 (立命館大学教授)　2,900 円
相続・贈与と税の判例総合解説
●譲渡課税を含めた相続贈与税について、課税方式の基本原理から相続税法のあり方まで総合的に判例分析。

二宮周平 著 (立命館大学教授)　2,800 円
事実婚の判例総合解説
●100年に及ぶ内縁判例を個別具体的な領域毎に分析し考察・検討。今日的な事実婚の法的問題解決に必須。

手塚宣夫 著 (石巻専修大学教授)　2,200 円
リース契約の判例総合解説
●リース会社の負うべき義務・責任を明らかにすることで、リース契約を体系的に見直し、判例を再検討。

信山社

二宮周平・村本邦子 編
法と心理の協働

¥2,600（税別）　4-7972-9137-0
発行：不磨書房

実務家・研究者・学生必読

当事者支援の可能性を探る初の試み
法規範の基準だけでは解決できない家族関係
人間関係の構築と修復のために

法曹・臨床心理などの専門家、家庭裁判所・福祉機関、さまざまなNPOなどの連携やネットワークのあり方とは

【目次】
第Ⅰ部　法と心理の協働の必要性［法的な紛争解決の限界／心理的援助の可能性と限界／法と心理の交錯―民事法の観点から］
第Ⅱ部　米国調査に学ぶ法と心理の連携［米国リーガル・クリニックと法曹養成／裁判所における連携～DVコートを中心に／NPO／関連機関との連携／米国調査に見る法と心理の協働］
第Ⅲ部　協働の試み～「司法臨床～女性と人権」の授業実践［法学から／臨床心理学から］
第Ⅳ部　ケースに見る法と心理の協働の可能性［児童虐待／離婚と親子／ドメスティック・バイオレンス／セクシュアル・ハラスメント］

二宮周平 著
実務家・研究者・学生必読
事実婚の判例総合解説

¥2,800（税別）　4-7972-5653-2

多様化する内縁の今日法的な具体的問題解決への指針

1900年前後からほぼ100年におよぶ内縁判例の展開を、個別具体的な問題領域毎に整理し検討。単に判例を紹介するだけではなく、解決方法に対する著者の私見も展開する。

信山社

◇東京本社　HOMEPAGE：http://www.shinzansha.co.jp/
〒113-0033 東京都文京区本郷6−2−9 東大正門前
TEL:03(3818)1019　FAX:03(3818)0344
E-MAIL:order@shinzansha.co.jp

日本の人権／世界の人権　横田洋三著　■1,600円（税別）

導入対話による 国際法講義【第2版】
廣部和也（成蹊大学）／荒木教夫（白鷗大学）共著　■本体 3,200円（税別）

みぢかな 国際法入門
松田幹夫編　■本体 2,400円（税別）

講義国際組織入門
家 正治編　■本体 2,900円（税別）

国際法 ◇ファンダメンタル法学講座
水上千之／臼杵知史／吉井淳編著　■本体 2,800円（税別）

◆はじめて学ぶひとのための　法律入門シリーズ◆　　［学部・LS 未修者に］

プライマリー 法学憲法
石川明・永井博史・皆川治廣 編
■本体 2,900円（税別）

プライマリー 民事訴訟法
石川明・三上威彦・三木浩一 編

プライマリー 刑事訴訟法
椎橋隆幸（中央大学教授）編
■本体 2,900円（税別）

早川吉尚・山田　文・濱野　亮 編

ADRの基本的視座
根底から問い直す "裁判外紛争処理の本質"

1　紛争処理システムの権力性と ADR における手続きの柔軟化　（早川吉尚・立教大学）
2　ADR のルール化の意義と変容アメリカの消費者紛争 ADR を例として　（山田　文・京都大学）
3　日本型紛争管理システムと ADR 論議　（濱野亮・立教大学）
4　国による ADR の促進　（垣内秀介・東京大学）
5　借地借家調停と法律家　日本における調停制度導入の一側面　（髙橋　裕・神戸大学）
6　民間型 ADR の可能性　（長谷部由起子・学習院大学）
7　現代における紛争処理ニーズの特質と ADR の機能理　（和田仁孝・早稲田大学）
8　和解・国際商事仲裁におけるディレンマ　（谷口安平・東京経済大学／弁護士）
9　制度契約としての仲裁契約　仲裁制度合理化・実効化のための試論　（小島武司・中央大学）
10　ADR 法立法論議と自律的紛争処理志向　（中村芳彦・弁護士）

A 5 判　336 頁　定価 3,780 円（本体 3,600 円）

不磨書房

■導入対話シリーズ■

導入対話による民法講義（総則）【第4版】　■ 2,900円（税別）
橋本恭宏（中京大学）／松井宏興（関西学院大学）／清水千尋（立正大学）
鈴木清貴（帝塚山大学）／渡邊力（関西学院大学）／田中志津子（桃山学院大学）

導入対話による民法講義（物権法）【第2版】　■ 2,900円（税別）
松井宏興（関西学院大学）／鳥谷部茂（広島大学）／橋本恭宏（中京大学）
遠藤研一郎（獨協大学）／太矢一彦（東洋大学）

導入対話による民法講義（債権総論）　■ 2,600円（税別）
今西康人（関西大学）／清水千尋（立正大学）／橋本恭宏（中京大学）
油納健一（山口大学）／木村義和（大阪学院大学）

導入対話による刑法講義（総論）【第3版】　■ 2,800円（税別）
新倉修（青山学院大学）／酒井安行（青山学院大学）／高橋則夫（早稲田大学）／中空壽雅（獨協大学）
武藤眞朗（東洋大学）／林美月子（立教大学）／只木誠（中央大学）

導入対話による刑法講義（各論）　★近刊 予価 2,800円（税別）
新倉修（青山学院大学）／酒井安行（青山学院大学）／大塚裕史（岡山大学）／中空壽雅（獨協大学）
信太秀一（流通経済大学）／武藤眞朗（東洋大学）／宮崎英生（拓殖大学）
勝亦藤彦（佐賀大学）／安藤泰子（青山学院大学）／石井徹哉（千葉大学）

導入対話による商法講義（総則・商行為法）【第3版】　■ 2,800円（税別）
中島史雄（高岡法科大学）／神吉正三（流通経済大学）／村上裕（金沢大学）
伊勢田道仁（関西学院大学）／鈴木隆元（岡山大学）／武知政芳（専修大学）

導入対話による国際法講義【第2版】　■ 3,200円（税別）
廣部和也（成蹊大学）／荒木教夫（白鷗大学）共著

導入対話による医事法講義　■ 2,700円（税別）
佐藤司（元亜細亜大学）／田中圭二（香川大学）／池田良彦（東海大学）／佐瀬一男（創価大学）
転法輪慎治（順天堂医療短大）／佐々木みさ（前大蔵省印刷局東京病院）

導入対話によるジェンダー法学【第2版】　■ 2,400円（税別）
浅倉むつ子（早稲田大学）／相澤美智子（一橋大学）／山崎久民（税理士）／林瑞枝（元駿河台大学）
戒能民江（お茶の水女子大学）／阿部浩己（神奈川大学）／武田万里子（金城学院大学）
宮園久栄（東洋学園大学）／堀口悦子（明治大学）

導入対話によるスポーツ法学【第2版】　■ 2,900円（税別）
井上洋一（奈良女子大学）／小笠原正（東亞大学）／川井圭司（同志社大学）／齋藤健司（筑波大学）
諏訪伸二（筑波大学）／濱野吉生（早稲田大学）／森浩寿（大東文化大学）

刑事訴訟法講義【第4版】　渡辺咲子 著
◇法科大学院未修者　基礎と実務を具体的に学ぶ　　定価：本体 3,400円（税別）

不磨書房

◆既刊・新刊のご案内◆

gender law books

ジェンダーと法
辻村みよ子 著（東北大学教授）　■本体 3,400円（税別）

導入対話による
ジェンダー法学【第2版】
監修：浅倉むつ子（早稲田大学教授）／阿部浩己／林瑞枝／相澤美智子
　　　山崎久民／戒能民江／武田万里子／宮園久栄／堀口悦子　■本体 2,400円（税別）

比較判例ジェンダー法
浅倉むつ子・角田由紀子 編著

相澤美智子／小竹聡／今井雅子／松本克巳／齋藤笑美子／谷田川知恵／
岡田久美子／中里見博／申ヘボン／糠塚康江／大西祥世　　　［近刊］

パリテの論理
男女共同参画へのフランスの挑戦
糠塚康江 著（関東学院大学教授）
待望の1作　■本体 3,200円（税別）

ドメスティック・バイオレンス
戒能民江 著（お茶の水女子大学教授）　A5変判・上製　■本体 3,200円（税別）

キャサリン・マッキノンと語る
ポルノグラフィと買売春
角田由紀子（弁護士）
ポルノ・買売春問題研究会
9064-1　四六判　■本体 1,500円（税別）

法と心理の協働
二宮周平・村本邦子 編著

松本克美／段林和江／立石直子／桑田道子／杉山暁子／松村歌子　■本体 2,600円（税別）

オリヴィエ・ブラン 著・辻村みよ子 監訳
オランプ・ドゥ・グージュ
― フランス革命と女性の権利宣言 ―

フランス革命期を
毅然と生き
ギロチンの露と消えた
女流作家の生涯

【共訳／解説】辻村みよ子／太原孝英／高瀬智子　（協力：木村玉絵）
「女性の権利宣言」を書き、黒人奴隷制を批判したヒューマニスト　■本体 3,500円（税別）

発行：不磨書房　TEL 03(3813)7199 ／ FAX 03(3813)7104　Emai：hensyu@apricot.ocn.ne.jp
発売：信 山 社　TEL 03(3818)1019　FAX 03(3818)0344　Email:order@shinzansha.co.jp